中西教育文化比较研究

Comparative Study Between Chinese and Western Educational Cultures

袁长青　著

社会科学文献出版社
SOCIAL SCIENCES ACADEMIC PRESS (CHINA)

本书为广东外语外贸大学
外国文学文化研究中心研究成果

Contents

目　录

绪　论

第一节　研究的缘起及意义

一　研究的缘起

本书的写作缘起于笔者对 20 世纪国内两次"文化热"的思考，以及对中国教育问题的深切关注与觉思。

（一）对两次"文化热"的关注与思考

20 世纪初至中叶，文化研究曾在中国风行一时，50 年代以后日渐式微。80 年代初期，时值中国政治、经济、文化大转型，文化研究再度勃兴，以文化为中心的研究范式一度成为学术界的新宠。乘着这股东风，中国大陆掀起一波反思和批判传统文化的浪潮，其中最有代表性的是以此为主题的电视系列片《河殇》，此片一经播出，举国沸腾，并由此引发了一场有关"海洋（蓝色）文明"和"大陆（黄色）文明"的争论，论战之激烈，实为少见，文化之热，可见一斑。时逢国门初开，西方各种思潮蜂拥而至，出版界呈现出一派兴盛景象，加上知识精英不遗余力地宣讲，整个中国社会仿佛处于文化大变革的前夜。虽然由于缺乏政治与经济的配合，这场文化变革最终成为一支难以为继的孤军而功败垂成，但它对国人的思想启蒙作用仍不可低估。

进入 20 世纪 90 年代，随着社会主义市场经济的确立，"文化热"再次以另一种姿态横空出世，具体表现为官方、学界和民间三方的合力推动，但是其主旨已与80年代那次"文化热"大相径庭。这次"文化热"对中国传统文化的态度，不再执着于反思而是加以推崇，不再一味批判而是大力弘扬。知识精英与主流意识形态密切合作，致力于发掘儒家思想的现代价值，试图寻找儒家治国理念与现代政治伦理相契合的成分，并将之运用于现实的政治格局之中。譬如，把"以德治国""科教兴国"写进政府文件并加以宣示；对内开设国学院，主张尊孔诵经，对外开办孔子学院，宣讲儒家文化。在这场传统文化的"复兴"运动中，一部分中国知识精英在对待西方文化方面首鼠两端，甚至沿袭清末"中学为体，西学为用"的腔调，割裂了西方文化的整体性，只取其表，不及其余。更有甚者，以一副文化自负的姿态宣告西方文明的腐败与没落，预期中华文明将取得最终胜利。他们宣告："当今全世界文化的冲突、邪教的泛滥、宗教的极端、自然的破坏、人性的恶化、科学的负面性等，都是社会安定和发展的阻力。然而要消除和解决这些问题和矛盾，中华文化具有西方文明无法取代的作用。"① 此情形类似于1935年王新命、何炳松等10名教授联名在《文化建设》杂志第1卷第4期上发表的《中国本位的文化建设宣言》，即所谓的"十教授宣言"。虽时隔66年，然其口吻与观点如出一辙。这种缺乏严谨、科学精神的"宣言"，是一种典型的浮文，也是中西文化折中论的另一翻版。更有一批学者避开西方文明中具有进步意义的核心价值不谈，运用汉语的模糊性对西方文明中的许多关键词有意无意地进行曲解。如"自由主义"被曲解为"自由散漫"和"无组织无纪律"的代名词，"民主"被简单地解读为"人民当家作主"，"个人主义"的内涵变成了"唯我独尊"和"利己主义"等。这种做法直接导致了国人对西方文明的误读，影响深远，其后果尤为严重。

这场复兴传统文化的运动，虽然在客观上起到了保护、普及和推广中国传统文化的作用，但是，其表现出来的心态则是不正常的。正如陈占彪所言："传统文化之复兴其实正是全球化日益深化的今天我们被迫采取的一种

---

① 张岱年等76名中华文化研究者：《中华文化复兴宣言——为促进新世纪中华民族伟大复兴和世界和平与发展而奋斗》，http://www.hhfg.org/fjywh/f608.html。

自我应对之举，表面上的理直气壮和自信，其实正是内心焦虑不安的外化。"① 事实上，无论现代儒家学者们如何努力，其撷古附今的说辞更像是郢书燕说，难以为时下社会、政治、经济、教育中出现的种种顽疾开出良方。在此情势下，这场所谓的传统文化复兴运动免不了"虎头蛇尾"，草草收场。

通过考察这两次国内"文化热"的成败得失，引发了笔者对中西文化融合之路的思考，这成为本书写作的缘由之一。

（二）对中国教育沉疴的觉思

作为一名教育工作者，笔者长期关注中国教育尤其是高等教育问题，先后阅读了何博传的《山坳上的中国：问题·困境·痛苦的选择》②（1989）、杨东平的《教育：我们有话要说》③（1999）、冉云飞的《沉疴：中国教育的危机与批判》④（1999）以及刘道玉的《中国教育反思录》⑤（2012）等一系列反思中国教育的历史与现状的书籍，由此对中国教育存在的种种问题有了清醒而深刻的认识。综观当前，中国教育在取得卓越成就的同时亦衍生出诸多弊端，举其要者列举如下。

从制度的构建上看，中国教育至今没有形成与现代政治经济相匹配的新的教育机制。在人才培养模式、考试招生制度、办学体制和管理体制等方面，仍保留着计划经济体制下的烙印，存在教育的体制机制统制过多、行政化严重，教育资源失衡，教育机会不均，大学精神贫乏，高等教育质量整体上有待提高等诸多问题。

从教育文化建设方面看，教育的功利化倾向日益严重，教育应有之理

---

① 陈占彪：《20 世纪 90 年代以来传统文化热之考察》，《湖北社会科学》2007 年第 4 期，第 101 页。
② 何博传：《山坳上的中国：问题·困境·痛苦的选择》，贵州人民出版社，1989。此书第十二章"教育的困境"较早地指出了中国教育面临的问题。
③ 杨东平：《教育：我们有话要说》，中国社会科学出版社，1999。此书选编了 80 余名人士对中国教育问题的观察、思考、批判与建言，其中许多问题到现在也没得到解决。
④ 冉云飞：《沉疴：中国教育的危机与批判》，南方出版社，1999。作者自认为在本书中是以一个公民的身份对中国教育问题做出常识性的表达。
⑤ 刘道玉：《中国教育反思录》，香港：中和出版有限公司，2012。此书作者为武汉大学前校长，主要反思当下中国高等教育存在的种种弊端。

想、良心与社会责任被削弱；教育之"尚善"精神贫乏，少有"人的目的"的思考；教育缺乏"精气神"，教育风尚庸俗化，中国传统文化中的"学而优则仕""读书做官论"等尘嚣甚上，符合新时代新型教育文化远未形成。

从教育改革的实践层面看，改革开放 30 余年，教育改革虽一直没有停止过，但由于教育本身的内在保守性和现实境遇的不尽人意，加上沉淀在国人身上一千多年来的"科举"情结，导致无论是 20 世纪 80 年代教育界掀起"素质教育"的改革浪潮还是 20 世纪末推行的新课程改革，都始终摆脱不了应试教育的桎梏，各种举措与行动更多地在外围打转，而没有触及教育之本质与核心。

以上问题的形成，都基于这么一个背景：长期以来，教育的主体性被贬斥，超越性被尘封，教育的功利性与适应性得以张扬，导致教育文化正气不张，世俗流弊侵蚀其间遂致百病丛生。顾明远先生说："教育犹如一条大河，而文化就是河的源头和不断注入河中的水。研究教育，不研究文化，就只知道这条河的表面形态，摸不着它的本质特征。只有彻底把握它的源头和流淌了 5000 年的活水，才能彻底地认识中国教育的精髓和本质。"① 文化既是教育之基础，亦是教育之意义所在。中国教育改革亟须进行深层次的文化变革。只有教育文化的革新，才能促使教育哲学、教育思想、教育理念、教育方法、教育制度和教育体系的与时俱进、推陈出新，实现教育的真正现代化。

基于此，以文化为基础，以教育为路径，通过回顾中西教育文化变迁之路，检视中国教育文化之成败得失，探究未来中国教育文化之走向，为中国教育改革整体、深入的推进提供文化和精神指引，也成为本书写作之缘由。

二　研究的意义

教育文化的研究意义，主要表现在具有递进关系的四个层面，下一层为上一层的基础，上一层为下一层引发的结果。

① 顾明远：《中国教育的文化基础》，山西教育出版社，2008，第 1 页。

（一）正本清源，为教育文化研究清开道路

任何理论研究，必须建立在严谨、系统的逻辑基础之上，即应遵循所谓的逻辑秩序。对文化及其相关领域的研究，最易跌入空泛或支离的陷阱。例如，目前国内学者对"教育文化"及"教育文化学"就有许多迥然不同的理解，研究对象过于空泛不实，虽然在概念上与西方学者所言的"教育文化"或"文化教育"存在着极大的差异，但在讨论或研究时则混为一谈，导致概念与推理的凌乱不堪。

为避免这一误区，本书试图从三个方面为教育文化的研究清开道路。

（1）对教育文化研究领域经常出现的一些概念进行厘清和界定。文化、教育文化、文化教育、教育传统、传统教育等这些在教育研究中经常出现的名词，必须在特定的语境中使用，否则必致歧义丛生。只有做好定义，方能为观点的进一步展开划好讨论的域阀。

（2）清晰地表明笔者在教育研究中所采取的价值取向。在教育研究中，虽然不能轻率地对教育活动做出价值判断，以免引起价值泛滥的后果，但众所周知，教育是不能免于无价值的。价值的评判事实上是不可避免的。因而，作为一个研究者，清晰地表明自身的价值取向，可以避免昧于一些基本的价值常识，如在教育实践领域，自愿相比强制，民主相比专制，约束相比放任，赋予相比剥夺，多样相比单一，前者无疑比后者更符合现代社会的价值取向。在这些常识面前，我们不应再费笔墨去争论。

（3）文化相对主义的观点虽然在人类学上有其独特的意义，但在研究中，笔者秉持这么一种观点：种族虽无优劣上下之分，文化却有进步与落后之分。[①] 对于中西教育文化孰是孰非，孰优孰劣，我们不能轻易下一个结论，因为文化的形成有其历史的必然性。但这并不妨碍在研究中对中西教育文化的特征作一总体的描述，并在此基础上做出哪些特征更符合现代教育价

---

① 露丝·本尼迪克特在其代表作《文化模式》中，从文化的而非遗传的、种族的角度来解释各群体的差别，在 20 世纪 30 年代备受人们欢迎，因为人们不可能改变自己的种族，但可以改变自己的文化，这一解释因显得开明而易被接纳。参见露丝·本尼迪克特《文化模式》，王炜等译，社会科学文献出版社，2009。

值观的判断。这一研究的态度有利于避免文化相对主义在价值选择时的模棱两可与举棋不定。

（二）检视传统，反思现实，促进中西教育文化的融合

人类的文明史，其实就是一部人类不断追求物质丰富与精神自由的历史。在文明演变过程中，作为万物之灵长的人在生产和生活中被深深地打上本族群的文化烙印。不同族群文化之间的冲突、濡化、侵蚀和兼容，构成了一幅精彩纷呈、此消彼长、兴衰相交的宏伟画卷。近代以降，不少东方国家由于国力衰退，文化日渐式微，遂以西方文明为蓝本对传统文化加以改造以期实现文明转型。教育文化作为文化大系统中的子系统之一，也大致经历了此种演变。

1. 基于人性的共通性，对中西教育文化进行比较研究

人性是对人类所共同具有的天然秉性的抽象把握，具有普遍意义。人的天然秉性或天然倾向性并非仅仅指人的自然性，因为人既有作为物性存在和感性存在的天然秉性一面，如作为物性存在的生理功能及其反应，以及作为感性存在的饮食生活秉性、性生活秉性、情绪特质、行为特质等，也有作为理性存在的天然秉性的一面，如思维理性倾向性、自由（创造）倾向性、社会（乐群）倾向性、善恶倾向性、人文倾向性等。时代在发展，科技在进步，但几千年来，人性本身却没有多少变化。所有的教育活动都是针对人的社会实践活动，本质上都事关人性，故一定有其共通的地方，这是各国间教育理论能够相互比较和借鉴的基础。

2. 理清中西教育文化在不同历史阶段的发展轨迹，探讨中国今后教育文化的走向

中国教育素来以"人伦"和"道德"为中心，逐步形成并强化了以宗族为本位的社会结构。两宋以降，读书人大多走上科举做官之路，"读书做官"成为中国农耕社会的一种教育风尚和读书人的精神皈依，"学而优则仕"的教育价值观沉淀为一种民族的潜意识，其影响延及至今。西方教育从五世纪开始围绕宗教展开。文艺复兴以来，人们开始寻求个人之价值，始得生产力之解放，初步形成以个体为本位的社会结构。历经工业革命之

"人的异化"，再到后工业时代的"人的解放"，教育的个体价值得以进一步确认。那么，面对现代化和后工业文明的挑战，中国教育文化在今后几十年将何去何从？这亦是本书要回答的问题。

3. 冲破教育文化的藩篱，实现交流与融通

一个国家的文化传统必然会在教育上有所反映，尤其对教育思想的影响更大，进而影响到教育的方方面面。只有对文化展开研究才能认识一个国家、一个民族教育的本质。因为文化是一个民族长期的心理、思维和行动习惯的积淀和养成，是一个民族自我认证的标签，一旦形成，就有着很强的稳定性和保守性。任何一种文化模式的形成与发展，均有其特色和先进性，也有其保守性和落后性，教育文化也如此，只有通过不同文化之间的交流和融合，才能达到文化上的融通与圆满。国务院发布的《国家中长期教育改革和发展规划纲要（2010~2020年)》提出"扩大教育开放，加强国际交流与合作，借鉴国际上先进的教育理念和教育经验，促进我国教育改革发展，提升我国教育的国际地位、影响力和竞争力"① 这一目标，也是基于这么一种理念。事实上，全球化背景下，人类社会比以往任何时候都需要进行跨文化的交流与沟通，强调尊重文化的多样性，跨文化意识愈显重要。在此背景下，探索具有中国特色的教育文化有其独特的现实意义。

（三）回归教育的主体价值，培育新型教育文化

中国历经几千年的专制统治，专制主义的气息已渗透进中国传统文化的每一个细胞。虽然辛亥革命后帝制被推翻，但文化基因并没有发生根本的变化。专制主义对政治文化的影响自不必说，对教育文化的影响也是巨大的。这一文化毒瘤不除，中国就无法真正进入现代文明国家的行列。要清除专制主义，其中一个必经途径就是文化启蒙。文化启蒙从教育开始，这是一个漫长而痛苦的过程，其中对教育文化进行改造，实现教育主体价值的回归，培育新型教育文化，是一条虽艰辛泥泞却不可不走的道路。本书拟从两个方面

① 中共中央、国务院关于印发《国家中长期教育改革和发展规划纲要（2010~2020年）》的通知（中发〔2010〕12号），2010年7月8日。

对此问题展开讨论。

（1）回顾中西教育文化变迁的历史，总结归纳出中西教育文化在不同历史时期的主要特质及其精神内核，探讨中西教育文化的差异及其对中国社会发展的影响，检视其中的成败得失，探寻一种与我国当前经济社会发展状态相适应的教育文化，这应当在现有的教育研究框架和思路中得到重视。中国近代历史已经证明，文化观念的革命是所有深层次变革得以展开的关键因素。因而，中国教育文化必须超越传统，勇于革新，吸收人类文明中的普适价值观，摒弃工具主义的教育文化观，建立起具有主体性、民主性和内在性的崭新的教育文化。

（2）回归教育的主体价值，确立崭新的教育文化价值观。教育本质上归属于文化，基于教育所需而建立的机构本身就是一个文化组织、一个精神主体，它与文化一样，强调的是思想与自由的价值，而非器物与强制的功用。因而，我们有什么样的教育文化，就会造就什么样的文化价值观。未来学家约翰·奈斯比特认为，社会的控制力有三个，一个是暴力，一个是金钱，一个是知识。暴力是农业社会的产物，金钱是工业社会的产物，现在知识是社会的控制中心。未来我们的教育应当回归知识、真理的体系，只有让教育的主体价值回归知识本身才能避免陷入被权力支配或被财富殖民的困境。① 1900 年，萨勒德（M. E. Sadler）在题为《我们能在多大程度上从外国教育制度研究中学到有实际价值的东西？》的著名演讲中，第一次指明了文化研究对比较教育的重要意义。他的一句名言是："在研究外国教育制度时，我们不应忘记校外的事情比校内的事情更重要，并且制约和说明校内的事情。"他说的"校外的事情"主要是指一个国家的民族精神。他说："当我们倡导研究外国教育制度时，我们注意的焦点一定不能只集中在有形有色的建筑物上或仅仅落在教师与学生身上，但是我们一定要走上街头，深入民间家庭，并努力去发现在任何成功的教育制度背后，维系着实际上的学校制

---

① 钟明华：《关于未来教育形态的思考》，中山大学教育现代化研究中心编《危机与挑战：教育的视野与使命——"教育与中国未来" 30 人论坛年会演讲集》，2010，第 135 页。

度并对其取得的实际成效予以说明的那种无形的、难以理解的精神力量。"①
这里所指的"精神力量"主要是指教育文化。因而，在教育研究中，器物和
制度不外是教育文化的物化载体，教育文化中的价值观包括教育精神、思维定
式、民族精神、价值判断等理应成为教育文化研究中的重中之重。

（四）以文化创新推动中国教育制度变革

本书研究的意义还在于，针对当下中国教育改革困局，提出由文化建设
开始，推动制度变革，最终实现教育创新。

近几十年将是中国教育走向现代化的关键时期，也将是中国教育思想
大变革的前夕。一般认为，制度变革是所有要素中的核心要素，然而进行
制度变革有一个基础性的前提，那就是制度的变革所基于的理念及其所对
应的历史文化基础，教育的改革也概莫能外。中国几千年所形成的教育文
化传统的潜移默化与改革开放以来西方教育文化的强势进入，将影响甚至
决定今后教育改革的方向。教育是文化的重要组成部分。教育离不开文化
传统，教育思想、教育制度、教育内容和方法无不留着文化传统的痕迹。
事实上，任何一种文化都有自我保护和抵制改变的天性。② 同样，一个民
族或国家的教育文化，是经过漫长的历史逐渐形成的，在它所赖以存在的
社会文化结构和功能没发生剧变的情况下，具有相对的稳定性。最显著的
例子莫过于科举制度，这种把学校教育与人才选拔结合在一起的制度，并
没有随着皇权统治的崩溃而销声匿迹，它被国人以教育文化的形式继承下
来。

但另一方面，文化也随着整个社会生活的变化而不断地变化，文化本身
也是一种自变量，人类不是传统文化的奴隶，而是文化的创造者，人们利用
文化，但同时也在改造文化。教育文化也不例外。要实现深层的文化变革，

---

① 转引自顾明远《文化研究与比较教育》，《比较教育研究》2000 年第 4 期，第 1~4 页。
② 内森·格莱泽在《解构文化》中说道，文化几乎同种族一样抵制改变。他认为把文化当作解释
作用的变量引起的政治问题，差不多跟利用种族因素引起的问题一样严重。参见塞缪尔·亨廷
顿、劳伦斯·哈里森主编《文化的重要作用：价值观如何影响人类进步》，新华出版社，2010，
第 277~288 页。

必须从改变教育价值和教育观念入手，重塑教育风尚，进而变革教育行为，推动教育文化的新旧交替，创造符合时代精神的新的教育文化。本书希冀通过反思中国教育文化传统，找出当下中国教育之病因及文化症结，探究中国教育文化今后之方向，为促进教育变革、重塑教育灵魂、实现的人的自由发展这一教育现代化目标提供文化指引。

第二节　研究的历史与现状

国内学者对"教育文化"及其相关问题的研究起步较晚，间有中断，虽至 20 世纪下半叶得以重启并迅速展开，但其深度有待挖掘，广度仍待拓展。国外研究起步早，且学说林立，自成体系，可资借鉴，但在语言体系、研究内容、方法论等方面与国内的研究差别甚大。

一　国内研究的历史及现状

我国学界对"教育文化"的研究是随着文化研究的兴衰而起落的，可分为起步阶段（20 世纪 30 年代）、停滞阶段（20 世纪 40 年代至 70 年代）、复兴阶段（20 世纪 80 年代至 90 年代）、发展阶段（21 世纪以来）。

第一阶段：20 世纪 30 年代，代表人物是蒋经三。时值国家内忧外患，许多学人欲从国外学习救国图存之道，开始翻译和介绍国外教育家的作品和思想，其中最得力者非蒋经三莫属。1929~1931 年，蒋经三在当时引领教育风气之先的《教育杂志》上连续发表一系列文章：《文化哲学与文化教育学》（第 21 卷 12 期，第 13~18 页）、《文化教育学的理论与方法》（第 21 卷 4 期，第 13~23 页）、《斯普兰格①的文化教育学》（第 23 卷 5 期，第 1~15 页）、《文化教育学的本质》（第 25 卷 10 期，第 137~144 页）、《反海尔

---

① 现译作斯普朗格。弗兰茨·恩斯特·爱德华·斯普朗格（Eduard Spranger, 1882 - 1963），德国文化教育学派的主要代表人物、德国现代教育学的开创者。

巴脱①主义者迪尔泰②的教育思想》（第 23 卷 5 期，第 1 ～ 15 页）等。另外，还有著名教育家林砺儒所著的《文化教育学》、国学大师钱穆的《文化与教育》等。这一阶段的相关研究，一是数量上寥寥无几，二是内容上主要以译介德国文化教育学派狄尔泰、斯普朗格等人的文化教育学思想为主，或只是对文化和教育的关系做简单的论述，甚少对教育文化做专门研究。③ 但毕竟是让教育文化研究在中国落地生根，可视为教育文化研究的起步阶段。

第二阶段：20 世纪 40 年代至 70 年代。整个 20 世纪 40 年代，中国先是抗击外患，后又陷于内战，知识分子们北渡南归，投身于救亡图存，无暇自顾。1949 年以后，由于频繁的政治运动，30 多年内"文化"在教育理论研究中付之阙如。这一阶段是教育文化研究的空白或停滞阶段。

第三阶段：20 世纪 80 年代后期。这一阶段国内掀起了一股"文化热"，有关"教育文化"的研究文章及著作相继出现，一直持续到 20 世纪 90 年代末。作为当时教育学研究的权威杂志《教育研究》于 1987 年第 9 期刊登了顾冠华《克服传统文化与教育的负面因素》一文，拉开了"教育与文化"这一课题研究的序幕。此后，相关论文、专著随之出现，由刁培萼主编、江苏教育出版社于 1992 年出版的《教育文化学》是我国第一本教育文化学专著。随后，一批教育学者开始聚焦教育与文化的关系研究，如傅维利、刘民编著的《文化变迁与教育》，由四川教育出版社于 1988 年出版；肖川编著的《教育与文化》，由湖南教育出版社于 1990 年出版。也有学者对德国文化教育学派的理论进行系统的梳理与评论，如邹进所著的《现代德国文化教育学派》，由山西教育出版社于 1993 年出版；还有学者开始关注高等教育文化的关系，如张应强所著的《文化视野中的高等教育》，由南京师范大学

---

① 现译作赫尔巴特。约翰·弗里德里希·赫尔巴特（Johann Friedrich Herbart，1776－1841），19 世纪德国哲学家、心理学家，科学教育学的奠基人。

② 现译作狄尔泰。威廉·狄尔泰（Wilem Dithey，1833－1911），德国哲学家，历史学家，心理学家，社会学家。

③ 肖川：《教育文化学》，湖南教育出版社，1990，第 3 页。

出版社于 1999 年出版。有关教育文化的研究也成为博士论文的选题，如陈卫的《中国教育文化初探》（博士学位论文，南京师范大学，1993）、郑金洲的《多元文化与教育》（博士学位论文，华东师范大学，1996）等。1995年教育基本理论年会专门讨论了教育与文化问题。这些论文及著作的研究成果主要集中在对教育与文化的关系的一般研究、历时性研究和比较研究。此外，还有涉及多元文化、亚文化、俗文化及校园文化与教育的关系研究等。台湾学者对教育与文化问题研究相对比较系统、集中，最有影响的人物是田培林先生。他们的研究重在介绍、传播德国文化教育学派的思想，意在达成对教育本质更新、更深的理解。① 这一阶段与 20 世纪 30 年代教育文化研究的兴起有许多类似的地方，故为教育研究的复兴阶段。

第四阶段：21 世纪以来。随着文化研究的进一步繁荣，越来越多的学者开始关注教育文化这一领域，其中有代表性的专著有：郑金洲《教育文化学》，人民教育出版社，2000；许美德、潘乃容主编《东西方文化交流与高等教育》，南京师范大学出版社，2003；石中英《教育学的文化性格》，山西出版社，2007；顾明远《中国教育的文化基础》，山西教育出版社，2008；倪胜利《教育文化学》，重庆大学出版社，2011；丁念金《人性的力量——中西教育文化变迁》，福建教育出版社，2011；等等。"教育文化学"作为一门课程在许多高校得以开设，国外教育文化的专著也开始被译介和引进，如杰罗姆·布鲁纳②所著的《教育过程》《教育文化》等。一些国外著名的教育文化研究者逐渐为人们所熟悉。学术论文方面，笔者以"教育文化"为题名检索"中国知网"，从时间节点看，2000 年是分界线，2000 年之前（前至 1979 年 1 月 1 日），每年以"教育文化"为篇名的论文不超过10 篇，而之后则呈逐年上升之势，其中 2011～2016 年每年发表的论文都超

---

① 杜时忠：《我国教育文化学研究的回顾与前瞻》，《江苏教育学院学报》（社会科学版）1998 年第 3 期，第 29～33 页。

② 杰罗姆·布鲁纳（Jerome Seymour Bruner, 1915－2016），美国心理学家、教育学家，对认知过程进行过大量研究，在词语学习、概念形成和思维方面有诸多著述，对认知心理理论的系统化做出了一定贡献。

过 100 篇。可见，教育文化研究已初成规模，且呈方兴未艾的趋势。这一阶段可视为教育文化研究的发展阶段。

另外，笔者以检索项为"篇名"、检索词为"教育文化"、匹配词为"精确"检索"中国知网"（含中国学术期刊网络出版总库、特色期刊、中国优秀硕士学位论文全文数据库、中国博士学位论文全文数据库、中国重要会议论文全文数据库、国际会议论文数据库、中国重要报纸全文数据库、中国学术辑刊数据库），检索时间为 1979 年 1 月 1 日至 2016 年 12 月 31 日，共查到 1559 条（目录略），其中教育理论与教育管理 417 篇，职业教育 147 篇，高等教育 191 篇，成人教育与特殊教育 91 篇，中等教育 85 篇，思想政治教育 74 篇，初等教育 77 篇，中国政治与国际政治 73 篇，文化 43 篇，其余的分散在各个领域。6 篇博士学位论文中，思想政治教育 4 篇，道德教育、中等教育各 1 篇；56 篇优秀硕士学位论文中，25 篇是关于思想政治教育的。数据显示，长期专一从事这一主题研究的人员较少，呈分散的状态，最多的只是发表了 4 篇论文。从研究的国别来看，美国、德国、英国教育文化的分别有 8 篇、4 篇、1 篇。在"中国知网"上，以上述条件，以检索词为"教育文化比较"、匹配词为"精确"再次检索，检索到 5 条。可见，至今国内只有极少以"教育文化比较"为题名或关键词的论文发表。由此看来，我国对教育文化的比较研究还有进一步深入的必要。

二 国外研究的历史与现状

教育文化是西方教育研究重要领域之一。19 世纪末的德国已产生了从文化的角度来阐述教育现象的学派——"文化教育学派"，其先驱人物是狄尔泰，后经斯普朗格、李特[①]等人的发展，到 20 世纪 60 年代蔚为大观。他们从教育本质、教育目的、师生关系以及教育学性质等方面都给人以许多的启发。此学派注重从历史文化和生命阐释入手研究教育。主要观点有：

---

① 李特（Theolor Litt，1880 – 1962），德国哲学家、教育学家，首先提出"文化教育学"的概念，是文化教育学代表人物之一。他与斯普朗格共同构建了德国文化教育学派的主体思想。

（1）人是一种文化的存在，所以人类历史就是一种文化的历史；（2）人是教育的对象，教育又离不开特定的历史背景，所以教育的过程其实是一种历史文化过程；（3）基于前面两点，所以教育的研究既不能采用赫尔巴特所言的纯粹的概念思辨来进行，也不能仅仅依靠实验教育学的数量统计来进行，而必须采用精神科学或文化科学的方法，亦即理解与解释的方法来进行；（4）教育的目的就是促使社会历史的客观文化向个体的主观文化转变，并将个体的主观世界引向博大的客观文化世界，从而培养完整的人格；（5）培养完整人格的主要途径就是"陶冶"与"唤醒"，通过发挥教师和学生两方面的积极作用，建构和谐对话的师生关系。

20 世纪 20～30 年代，康德尔①（I. L. Kandel）等人开创了因素分析时代，为比较教育中的文化研究奠定了重要地位。康德尔提倡描述历史事实，分析社会历史背景，把民族主义和民族性作为决定各国教育制度性质的因素提出。汉斯（N. Hans）则对影响教育的诸种外部因素加以系统化，并主张应当对形成教育的因素给予历史的说明。他把影响各国教育制度性质的因素分为三类：自然的因素（种族、语言、地理和经济因素）、宗教的因素（罗马大主教、英国国教和清教徒）、世俗的因素（人文主义、社会主义、民族主义和民主主义），三类因素中文化因素占了主要地位。② 埃德蒙·金（Edmund King）也十分重视教育的历史背景。他的相对主义方法论认为，要对教育现象进行分析就必须对其产生的文化土壤有深入的了解，因此文化研究是必不可少的。

20 世纪 60～70 年代，一些文化学家或文化人类学家（如拉德菲尔德）开始把注意力转向教育，研究文化与教育的种种关系，一些相关研究的重要著作相继问世。其中影响较大的是金贝尔（Solon T. Kimball）的《文化与教育过程》（1974）和斯宾德勒（George Spindler）的《教育与文化过程》（1974），二者都把教育置于文化背景中加以考察，探讨学习过程与文化情

---

① 艾萨克·康德尔（Lssac Kandel，1881－1965），他创立了一套完整的比较教育理论，提出了系统的比较教育方法论，是最具代表性和最具权威性的比较教育学家之一。

② 转引自孔凡莉《中西文化研究与比较教育》，《牡丹江大学学报》2007 年第 12 期，第 50～52 页。

景之间的关系，阐释教育与文化冲突及整合的关联，分析教育进行文化传递的模式，透视不同教育层次、不同教育方面对文化的不同要求及表现。他们从文化人类学的视角出发，为文化与教育相互关系的研究开辟了新的天地。

20 世纪 80 年代以后，一些西方学者（如亨廷顿，1993）越来越重视文化冲突、文化整合与教育和学校文化的关系研究。另一些学者则更关注文化变迁与教育、教师文化的研究，还有部分学者对课程文化（如斯腾伯格等）和学生文化（如 Bartky）进行研究。著名心理学家布鲁纳在学术生涯后期转入教育文化研究，出版了专著《教育文化》（1996），要求人们从各自所处的文化语境来思考教育和学校教学。比较教育学者霍夫曼指出，文化应成为一个视角，通过它来建构比较教育的研究框架，而不只是被研究的对象，从而可以通过新的路径来探寻比较教育领域中那些塑造人类行为的隐晦的、藏匿于表面之下的具有活力的问题与范畴的意义与价值所在。① 另一位比较教育学者海霍（Ruth Hayhoe）通过对当代中国教育的深入研究，认为文化和历史不仅决定了教育的意义和内容，还决定了教育与国家的关系。她还认为，一国教育的发展遵循着民族和文化的固有逻辑。②

近年来，一些以文化和教育为主题的专题研讨会和论文集也反映出目前西方教育研究领域中对此问题的关注。如加利福尼亚大学于 2004 年出版了《全球新千年的文化与教育》，探讨了 21 世纪全球化背景下的文化与教育问题。

三　文献研究所涉及的主要问题及观点

中外文献所涉及的教育文化的研究主要集中在：教育与文化的一般关系、以文化为视角的教育问题、教育文化的内涵、中西方教育文化的比较、教育文化的研究内容与走向等几个方面。另外，鉴于布鲁纳的教育文化观在国内有一定的影响，在此也做一简介。

---

① Diane M. Hoffman, "Culture and Comparative Education: Toward Decentering and Recentering the Discourse," *Comparative Education Review* 43 (1999): 464 – 488.

② Cail P. Kelly, "Debates and Trends in Comparative Education," in R. Arnove, P. Altbach, and B. Kelly, *Emergent Issues in Education* (Albany: Suny Press, 1991).

（一）教育与文化的一般关系研究

国内外的学者普遍认为，文化具有教育功能，教育也具有文化功能，教育本身就是文化系统中一个重要的子系统，它对文化的发展起到促进或制约的作用。

肖川认为，文化的教育功能表现为两方面。一方面，文化本身即是一种巨大的教育力量；另一方面，文化作为学校教育的背景因素，对教育发展起控制作用。[①] 艾萨克·康德尔基于文化功能分析指出，教育制度不是凭空造出来的，它在具体文化环境中被形塑，文化决定了教育制度的性质。他认为比较教育研究者应该从该国的历史文化视角透视该国教育制度所蕴含的特殊意义，只有这样才能理解产生某种教育制度的深层原因。[②] 顾明远也持相同的观点，认为教育离不开文化传统，教育思想、教育制度、教育内容和方法都体现着一个国家的文化传统。他认为，教育总是在一定的文化环境中进行，总是受制于整个文化传统，文化对教育的影响比政治、经济对教育的影响更加深刻和持久。文化的思想、意识、观念会影响到教育价值观的确立、教育目标的制定、教育内容的选择、教育制度的建立等方面。[③] 霍尔斯认为，"每种教育制度都源自它得以生存的文化环境"。[④] 孙运时认为，文化价值观作为文化的核心，极大地制约着人们对教育目的、地位、作用、内容以及方式方法的看法，因而成功的教育改革的前提首先是价值观的变革。[⑤]

丁钢认为，教育的文化功能表现为教育将文化加以有目的、有意识地传递与保存，并通过选择与重组而实现文化的改造和创新，由此影响人类的社

---

① 肖川：《教育文化学》，湖南教育出版社，1990，第28～37页。
② 王彬：《析顾明远与康德尔的比较教育文化研究范式》，《淄博师专学报》2011年第1期，第51～54页。
③ 顾明远：《中国教育的文化基础》，山西教育出版社，2004，第30页。
④ W. D. Halls, "Culture and Education: The Cultrralis Approach to Comparative Studies," in Reginald Edwards, Brian Holmes& John Van de Graaff, eds., *Relevan Methods in Comparative Educartion* (Unessco Institute for Education, 1983)
⑤ 转引自杜时忠《我国教育文化学研究的回顾与前瞻》，《江苏教育学院学报》（社会科学版）1998年第3期，第29～33页。

会生活与精神面貌。① 周志超指出，中国现行教育的文化功能被严重地窄化。其集中表现是教育在传递人类文化精华、促进人的社会化、推动社会进步中的作用日益弱化，导致弱化的最深层的原因在于僵化的教育体制。② 美国学者巴茨（R. F. Butts）认为，教育是人类的一部分，教育史就是文化史。一切文化者是"教育的"，无论你是否意识到。③ 刁培萼认为，"从社会学的观点看，教育也是一种文化，它是社会赋予其成员以文化特质的过程，是主文化实现文化控制的一个有力的自组织系统。这个系统实现对文化的控制，是通过一定的教育形式向社会成员灌输一定的文化思想和行为，而更主要的是通过文化无意识地对社会成员进行文化渗透"。④ 鲁洁认为，教育对文化的作用主要体现在三个方面：一是教育制约着整个文化的变迁与发展；二是教育对文化诸层面的变化均具有重要的影响，其中对深层结构即心理意识的变化影响尤深；三是当代教育的主要功能是使文化主体得以产生超越现实客体——文化材的意向和能力。⑤

（二）　以文化为视角的中西教育比较研究

以文化为视角对中西教育进行比较研究，是基于对多元文化这一事实的承认，也是对"西方文化中心论"和"文化民族主义"的一种矫正。这一研究走向与比较教育研究的走向基本是一致的。它大致经历了这样一个演变的过程：从重视对不同国家的教育制度和教育实践活动进行观察与事实描述，到把教育放在特定的文化和历史背景下进行考察与比较，再到在结构功能主义影响下进行定量分析，最后回归到以文化研究为特征的定性研究和综合分析。⑥ 这一走向表明，单纯的唯科学主义（或实证主义）无法取代以文

---

① 丁钢：《文化的传递与嬗变》，上海教育出版社，1990。

② 周志超：《试论教育文化功能的形成、释放与完善》，《江西教育科研》1991 年第 6 期，第 6 ~ 11 页。

③ 转引自杜成宪、邓明言《教育史学》，人民教育出版社，2004，第 389 ~ 390 页。

④ 刁培萼：《教育文化学》，江苏教育出版社，1992，第 331 页。

⑤ 转引自杜时忠《我国教育文化学研究的回顾与前瞻》，《江苏教育学院学报》（社会科学版）1998 年第 3 期，第 29 ~ 33 页。

⑥ 方展画：《国外比较教育学科建设及其研究方法论的演变》，《比较教育研究》1998 年第 4 期，第 8 ~ 12 页。

化为立足点的教育研究。后现代主义的出现，加剧了传统教育观的瓦解，强化了教育文化的相对主义。

金家新、兰英认为，比较教育最大的特点之一就是它所面对的是不同国家的文化传统及其现时境域情景中的文化现象；从另一个研究角度来看，"文化研究"也是比较教育学用以认识和分析各种教育现象及其相互关联的一个基本依据。在全球化时代，我们应有的态度是，"放出眼光"进行拿来，吸取西方教育学的智慧，参照现实文化变迁的需要，吐故纳新，重建一种具有中国文化精神的比较教育学。[①] 顾明远先生认为，要进行国别之间的教育比较与借鉴，必须对该国的文化进行深入的了解与研究。他说："过去20年，我们对几个主要发达国家的教育制度、课程内容、思想流派都进行了比较研究，但是难以说已经很深入。这就是我提倡文化研究的原因。我认为，缺乏对西方文化的认识，很难理解西方的教育，缺乏对一个具体国家文化的了解，就很难理解该国的教育。"[②]

对于中西教育在文化上的差异，肖川认为主要表现为三点：一是中国的群体本位与西方个体本位的差异，或者近乎对立；二是中国内求为本与西方外取为本的差异；三是中国经验直观为本与西方纯粹理性为本的差异。在教育方面，中国传统教育呈现出忽视个性、泛道德主义、面向过去的特征；西方教育呈现出教育观念变化多端、理性精神为重的特征。[③] 郑金洲在分析了中西多元文化教育的差异的基础上，指出中国教育只有直面文化多元的事实，以寻常、务实的心态夯实多元文化教育的地基，才是可信、可行的选择。[④] 丁念金认为，从人性的角度对中西文化变迁进行比较研究，一是可以深入地认识中西教育的精神及其影响；二是可以在人性层面深入地理解中西教育的根本差异及成因；三是可以增强民族自信心和全人类意识；四是可以

① 金家新、兰英：《论比较教育文化研究的理论自觉与学科基点》，《全球教育展望》2009年第8期，第65~69页。
② 顾明远：《中国教育的文化基础》，山西教育出版社，2004，第30页。
③ 肖川：《教育与文化》，湖南教育出版社，1990。
④ 郑金洲：《多元文化与教育》，博士学位论文，华东师范大学，1996。

把握中国教育变革的根本方向。[①]

（三）教育文化内涵的研究

国内对教育文化内涵的研究主要有六种较为集中的观点：

1. 教育文化就是教育传递的"文化"；

2. 教育文化就是作为文化事实存在的教育，是人类文化的一部分；

3. 教育文化反映了教育文化主体对教育的理解、态度和看法的对象化和实体化；

4. 教育文化是一种用文化解释教育的方法论系统；[②]

5. 教育文化就是以教育为途径的人文化成；

6. 教育文化是积淀了人类精神的以旨在促进人的素质发展的活动为核心的社会生活。

其中，对教育文化的概念与内涵做出较为系统论述的有宋志臣、陈卫、刁培萼、倪胜利、丁念金等人。

宋志臣认为，教育文化是人类教育活动物质成果与精神成果的总和，是教育有机体的理论形态。它包含四个层面：一是价值层面，关于教育的思想、理论、价值、理念等精神性成果；二是制度层面，关于教育的政策、法律、法规等准物质形态的成果，这类成果是规制教育活动运行的轨道；三是器物层面，关于教育的组织、设施、课程、器械等一切用以发挥教育功能的物质资源，这类成果是经济、技术决定教育发展的集中体现；四是行为层面，关于教育、教学、管理、服务等一切教育活动展开的具体方式、方法、风格、习惯等行为状态。[③] 陈卫认为，教育文化可定义为一个民族或一个群体的教育活动的类化物，一个族文化大系统的子系统之一。教育文化是人们对教育活动的过程、方式、内容、结果等的反映，是人们对教育活动的情感与态度，而不是教育文化活动本身。教育文化要素分为教育社会心理（包

---

① 丁念金：《人性的力量——中西教育文化变迁》，福建教育出版社，2011，第14~18页。

② 其中，第1点至第4点转引自胡玉萍《教育文化与学校教育——多元文化背景下的少数民族教育发展不平衡研究》，博士学位论文，中央民族大学，2005。

③ 宋志臣：《教育文化论》，《教育研究》2012年第10期，第4~11页。

括人们对教育的心态、情感、情绪、需要、愿望、动机等，是民族教育文化中最稳定的深层结构或潜意识、习惯势力、自发色彩，不易控制）、教育行为规范（为相当多的人认同并用以左右教育言行的规范）、教育理想信念（一个民族对未来教育的设想）、教育价值观念（对教育价值的认识与取舍，具有统摄作用）、教育思维方式（教育活动中人们经常应用的思维形式、思维方法、思维程序，包括理论思维与习常思维）、教育精神（一个民族教育文化的集中体现和最高概括）。①

刁培萼主编的《教育文化学》是较早地系统论述教育文化的一部专著。但也有学者指出，这部专著中提出的"教育文化"与我们理解的"教育文化"有很大的出入。它所显示的是要使教育文化学首先基于人类全部教育活动，利用哲学的或人文主义的思考方式去"理解"教育活动的意义。按照这一设计，至多只能从终极意义上加深对教育之文化意义的理解。何况历史早已证明，这种思想活动虽然有生命力，即在自身的逻辑还没有终止之前，它会继续下去，但最终难逃陷入贫困境地的命运。其主因是在这部著作中，教育文化学被赋予的内涵过于宏大，如"人类心灵的五对永恒矛盾"、"全部人生和完整人生"、"教育历史以及具体的教育活动"和当代"人文主义教育的大趋势"等，教育文化绝不直接就是整体哲学意义上的人类教育历史和当代人文主义的呼声。教育文化是指在一定历史时期内，那些化成教育参与人员的生活习惯的教育事实，并且如果不是有意识地对其进行思考的话，很可能会随着时光流逝而被人们淡忘，而它们一旦被提起，就会让人觉得十分亲切。② 因而，文化教育研究将成为一种检验理论之科学性的实验，而非一些似是而非的宏大命题或先验性的存在。

倪胜利认为，教育文化就是以教育为途径的人文化成，它是主流文化在教育中的展开。它是人类文化整体中的精华，起着价值引导的作用，是人类文化的主题和精华部分的强化和复制，具有引领社会文化的作用。在此过程

---

① 陈卫：《论教育文化》，《上海教育科研》1994 年第 8 期，第 1~5 页。
② 周勇：《论教育文化研究——兼谈当代中国教育研究的困境与出路》，《教育发展研究》2000 年第 7 期，第 13~16 页。

中，教育主体以人类终极关怀为价值导向，以人类文化的精华为实质内容，以自由人的素质养成为目的，以符号系统为载体，以特定文化系统所要求的行为方式为规范，遵循自组织原理展开交流与互动。① 丁念金认为，教育文化是积淀了人类精神的以旨在促进人的素质发展的活动为核心的社会生活，包括两大层面：一是文化精神；二是教育现象。其中，后者又包括教育制度、教育目标、教育内容、教育方法。②

可以看出，国内学者虽从不同的角度对"教育文化"做出了不同的定义，但其内涵则基本趋同。

（四）中西教育文化的类型与比较研究

丁念金对中西教育文化在不同历史阶段的类型做出分类，并进行比较研究。他从人性的角度探讨了中西教育文化变迁的历史，认为中国传统教育文化是人性防范型教育文化，现代中国教育文化是人性改造型教育文化，西方古希腊教育文化是人性实现型教育文化，西方中世纪教育文化是人性控制型教育文化，现代西方教育文化是人性发展型教育文化。这些类型的教育文化都发挥了不同程度的积极效应，同时也都存在不同程度的问题，都从正面和反面体现出人性的力量。未来中国应该在整合吸收中国教育文化中的合理因素的基础上，建设人性优化型教育文化。③

（五）教育文化与自由的关系研究

倪胜利认为，追求自由是人的本质，从人类文化的轴心时代起，中西教育文化所追求的就是能够成为自由人的那些知识和价值。他引用马克思的话：理想的国家应该是"相互教育的自由人的联合体"，而自由就是认识了必然性。个体发展是教育文化的核心，一切都是围绕这个问题展开的。④ 丁念金认为，中国传统社会教育文化最高的价值追求是"崇高"；而"自由"是西方教育文化最高的价值追求，追求自由渗透于西方社会生活和个人生活

---

① 倪胜利：《教育文化论纲》，重庆大学出版社，2011，第 96～97 页。
② 丁念金：《人性的力量——中西教育文化变迁》，福建教育出版社，2011，第 1～13 页。
③ 丁念金：《人性的力量——中西教育文化变迁》，福建教育出版社，2011，第 1～13 页。
④ 倪胜利：《教育文化论纲》，重庆大学出版社，2011，第 99～100 页。

的各个方面，西方教育文化重视人的整体自由的能力。①

　　吴黛舒认为，从文化视角研究教育，能使教育学中的一些基本的理论命题有不同程度的转向。文化的发展的目的是不断发展和解放人性，这将促使学校教育从"生存手段"转变为"生存本身"，改变原来的知识占有式的教学方式，把文化的内涵注入教学中，有利于培养学生反思、自主、建构性的知识观和审美文化观，促使学生自由发展，让课堂焕发活力。同时，在学校、在教室这个"文化生态圈"中教师角色应该被界定为"平等中的首席"，要从文化知识的传递者和文化权威变成知识的诠释者、组织者；从师生之间的对立者变为对话者。② 从这一角度看，文化的视角能增加教育活动主体的自由度。因而，教育工作者秉持个体自由的理念，对激发课堂活力、改进师生关系大有裨益。加拿大教育家范梅南（Max Van Manen）的文化教育学（cultural pedagogy）理论认为，文化教育学把视角转向文化领域，其目的是借以实现社会的正义、自由与平等，基于这些目的，需要寻求文化政治形式，如政治民主结构、社会协助机构等。③ 台湾学者胡梦鲸分别从人性面、社会面、文化面、自然面、价值面及情境面，提出评价教育的21项合理性规准。其中，从社会层面来看，教育活动须合乎民主、自由和公平的原则。④

（六）布鲁纳的教育文化观

　　布鲁纳（Jerome Bruner）是美国著名的心理学家、教育家。他著述丰富，就其教育思想而言，其中两部尤为重要：一部是早年的《教育过程》（1960），一部是晚年的《教育文化》（1996），分别代表了他思想的两个发展阶段：认知主义与文化主义。布鲁纳的教育文化理论，以三个最重要的概

---

① 丁念金：《人性的力量——中西教育文化变迁》，福建教育出版社，2011，第271～277页。
② 吴黛舒：《文化学和教育学中的"文化"研究》，《华东师范大学学报》（教育科学版）2005年第3期，第30～37页。
③ 马克·范梅南：《教学机智——教育智慧的意蕴》，李树英译，教育科学出版社，2001，第279～282页。
④ 胡梦鲸：《从教育合理性的诠释与批判：论教育的合理转化》，博士学位论文，台湾师范大学教育研究所，1991。

念——文化、心灵、教育为基础。他将教育看作社会文化过程的一个组成部分，并将这一观点建立在文化心理学的基础上，其教育观可以用两句名言来概括。其一，"学校不是孤岛，而是整个文化大陆的组成部分"。其二，教育的功能是"将年轻人导入文化的规范之道"。其心灵观则认为，"文化塑造了人的心灵"，人类的心灵、自我、意识的存在都受到文化的约束。但人类也并非机械被动的，人仍然拥有自由。人们在使用文化工具包（toolkits）时，拥有挑选的自由。他认为除了原有的知识教育，还应关心意义的教育。深入思考学校文化，学校的首要任务是将自身建设成互助型的学习共同体。①

（七）教育文化研究的问题与走向

杜时忠对 20 世纪 80 年代以来的教育文化研究所存在的问题有较系统的论述。他认为其中存在"三多三少"的现象。从研究内容看，对教育与文化关系做一般研究者多，做专门研究者少；强调两者一致的多，考虑冲突和差异者少。从研究方法看，采用抽象思辨方法的多，运用实证方法的少。从学术影响方面看，泛泛而谈文化对教育的重要性而对现实不能产生实质影响者多，对已有教育决策、教学实践产生大规模影响的少。他认为，严格地说，中国国内尚不存在教育文化学，或者说"教育文化学"尚处于"前科学"时期。有鉴于此，他认为今后应着重注意以下问题。第一，教育文化学的研究应重在阐发教育的文化本质。研究者要具备文化感悟能力，达成对教育本质的会通，为人们提供关于教育的新见解。第二，研究范式应多运用实证方法，意在求细、求精，讲究定量，严格遵循科学研究的原则和精神；至于理论问题，应多用价值研究，意在求深、求透，讲究定性，要超越现实，高于现实。第三，"教育文化学"的研究对象应是各种不同的教育文化，研究它们如何制约人们的教育行为，以及它们的存在形式与发展规律。②

刁培萼认为，教育文化学研究在 20 世纪呈现出三个特征：一是借鉴了

---

① 程纲：《从〈教育过程〉到〈教育文化〉：布鲁纳教育文化观述评》，《中国大学教学》2005 年第 5 期，第 21～24 页。

② 杜时忠：《我国教育文化学研究的回顾与前瞻》，《江苏教育学院学报》（社会科学版）1998 年第 3 期，第 29～33 页。

教育研究的新范式，即越来越注重整体和定性的信息以及理解的方法；二是教育文化吸收了文化哲学的最新成果，扬弃坚执物化和决定论，把研究的侧重点放在教育的理想、情感、个性、直觉和价值层面，以寻找出人类教育的实践出路和精神出路；三是教育文化学研究应走向世界化和民族化并重的道路。①倪胜利认为，教育文化研究本质上是一个开放的领域，它几乎没有边界，充满复杂性和多样性。对教育文化的理解和阐释，着眼点是开放的过程。②

顾明远指出，比较教育中的文化研究还存在三个问题：一是比较教育中的文化研究所依赖的参照系只是西方文化，用它作为一个普遍的准则来影响包括非西方世界在内的全世界的比较教育研究，这一做法有失公正，也与当今世界异彩纷呈的各民族文化极不协调。二是对文化的理解过于狭窄，把文化只理解为"民族特性"。实际上文化的概念更广泛。三是对文化与教育的互动关系研究得不够。往往只讲到民族文化对教育制度的影响，很少谈到文化对教育主体（教育决策者、教师、家长）的观念的影响。有关教育对文化的反作用的研究也不多见。③

第三节 内容框架与研究方法

本书的研究由厘定概念和表明所持的价值取向开始，从中西教育文化的历史变迁中总结出各自的特点，在此基础上进行比较，最后提出新型教育文化必须具备的基本要素，展望未来中国教育文化的走向。采用的方法论是批判理论。研究方法主要以文献分析法、比较研究法和历史研究法为主。

一 内容框架

本书分为八个部分（含绪论和结语），研究框架如下。

---

① 刁培萼：《教育文化学》，江苏教育出版社，2000，第16～28页。
② 倪胜利：《教育文化论纲》，重庆大学出版社，2011。
③ 顾明远：《文化研究与比较教育》，《比较教育研究》2000年第4期，第1～4页。

　　绪论。本章主要阐明研究的缘起及对现实的意义，国内外研究的历史与现状及其文献综述，论文的理论框架和研究的基本方法等问题。

　　第一章，核心概念、理论基础与价值取向。本章主要是厘清"教育文化"等本书涉及的几个核心概念的定义，阐明研究所依据的基本理论和哲学基础，明晰在研究中所持的价值取向，目的是为研究的深入展开设定边界、清开道路。

　　第二章，中国传统教育文化的变迁及其特征。本章主要论述中国传统教育文化形成的社会基础，以及中国传统教育文化变迁的过程与不同时期的特点，在此基础上概括出其内在特质。通过本章可以看出，中国教育文化的形成有其独特的社会背景，在不同时期呈现出不同的特点，这些深深打上中华民族烙印的文化特征，经过若干年的历史沉积，逐渐凝固成中国教育文化传统。

　　第三章，中国近现代教育文化的变迁及其特征。近代以来，中国面临"三千年未有之大变局"（李鸿章语），中国传统社会受到巨大冲击，教育文化也呈现出与传统社会迥然不同的特点。本章主要探讨的是近现代中国教育文化在历史剧变中呈现出来的与传统社会不同的特征，这些特征与传统教育文化一起，深刻地影响着当代中国教育的发展及其走向。

　　第四章，西方教育文化的形成及其精神内核。本章主要论述西方教育文化形成的社会基础，概括了从古希腊、古罗马到中世纪再到近现代西方教育文化的历史变迁过程，大体经历了由自然的世界、宗教的世界、人文的世界、实利的世界到现代的公民世界这一过程，并在此基础上概括出西方教育文化的精神内核。从中可以看出中西教育文化在历史变迁过程中的异同，为比较中西教育文化做好铺垫。

　　第五章，中西教育文化的比较。本章在对中国教育文化中的"控制之道"和西方教育文化中的"自由之路"进行比较的基础上，以独特的视角对中国教育文化传统从价值层面进行审视，并以现代文明的眼光，涤荡其中落后顽守的价值观念，析出其可传承的部分并发扬光大，为再造新型教育文化做好准备。

第六章，当代中国教育文化的反思与重构。本章探讨了 1949 年以来特别是改革开放以来当代中国教育文化形成的原因及其特征，并针对其弊端进行反思与检讨，提出构建以人的自由和全面发展为核心的新型教育文化观，展望今后未来中国教育文化的基本走向。

结语。对全书的观点进行提炼，指出当代中国教育文化应把人的自由与尊严作为最高的价值追求。这也是人类文明应当具有的高度。

二 研究方法

（一）方法论

方法论是研究工作中最基础的一环。本书的方法论基于三个层面展开。

第一个层面：贯穿于本书的普遍的方法论，即开展研究所采取的哲学态度、价值观、出发点和方法。（1）哲学基础：自由主义哲学思想、解放主义教育思潮、教育的文化学派；（2）价值取向：主体性、民主性、超越性和进步性；（3）出发点：摒弃一切不利于人的自由发展的教育文化观，为建立新型教育文化观而开展研究；（4）整体的方法：采用思辨的方法，即以逻辑的推论、系统论以及演绎分析的方法为主要方法，夹杂价值研究。哲学基础与价值取向在第二章有详细的论述。

第二个层面：相关的学科基础主要包括采取科际整合的方法，即采用现代行为科学中诸如教育学、社会学、文化学、心理学中为学者所公认的观点作为本书推导和分析问题的起点和基础。

第三个层面：在例证或叙述时穿插典型的社会文化及历史题材，以点带面，点面结合。

（二）批判理论与具体方法

以批判理论和批判教育学为基础，采用文献分析法、历史研究法、比较研究法展开研究。

1. 批判理论与批判教育学

批判理论是二战后兴起的哲学思潮。批判理论对现存的事物持批判态度，其功能是对社会现象进行批判。批判理论绝不简单地致力于知识的增加，而是强调把理论与实际、研究与应用结合起来。注重沟通，即经过讨论，达成共识，以适应民主社会，对抗极权社会。以批判理论为基础的教育思想构成批判教育学。

批判教育学是以批判的眼光去看教育，希望教育成为达成社会理想的阶梯。其目标是追求教育的解放。批判教育学的出发点是以"病理学的特性"为起点。它强调教育学应该提倡治疗功能的重要性，即治疗那些过去在一个病态社会所受干扰的人，使他们能过正常的社会生活。其最终目的是建立一个理想社会。批判教育学在方法上注重"讨论"，倡导采用辩论的方式，提出正与反的意见，然后加以综合，找出"结果"。讨论的目的在于形成共识。因而，教育过程就是一种沟通行为；沟通"不分彼此"的观点，用在教育上就是"打成一片"的意思。语言透过它的作用，被赋予自主性，每一个句子表达了人类毫无拘束的共识，这种共识成为沟通中最重要的因素。讨论是凭借一个"理想的言论情境"的预设，必须对论证的整个过程的规则（讨论的逻辑）进行分析，并以"自由的兴趣"为基础。①

本书正是基于这种方法论基础，对中国教育文化提出批判，提出自己所希冀的前景，并希望借此引起讨论，从而达到改造中国教育文化、实现文化理想之目的。

2. 具体方法

包括文献分析法、比较研究法和历史研究法。

（1）文献分析法。这是本书采用的主要研究方法，指搜集、鉴别、整理文献，并通过对文献的研究，形成对事实科学认识的方法。文献分析法是一项经济且有效的信息收集方法，它通过对与研究相关的现有文献进行系统性分析来获取研究信息。本书参阅的主要文献包括教育学、文化学、人类学、社会学等著作中关于教育与文化的理论研究成果，有关教育文化学的学术专著，以及国内外学术刊物上发表的相关学术论文。

（2）比较研究法。主要用于第五章。它是一种根据一定的标准对不同

---

① 参见詹栋樑《现代教育思潮》，台北："国立"编译馆，2002，第440～442页。

对象的国家（地区）的教育制度或教育实践进行比较研究，找出各国教育的特殊规律和普遍规律的方法。在应用比较方法时，经常要运用到分析、对比、综合、抽象、概括、归纳、演绎等思维形式。在对各种文献资料、实际案例综合、定性、定量比较的基础上，进行中西教育文化的对比、分析。

（3）历史研究法。它是运用历史资料，按照历史发展的顺序对过去事件进行研究的方法。历史研究法通过深入研究已存资料，为现实决策提供信息，避免重犯错误，同时揭示现实问题，预测未来。

第四节　研究创新与局限

一　研究创新

如文献综述所言，以教育文化比较为专题的研究寥寥可数，相关学术专著大多以论纲或概论的形式出现，或更多侧重于教育与文化的一般性论述，对中西教育文化进行系统性论述和比较的著作为数不多。故而，本书在选题上有所立异，在内容和方法上亦略有创见。这表现在以下几个方面。

（1）在对中国传统教育文化进行细致考察以及对当代中国教育文化进行深刻反思的基础上，提出我国教育文化应向尊重人的自身价值回归，首次提出把"人的自由与尊严"作为当代教育文化的最高追求。

（2）通过中西方教育文化的比较，梳理出中西教育文化的精神内核，检视中国教育文化之得失及其对当下教育现状的侵蚀与影响，提出重建当代中国教育文化的核心理念。

（3）在研究方向上，将区别于当前较多研究者从事教育与文化之间一般关系的研究，而通过对中西教育文化的传承过程和相互交流影响的进程展开研究和分析，进而探讨教育文化的普适价值观——自由、民主、理性、平等、创造等。

（4）在研究方法上，虽沿用大多数研究者所采用的理论思辨的方式，但在方法论上，更多地采用批判理论和价值研究的方法，以现代的进步教育观为标准，廓清传统研究中的认识误区，倡导一种进步的、民主的教育文化价值观。

二 研究局限

任何对文化的研究，都容易陷入空泛的陷阱。金耀基曾说过：严格地讲，文化问题是一个复杂得足以令人止步的题目，而像中西文化这样的大题目，更棘手。社会文化是一个"全系统"（total system），它复杂的性格有一种"多变项的因果关系"，因此我们不能拿古人所陈设的理想来代表中国文化，我们必须拿经过了社会化与建构化的文化现象作为分析对象来帮助我们发现问题。① 对教育文化的研究也复如此。本书虽然尽可能地去避免这一陷阱，但也难免存在一些缺陷与局限。

（1）如何在浩如云海的文化与教育的历史文献中找到适合的有用的材料，并加以甄别、提炼和归纳，特别要避免落入"泛文化论"的陷阱？这需要对文献、文字使用的高度驾驭能力和跨学科的专业背景。

（2）如何克服自身文化的思维定式和文化偏见去研究另一种文化？这就需要树立多元文化的观念，尊重他国、他民族的文化，尊重它们的价值观。

（3）进行教育文化研究还需要与历史研究结合起来。因为文化传统总是历史延续下来的。不了解一个国家的历史，就不可能了解这个国家的文化传统是怎样形成的，也就不能了解它的文化实质。笔者对中国的历史虽然还较有把握，但对西方诸国的历史却不能完全了然于心。

（4）本书所采用的乃是理论思辨的方法，所依据的多是逻辑与演绎，而非实证与实验，其结论更多基于综合的理论思辨。

一个国家的文化常常表现在该国的政治体制、国家政策以及本土产生的哲学、历史、文学、艺术作品之中。同样，一个国家的教育文化既

---

① 金耀基：《殷海光遗著〈中国文化的展望〉我评》，（台北）《时报杂志》第 250 期，1984 年 9 月 12 日。

表现在他们的教育政策、教育体制、教育管理等方面，也蕴含在该国教育家和著名学者的著作之中，通过阅读和研究一个国家的教育文献和经典作品，是可以从中找到该国的教育文化实质的。特别是近几十年来教育的国际化和网络化，各种文献资料源源不断地进入中国，大大增进了我们对西方国家教育的了解，尤其是互联网，其威力足以让研究者突破国界的藩篱，所有这些都最大限度地降低了时空带给研究的局限性。

本书的理论构架如图0 1所示。

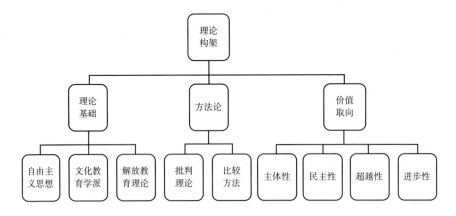

图 0 - 1　本书的理论构架

第一章

核心概念、理论基础与价值取向

第一节 核心概念的界定

本书所涉及的核心概念有文化、教育文化、控制、自由、中国、西方等，其中对"教育文化"和"自由"两个概念的阐述较为细致，目的是在使用这些概念时划定域阀。

一 文化与教育文化

（一）文化

"文化"一词是一个人类学概念，它作为一个独特的领域被发现和研究，首先得归功于人类学家。殷海光曾依据美国有代表性的人类学家克鲁伯（A. L. Kroeber）和克罗孔（Clyde Kluckhohn）等人所著的《文化：关于概念和定义的检讨》一书，将其归纳为记述的、历史的、规范的、心理的、结构的、发生的定义，共计6组44种，再加上当时文化学界较有代表性的定义3种，共计47种。[①] 除此之外，还有各种学科、专业对文化所做出的不同定义。由此可见"文化"一词定义之广泛与内涵之丰富。

在对"文化"进行定义时，中西方也呈现出不同的历史特征。西文中的"文化"来源于拉丁文的 Colere。本义是指人在改造外部自然界使之适应

---

① 参见殷海光《中国文化的展望》，上海三联书店，2009，第 19 ~ 27 页。

于满足食住等需要的过程中对土壤、土地的耕耘、加工和改良。后来，该词引申到精神领域，有化育人类心灵、智慧、情操、风尚之义。而在中国古代，"文化"一词通常是作为统治者所施的文治和教化的总称使用。如汉刘向《说苑》曰："凡武之兴，谓不服也，文化不改，然后加诛，"晋束皙《补亡诗》曰："文化内辑，武功外悠。"南齐王融《曲水诗序》曰："设神理以景俗，敷文化以柔远。"① 可见，西方在讲"文化"时更侧重于人通过劳作对自然进行改造，即人化的自然。而中国则更侧重于对人的"教化"，强调人的教养、德性以及与之相关的一些东西，与我们现代所说的文化一词，意义不尽相同。

鉴于"文化"一词定义之繁多，我们没必要对所有文化概念一一罗列，只罗列对教育学的文化研究影响较大的两个"文化"概念。一是泰勒的"复合体"或"总和"概念。他认为，文化或文明就其广泛的民族学意义来讲，是一个复合整体，包括知识、信仰、艺术、道德、法律、习俗以及作为一个社会成员的人所习得的其他一切能力的习惯。二是格尔茨等人的符号学的文化概念。格尔茨等人认为文化是由人自己编织的"意义之网"，是任何社会都具有的物质，它隐藏在各自的"生活方式"中。② 在考察这些概念的基础上，本书提出"文化"一词的定义及其特性。

（1）就内涵而言，"文化"是指一个社会或民族普遍持有的或者沉积下来的价值观、态度、信念、取向。在现实生活中，表现为一种有"有意义"的思维和行为方式。

（2）就文化的外延而言，文化作为历史的载体，虽然包括精神文化、制度文化、行为文化、物质文化，且不能截然分开，但精神文化是其中的核心与灵魂。其递层关系如图 1-1 所示。精神文化是文化的核心，向外依次为制度文化、行为文化、物质文化。

（3）文化固然有着相对的稳定性，一种文化在面对外来文化冲击时，

---

① 丁念金：《人性的力量——中西教育文化变迁》，福建教育出版社，2011，第 2 页。
② 吴黛舒：《文化学和教育学中的"文化"研究》，《华东师范大学学报》（教育科学版）2005 年第 3 期，第 30~36 页。

往往产生文化紧张（cultural tension）和文化自圆的行为，但文化的变迁终究不可避免。①

（4）文化的形式固然呈现出多样性，且不宜简单地做出优劣之分，但不同文明之间毕竟有着普同的成分，因而可依据现代文明的准则，做出进步与落后之判断。凡符合现代文明中有关"进步"这一标准的，可视为进步的文化。与之相反，不利于人类进步的，则可视为落后的文化。至于何为"进步"，本书借用塞缪尔·亨廷顿的观点，"进步就是人类走向经济发展和物质福利、社会——经济公正及政治民主"。② 或以联合国《世界人权宣言》条文中表达的目标和伦理——有利于人类整体上而不是个别人生活得更加健康、长寿、幸福与满足——为标准。③ 这一点尤为重要。

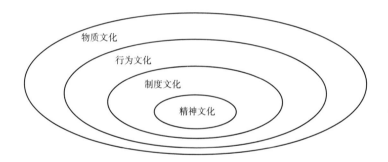

图 1－1 文化的递层关系

① 文化紧张由文化抗拒诱发，从而导致文化自圆，都属于文化变迁。参见殷海光《中国文化的展望》，上海三联书店，2009，第 32 页。

② 塞缪尔·亨廷顿论及文化的重要作用时，借用了丹尼尔·帕特里克·莫伊尼汉的两句话："保守地说，真理的中心在于，对一个社会的成功起决定作用是文化，而不是政治。开明地说，真理的中心在于，政治可以改变文化，使文化免于沉沦。"同时它界定了"人类进步"是指走向经济发展和物质福利、社会－经济公正及政治民主。参见塞缪尔·亨廷顿、劳伦斯·哈里森主编《文化的重要作用：价值观如何影响人类进步》，新华出版社，2010，"前言"。

③ 劳伦斯·哈里森在《文化为什么重要》一文中认为，文化上的价值观和态度是促进或阻碍第三世界国家进步的关键因素。他针对有些文化相对主义的人类学家认为每一种文化都有自己的目标和伦理，不能以另一种文化的目标和伦理为尺度加以评价这一观点，提出在当下世界中，西方所理解的进步已几乎成为普遍的愿望。进步的概念——生活得长寿一些，健康一些，负担轻一点，更满足一点。这些愿望也存在于其他文化之中。参见塞缪尔·亨廷顿、劳伦斯·哈里森主编《文化的重要作用：价值观如何影响人类进步》，新华出版社，2010，第 25～38 页。

（二）教育文化

综合各种文献资料，本书把教育文化定义为一个民族或群体在教育活动中所积淀的教育精神、教育风尚及其外化物，包括精神层面和现象层面。前者包括教育理想（教育理念）、教育社会心理、教育价值观和思维（认知）方式；后者包括教育制度（教育规范）、教育器物和教育行为。前者是教育文化的灵魂和核心所在，后者是教育精神的外化与体现。对教育文化的研究当然应侧重于教育精神的研究，但教育制度、教育规范、教育器物和教育行为中体现着教育精神，所以也是教育文化研究的对象之一，如图 1－2 所示。

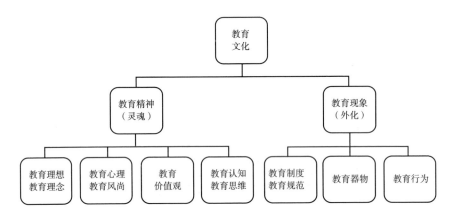

图 1－2　教育文化内涵结构

教育文化的精神层面，是一个民族或群体经过长期的历史积淀下来的关于教育的理想、理念、教育社会心理、教育风尚、价值观、教育的认知和思维方式等精神性成果，是对教育文化的最集中体现和最高概括。教育理想是一个民族或国家未来教育发展的蓝图，它为教育活动提供目标。当教育理想具体化时，就成了教育理念。例如，儒家的教育理想是其经典《大学》所说的"明明德，亲民，止于至善"。教育社会心理是一个民族或一国国民在教育文化影响下所形成的深层心理结构或潜意识，往往外化为教育风尚。如中国人的"科举情结"。教育价值观是一个国家或民族及其个体所持有的教育信念、态度并据此做出判断与取舍，它是教育文化的核心部分。教育认知与思维方式是教育活动中人们所采取的认知和思维形式、方法、程序。

教育文化的现象层面，是指教育精神在教育制度、教育规范、教育器物及教育行为上的外化，是教育文化的物质性成果。教育制度规制着教育活动，让它循着社会应有的轨道运行。教育器物是教育活动赖以进行和教育功能得以发挥的各种设施、器械、工具等物质资源，它与经济、社会、科技的发展密切相关，在一定程度上也体现着教育文化。教育行为是指一切教育活动，如组织、管理、服务等，它在过程中所展现出来的风格与习惯，也往往体现着教育文化的内在特质。

一般认为，教育文化有广义和狭义之分。"广义的教育文化是人类教育活动的物质和精神存在物的总和，以及人类借助于教育为实现自身理想而进行的追求与实践。狭义的教育文化则专指校园文化。"[①] 教育文化的次生形态包括教学文化、课程文化、教师文化、教育管理文化等。[②] 本书所研究的"教育文化"既非涵盖范围广泛的"广义"的教育文化，也非狭义的校园文化，而是集中于教育文化中的教育精神，以及体现教育精神的一部分典型的教育现象。

教育文化具有时代性和民族性。时代性说明教育文化是随着时代的变迁而变迁的，也可称作教育文化的变异性，有渐变和突变两种。教育文化的变迁总是以内部动力为根据，以外部动力为条件。教育文化的民族性是教育文化中的民族特性，它具有相对的稳定性、持续性，甚至具有相对凝固性，亦即一个民族的教育文化传统。教育文化的传承和演变主要有三种：进化（时间形式）、播化（空间形式）、涵化（选择、调整、产生新文化）。教育文化发展的基本环节，离不开传递、选择、发现、创造。

（三）教育文化的重要作用

教育文化对一个国家或民族的重要作用主要表现在以下几个方面。

（1）教育文化的价值取向影响到一个国家的文教政策，甚至影响到一

---

① 刘旭东、何波：《教育文化略论》，《青海师范大学学报》（社会科学版）1994 年第 4 期，第 48～53、60 页。

② 宋志臣：《教育文化论》，《教育研究》2012 年第 10 期，第 4～11 页。

个国家的教育制度和教育内容。功利化的教育文化价值观，必然会导致功利化的教育政策、教育制度、教育内容。

（2）基于教育与文化历史的共生关系，教育文化不仅可以作为传承历史传统的载体，也可引导未来文化与教育的发展方向。① 教育文化是进步的、有活力的，则其未来的民族文化也会呈现出相应的特征。

（3）教育文化影响着一个国家的经济竞争力。一个国家或民族有什么样的教育文化，就会有什么样的经济文化，而经济文化往往影响甚至决定着一个国家的竞争力。迈克尔·波特通过调研发现，要增强国家竞争力，最艰巨的任务之一就是如何改变经济文化。他在《态度，价值观，信念以及繁荣的微观经济学》一文中提到：教育作为文化的因素之一，对经济的影响是关键性的，但同样关键的是看追求怎样的教育，以及将教育用于怎样的目的。② 而这两个问题正是教育文化首先必须回答的问题。

（4）教育文化影响社会的整体进步。一个国家的政府如果长期维持或宣传有缺陷的或不利于社会进步的教育文化，必将会导致发展的缓慢或停滞。相反，在一个变革的年代，由于政府控制的减弱，教育文化由单一和凝固变为多元和活泼，社会也呈现着相应的活力，人们的整体认识水平和思想水平也会得到相应的提高。

二 控制与自由

（一）控制

控制原属于科技名词，英文为 control。它在数学、心理学、电工学、机械工程等学科中都有不同的释义。据全国科学技术名词审定委员会审定公布的释义，控制是指为达到规定的目标，对元件或系统的工作特性所进行的调

---

① 李奇认为，人类是文化存在（cultural being）的与历史存在（historical being）的动物。Johns Martin Rich, *Education and Human Values*（Massachusetts：Aaddison - wesley Publishing Company, 1968）.

② 迈克尔·波特：《态度，价值观，信念以及繁荣的微观经济学》，塞缪尔·亨廷顿、劳伦斯·哈里斯主编《文化的重要作用：价值观如何影响人类进步》，新华出版社，2010，第 60～73 页。

节或操作。《现代汉语词典》的解释是：控制是指对事物起因、发展及结果的全过程的一种把握，能预测和了解并决定事物的结果。其延伸义为：（1）掌握住不使任意活动或越出范围，或使其按控制者的意愿活动；（2）使之处于自己的占有、管理或影响之下。

在社会科学领域，控制一词也被广泛应用。美国社会学家 E. A. 罗斯在1901 年出版的《社会控制》一书中首次从社会学意义上使用社会控制一词。在他看来，社会控制是指社会对人的动物本性的控制，限制人们做出不利于社会的行为。

据《智库百科》对"社会控制"一词的解释，社会控制指社会组织利用社会规范对其成员的社会行为实施约束的过程。有广义和狭义之分，广义的社会控制，泛指对一切社会行为的控制；狭义的社会控制，特指对偏离行为或越轨行为的控制。其基本特征有三。

（1）从社会控制的本质来看，它具有明显的集中性和超个人性。社会控制的集中性，是指社会控制总是集中地反映特定社会组织的利益和意志，不管它具有什么样的具体内容和采取什么样的具体手段，都服务于社会组织的总体利益和最高意志。超个人性，是指社会控制总是以某种社会名义，代表某个社会组织实行控制。正是这种凌驾于个人之上的超个人性，使它更有力地控制个人。

（2）从社会控制的作用来看，它具有明显的依赖性和互动性。依赖性指社会控制只有依赖于社会实体才能起作用。这些实体包括社会组织、社会个人和传递社会规范内容的信息媒介。互动性是指社会控制通过社会行为之间的相互影响而起作用。

（3）从社会控制发挥作用的过程来看，它具有多向性和交叉性。多向性指控制主体多方面地将各种信息发射出去，而作为中间环节的多种信息传递媒介，又把各种社会精神因素和众多的社会个体联系起来，从而使社会控制成为一个多向交叉和多层联结的复杂过程。

实施社会控制的主要方式有：宗教信仰、道德规范、社会习俗；政治权力、法律法规、纪律；社会舆论、群体意识；等等。

社会控制包括积极的社会控制和消极的社会控制两种。积极控制能为社会成员提供合乎社会目标的社会价值观念和社会行为模式，调适人际关系，制约和指导社会成员的社会行为。通过规定各社会群体或社会集团的社会地位、社会权利和义务（在阶级社会里主要表现为规定统治阶级的统治地位和被统治阶级的被统治地位），限制他们之间利益竞争的范围，调整他们之间的利益关系，避免产生大规模的对抗性冲突，以有利于社会的稳定。消极的社会控制是指运用惩罚手段来制裁某些违规行为的控制。它是违规行为已经发生并产生消极后果之后的控制。①

本书更多地从消极意义上去理解和使用控制一词，即强调它的操纵、支配和抑制。消极的控制是自由的反面，是对自由的反动，它会使人的个体尊严和价值逐步丧失，加强对人的奴化，抑制社会活力。控制涉及以下内容。

（1）对人身体和身份的控制。限制人的迁徙、实行人身依附的制度、执行严格的等级身份等，都会使人的身体丧失自由。

（2）对人的正常情感和欲望的控制。表现为对人与生俱来的七情六欲进行否定与限制，如中国儒家理学中的"存天理，灭人欲"，中世纪的欧洲利用宗教以上帝的名义对人们进行严密的情感控制。

（3）对人的心智或思想进行控制。如中国历代统治者实施的愚民政策，皇帝大兴"文字狱"迫害文人，中世纪的欧洲利用宗教迫害科学家，其目的是维护思想霸权、现行的政权或神权，否定人的思想自由和探索精神。

要实现社会的长期稳定和发展，国家或政府就必须处理好社会控制与个人自由的关系，实现公共秩序和个人自由二者的平衡。而要实现这样一种平衡，就必须把社会规范建立在符合人性和尽可能广泛的共意的基础之上，尽可能地依据社会的自发力量来治理社会，减少控制在社会中的运用。

（二）自由

与"控制"相对应的是"自由"。"自由"是近代以降在中国被误解最深的词语之一。哈耶克认为，自由是人的重要本质之一，所谓"自由"，就

---

① "社会控制"，MBA 智库百科，http://wiki.mbalib.com/wiki，2008/12/16。

是自我决定、自我形成、自我追求、有责任的行为。自由是个体之自主、自发、自律的思想、言论与行动。① 奥本海姆认为，自由包括：选择的自由；自由的感觉；自由行动；自由即自决；自由乃公民的基本人权；新自由，即人满足基本需要的自由。② 从个体权利的角度来看，一个人的完整权利，至少应该来自两方面的自由，一是思想自由，二是身体自由，而身体自由同样包括行动自由与审美自由。从社会关系的角度来看，无论是在私生活中还是在公共生活中，只要你不侵害他者的权利，便应该有支配自己的身体并且使之免于禁锢的自由，唯有在此基础上，才能形成真正行之有效的社会契约。熊培云认为自由先于平等，他在论及法国大革命所带来的普适价值时说："首先是个体上的自由（人权），然后才能争取到群体中的平等（民主或公民权），惟其如此，才可能有博爱（人获取某种神性）。"③ 因为如果没有对自由的强调，平等与民主则会沦为一种多数人的暴政；如果没有平等，则博爱更加遥不可及——在一个弱肉强食的社会里是难以产生相互关爱的情怀的。这表明了自由是平等、民主、博爱的基础，也是社会创造力的源泉。

综合以上观点，本书所言之"自由"，是指个体基于内在自我成长的需要和人性发展的需要，为免于被人压制，免于他人滥施专断权力而产生的有责任的思想与行动。一切利用"自由"之名，滥用强权压制他人思想、随意掠夺或榨取他人财富、剥夺他人身体行动的行为，都是反自由的。而"自由人"则是指能自主、自发和自律的公民。其内涵包括"自我决定""自我形成""自我追求""有责任的行为"。这些因素必须互相配合才能算是真正的自由。马克思对自由也有纵深的论述，他的自由理论可以分为两个层次：一是认识论意义的自由，即对必然的认识与把握。二是社会学意义上的"自由"，意味着独立、自立、自决等。其相对概念是强制、纪律、统治、奴役、压迫、专制等。这两种自由观在马克思主义中占有重要

---

① 海耶克：《到奴役之路》，殷海光译，台北：桂冠图书股份有限公司，1990，第191~192页。

② Felix E. Oppenheim, *Dimensions of Freedom* (London, 1961), pp. 6, 7.

③ 熊培云：《自由在高处》，新星出版社，2011，第42页。

地位。①

　　一般认为，严格意义的"自由"是西方近代宗教、政治、经济和知识向前发展的产物。而东方由于专制主义的笼罩，虽亦有蒙昧的"自由观念"（非自由本身）出现，但在很长一段时间内，人们并没对自由做出确切的理解，甚至视之为"洪水猛兽"加以防范。而在近现代中国，"自由"一词则倍受误解与曲解，几经起落，面目变得模糊不清。故在此加以澄清，回归本源。

（二）教育文化由控制走向自由的必然

　　我国传统的教育文化服务于中央集权的专制统治，历代统治者为达到控制的目的，不惜实施各种愚民政策，大兴文字狱；其所实施的教育内容，主要强调对臣民的教化，以宰制其心智与行动。而现代文明的核心，则是限制政府公权力的滥用，保障个人的权利和自由。所以当今的教育文化应以唤醒公民个人的权利意识和自主、自发、自律意识为己任，促使个人实现由臣民向公民转变。"国贵自主，民贵自由"（严复），"自由者，人人自由而以他人之自由为界"（梁启超）。个人"自由不自由"，既是一个国家的人民能否成为公民的根本，也是一个国家能不能走上现代化道路的根本。传统社会成王败寇的改朝换代模式让中国人蒙受了太多的苦难，强权和暴力应该被终结。改造以"控制"为主要功能的传统教育文化，创建以"自由"为核心的教育文化是中国成为现代文明国家的前提条件。

三　中国与西方

（一）中国

　　本书所言之中国，不仅仅指地缘意义上的中国，从时间的深度而言，更多指文化意义上的中国。中华民族在这块土地上繁衍生息，薪火相传，蕴育了绚丽多彩、别具一格的人类文明。

（二）西方

　　同理，本书所提及的西方，多指文化意义上的西方，即不仅是莱茵河以

---

① 转引自杨建朝《自由成"人"——人性视角的教育精神》，中央编译出版社，2013，第105页。

西的"西方"或地理上意义的"西方",更多的是指基于共同文化价值观——自由主义、民主政治、资本主义和个人主义、自由贸易的国家或地区。具体而言,是指文化源于古希腊古罗马的欧洲、北美及澳大利亚、新西兰等国家和地区。①

四 检视与超越

(一)检视

检视即检讨、审视之意。在本书中主要指用现代文明的观点,对中国传统教育文化展开全面的检讨和审视,在此基础上提出改造的意见。类似于古人所说的"反省""自省"。

(二)超越

超越即超过、越过之意。其在希腊文的原意是退后一步看,即在往后退一步对文化进行深刻反思的基础上,面向未来,跨越传统。余英时认为,近百年来,中国人对文化的超越性似乎逐渐失去了信心,其根源于在西方文明面前失去了文化与制度自信。② 本书则力图在对中国教育文化全貌进行检视的基础上,检讨其得失成败,虽立足于传统,却又不拘泥于传统,最终目的是要越过传统,建立一种新型的符合现代文明基本精神的教育文化,搭建与现代文明沟通的桥梁,重拾民族自信心。

第二节 理论基础

本书采取的理论基础包括文化教育学派和解放教育学派的教育思想。

一 文化教育学派

文化教育学在德国常被称为"精神科学的教育学",又称为"解释学——

---

① 丁念金认为,"西方"这一概念采取的是文化学研究中的通常含义,即以古希腊为文化源头的欧洲、北美及澳大利亚、新西兰等国家或地区。本书也取其近义。参见丁念金《人性的力量——中西教育文化变迁》,福建教育出版社,2011,第14页。

② 余英时:《中国文化重建》,中信出版社,2011,第10~12页。

实用的教育学"。它于 19 世纪末由狄尔泰发展而成，后经其门人的发展，到 20 世纪 60 年代发展到高峰。其主要教育思想包括：①

（1）重视"体验"与"了解"。狄尔泰认为，教育要重视社会文化的功能，要体验和了解教育的实际；主观的生命与客观的文化的配合，在两者的和谐契合当中体验教育的全体。了解人是一件非常重要的事情，如果对人不了解，就无法解释人的行为表现。

（2）重视人类学研究的价值，主张在教育过程中以人为主体。狄尔泰认为，在生命方面要注重人的个别差异，在客观文化方面则养成其实行的能力。反对人从属他所创造的世界。真实的、存在的人，其世界是"生活的世界"或"生命的世界"。

（3）重视历史文化的发展，认为文化最有价值，把教育看成是有价值的文化活动。狄尔泰认为教育的目的和理想应从历史中求得，因为"人的精神生活"是人的本质，因此，生命之发展基于生命之本质。生命的发展，在纵的方面，是在历史之中；在横的方面，是在社会之中。因此，精神科学应分属心理学，强调个人精神活动之研究；社会学强调文化制度之研究。

（4）重视教育的内发性，认为教育是发展的帮助，教育是引导，教育是了解与体验，把教育的重点放在启发上；李特②认为，教育中的两大课题"成长"与"引导"，不容偏颇。在发展过程中，老师把有价值的、需要的、生活的各项知识和技能灌输给学生，引导学生过文化生活，这被称为"文化的置换"。

（5）重视良好师生关系的构建，主张在教育过程中师生之间维持一种和谐的关系，这样方能达到文化教育的目的。狄尔泰认为，师生关系是一种偶然，但这种偶然也是基于爱，所以它是一种爱的教育关系。只有以爱作为基础，教育与陶冶才能成功。李特认为，教育应该具有和谐的观念，无论是

---

① 詹栋樑：《现代教育思潮》，台北："国立"编译馆，2002，第 339~375 页。

② 李特（Theodor Litt，1880－1962），德国哲学家、教育学家。他第一个提出"文化教育学"的概念，是 20 世纪产生于德国的文化教育学代表人物之一。他与德国另一位文化教育学代表人物斯普朗格一起共同构建了德国文化教育学派的主体思想。

古典的陶冶理想还是现代的情况，对于人的本质而言，都是正确的课题。古典的陶冶思想（个人的——体验的关系）与现代的工作世界（自然科学的——技术结构），两者是对立的，但教育的目标在于寻求两者的调和。

（6）其方法重视解释，意义是解释的先决条件；狄尔泰认为，对于教育问题可以加以了解或解释。解释常要用分析的方法，以发现所应该建立的准则，那就是教育行为准则。他认为，自然科学与精神科学两者应分开，前者是"因果原则"的研究，后者是"结构关系"的研究。前者用"说明"的方式，也就是经验的方式；后者采用"了解"的方式，也就是内省的方式。自然科学用实验方法，所追求的是法则的认识；精神科学用的是"解释"的方法，即对情境进行了解。

（7）注重伦理道德的培养、完美的人格的养成和良心的唤醒，认为道德行为是一种有价值的行为。李特非常重视人与环境的关系，他认为这种关系就如血肉关系一样。他还认为古典人文主义是教育的思想之一，它是根据古希腊的思想形成的。这种古典的人文主义，慢慢地形成一个民族的生活力量，也就是吸收过去的生活知识，以更新和刺激现代人的生活，这便是"唤醒"。

（8）注重教育理想或陶冶理想，将古典的人文主义融入教育中，使之具有历史文化的色彩。教育就是个人或社会理想的追求。李特认为，人格的引导可以形成一种精神运动，形成教育的目的，具有人性，使人格在生活的空间与生活的实际中慢慢形成。

把教育学和教育文化视为一种历史的、人文的、体验的，而不是单纯技术的、自然的，这是本书所持之观点。另外，在论及新型教育文化时，也倡导人的主体性、人格的完整性和师生关系的和谐共进。

二　解放教育学派

解放教育学源于解放理论和自由哲学，而与传统的规范教育学是相对的。①

---

① 参见詹栋樑《现代教育思潮》，台北："国立"编译馆，2002，第601～611页。

1. 解放理论认为，人必须被解放，因为人在基本情境中被看成是不自由的

其理由是人受到种种"限制"，一方面是生理的因素，另一方面是环境的伤害、令人窒息的社会关系、文化约束、教育贫乏等，这都证明了人是不自由的。"解放"与"自由"密不可分。人类的历史就是一部不断争取自由的历史，争到了自由，便得到了"解放"。"解放"是有了充分的"自由"，"自由"的最终目的便是求得"解放"。而且自由就是一种解放，就是解除束缚，束缚一解除，那就自由了。两者有不可分的关系。解放可分为两种：一是个人的解放；二是社会的解放。前者指个人的知识、经验、能力，甚至个人的主观意识，可以自由地发挥，只要不妨害别人就可以；后者是指人的"自我疏离"的扬弃，团体的倾向、能力、成就等所达到的程度由大多数人做决定，而不以想象的客观社会图像做定夺。德国教育家马尔表示，解放对所有人可能还有些限制，但是"机会"是不能有限制的。

2. 解放教育学以自由哲学为基调，是一种反传统学派的"自由的哲学"

它不主张对学生严格要求，而是让学生的能力自由地发展，慢慢地成熟，尤其是以学生的意识能获得启蒙为优先，其教育过程以建立人的图像为前提。自由的哲学认为，人具有自由的本质，任何人都不愿意受束缚，想做一个思想与行为都自由的人。但在"自由的实践"中必须做到两点：其一，在理论方面。当一个人做选择时，每一次决定，都要想到他所应负的责任。当一个人参与做决定的过程时，同样也要负责。因此，决定与责任是不可分的。其二，在实际方面。在"活动参与"时应该尽量把握机会，丧失机会，也就无法面对更进一步的解放。这种自由哲学，有助于开放社会的民主化。于是从权威到要求解放所应具备的条件应该是责任与法则，即每一个人都知道在决定时所应连带负的责任；在一个社会里，具备了法则，就是寻求社会的解放，在生活上也不会杂乱无章。

3. 解放教育学与规范教育学是相对的

规范教育学强调以道德来规范人心，道德成了无上命令，具有权威性；而解放教育学则认为除少数基本的原则如责任等外，其他的都可以开放，具

有反传统、反权威性。不过，解放教育学的建立，应有先决条件，那就是预先有必然的要求，包括规范、理想、希望的图像，每一个人的道德规范，甚至教育的道德规范，都不可免。也就是说，在决定时应有道德的考虑，这种决定不但要有以事实为根据的知识，而且要能评价，最后还要由世界观来决定。

在本书中，始终把人的"解放"（包含从技术中解放和从人自身中解放）和建立一个动态的充满活力的社会视为教育的终极目标。同时，相信通过教育和启蒙，可以让每一个人有自我决定、自我负责、获取成就的能力，可以让每一个人都能为社会的完整性做理性的决定，未来的中国社会应该建立在由这种理性决定的自由的生活秩序之上。所谓理性，就是指解放压迫和对教育发展有阻碍的因素，但不是放任，教育如果过分控制，则会造成对人性的压迫，如过分放任则易导致无序与失范。这样一种观点，也借鉴自解放教育学。

第三节　价值取向

每一种教育文化都具有鲜明的价值取向。先进的教育文化必须符合主体性、民主性、超越性和进步性。

一般认为，价值取向是指人们把某种价值作为行动的准则和追求的目标。它是个体的活动或意识中渗透的价值指向，是人们实际生活中追求价值的方向。管理心理学把价值取向定义为"在多种工作情景中指导人们行动和决策判断的总体信念"。诺贝尔经济学奖获得者、著名心理学家西蒙认为，决策判断有两种前提——价值前提和事实前提，说明了价值取向的重要性。著名心理学家罗克齐（Milton Rokeach）把价值取向分为两大类：终极价值和工具价值。终极价值指的是反映人们最终想要达到目标的信念；工具价值则反映了人们对实现既定目标手段的看法。[1] 价值取向直接影响着人们

---

[1] "价值取向"，http：//wiki. mbalib. com/wiki，2010/1/29。

工作、生活的态度和行为。

吴荣镇从不同角度总结了价值取向的定义:

(1) 以"系统"定义者。克劳孔认为,价值取向是影响行为的一套相当普遍性的、有组织的构念系统。

(2) 以"决定"定义者。王玉樑认为,价值取向就是最终决定做什么好或怎样做好。

(3) 以"行为模式"定义者。叶启政认为,价值取向是由价值引导衍生出的一套特定行为模式。

(4) 以"心理倾向"定义者。罗文基认为,价值取向是由于人的主观认定而去追求或希求某些事物的一种心理倾向。

在此基础上,笔者提出价值取向的定义:价值取向是一个价值认识与选择的过程,是影响价值主体行为的一套相当普遍性的、有组织的构念系统,是价值主体与客体在一定情境互动下价值主体对客体的认识、偏好、选择、实践与评价。这套构念系统是有关价值情境、价值主体、价值认知、价值选择、价值实践、价值评价,以及对价值情境再认识的历程。[①] 从他的定义来看,价值取向既是一个认识和选择的过程,也是一套相对稳定的观念系统。当某种价值取向成为一个社会系统的取向或规范模式时,它就成为一个社会的价值观。

价值观是人们行动和决策的依据。在历史悠久、文化深厚的国家和民族,其一般民众的价值观与现代化的冲突,表现得就越明显。在教育文化领域,也复如此。中国、印度和伊斯兰国家都经历过本国文化和西方文化孰优孰劣的激烈对抗和争辩。

教育界对价值取向有两种理解:一种是指社会主体在把教育作为一种社会客体的情况下,根据自身发展的需要对教育客体进行价值设定、价值预期时所表现出来的意向或倾向,是一种"应然"状态。另一种指教育主体和作为主体的教育在其实际活动中特别是在他们和它的活动结果中所实际遵

---

① 吴荣镇:《教育价值取向论:台湾教育往何处去?》,台北:香远出版社,2011,第12~13页。

循、指向、建构和实现的价值关系，是一种"实然"状态。价值取向可以分为国家主体取向、社会（集体）主体取向和个体主体取向。[①] 此处所指教育的价值取向，是指第一种理解。相应的，教育文化的价值取向，是指某种教育文化在做出选择时所应秉持的价值观，而往后所提到的价值取向，也可能涉及第二种理解。

一 主体性

教育文化必须符合主体性。

人类在漫长的历史发展过程中逐步认识到，在人与万物的关系中，人是世界的中心，人的中心地位决定了人是作为主体存在的。主体性既是人作为主体所具有的性质，又是人作为主体的根据和条件。教育文化中的主体性是指人在教育实践过程中表现出来的人的自主、能动、自由、有目的和有价值的特质。[②] 一种具有主体性的教育文化，应当具有以下几个特征。

（1）主体性的教育文化，不仅仅停留在增进人的认知层面上，而且以激发人的能动性、创造性，追求人的自由为目标。认知功能是教育的基本功能之一，但人对客观世界的认识是不能免于无人价值的（Value - free）。[③] 教育活动从一开始就有价值取向，教育过程不可避免地受到教育文化的影响。在这一过程中，教育文化应充分体现人的生命意识，并赋予认知主体以激情、创造、自由的品格，实现从认知到生存、从意识到人本身、从实体主体到人的生命活动的过程。

（2）主体性的教育文化，认为教育的终极价值在于引导个性的发展，增强个人的自由感、责任感和义务感。通过教育个人探索自我、发现自我、实现自我，进而实现群体的目标。在这种文化里，教育的价值主体是人，教育的首要任务是指导人成为具有鲜活生命的大写的"人"。这与国家主义、

---

① 王卫东、石中英：《关于建国后教育价值取向问题的思考》，《江西教育科研》1996 年第 4 期，第 1 页。

② 李楠明：《价值主体性：主体性研究的新视域》，社会科学文献出版社，2005。

③ Watson，Brenda，*Education*，*Assumptions and Values*（London：David Fulton Publisher，1995）.

军国主义、民族主义所主张的教育社会主体论是相反的。社会主体论认为教育是国家的主要职能之一，国家是唯一的施教者，教育价值不能以个人及其利益为主要目的，造就一个"社会的我"才是教育的终极目标。

（3）主体性的教育文化，在坚持人的中心性的同时，反对走向绝对的自我和自我的过分扩张。主体性的教育文化，固然以激发自由、创造超越、体验生命、形成责任为文化品格，但同时认为，人是社会关系的产物，人只有在与人的交往关系中才能实现人的主体价值。这就要求教育文化必须做到既自为、自觉又自省和自律，因为自由只有在符合正义与良知的社会秩序下才能生存与发展。

（4）教育文化的主体性，还体现为鼓励每个人运用自己的思考去理解和体验这个世界。正如洛克在《人类理解论》一书中所写："我们如果不运用自己的思想，就好像用别人的眼来看，用别人的理解来了解世界。"[1] 心智是个人的属性，并不存在"集体的大脑"这样的东西，也不存在集体的思想。每一个人的全部尊严就在于他拥有自己的思想。

二 民主性

教育文化要符合民主性。

民主既是一种政治制度，也是保护人类自由的一系列原则和行为方式，是自由的体制化表现。民主社会奉行容忍、合作和妥协的价值观念。延伸至教育领域，教育文化中的民主性是指一种观念，即贯穿于教育行为的平等、尊重、理性、协商、合作的观念，它与控制、操纵、强行、训斥相对抗。在民主性的教育文化下，个人的价值得到最大限度的尊重，个人的思想与成就动机得到解放。这表现在以下四个方面。

（1）民主性的教育文化，视个人的解放为教育的本质。在教育充分发展的社会中，每一个人应该获得"成就能力"，个人成就的动机应该得到解放，这是教育发展的结果，同时也唯有个人获得解放才能接受更进一步

---

[1] 约翰·洛克:《人类理解论》，关文运译，商务印书馆，1959。

的教育。

（2）民主性的教育文化，重视每个人的选择意向、学习兴趣、成就动机，注意教育和教育过程中的平等互动，反对教条主义的压迫和"语言的宰制"。[①]

（3）民主性的教育文化，强调在教育活动过程中推行民主化，态度鲜明地反对威权、压制、偏执、单调的工业社会或专制社会下的"单向度的人"[②]，而是以培养具有平等、宽容、妥协、合作观念和具有完整人格的现代公民为己任。

（4）民主性的教育文化，是对行为主义教育文化的一种矫正与纠偏。行为教育学认为人是不自由的，因为人受到环境的塑造，意图通过教育的强化作用，通过改变环境进而改变人的行为与习惯。这种主观愿望是良好的，但是在实施过程中，行为主义者主张对人的行为予以控制，这种做法纵使可以要求教师严格负起教育的职责，对学习的情形可以获得更可靠的评量，家长能更精确地看到子女的成就，然而这只有在教学与学习严格受限制的情况下才会发生。教育过程受到严格的管制，必然导致教育体系中的每一分子所拥有的选择自由相对减少。行为主义者愿意造成以上结果，因为他们认为人们拥有的自由原本就比想象的要少，所以不必再去奢谈自由。这种观点与民主性的教育文化是不相符的。民主性的教育文化认为，民主与自由是相辅相成的，限制了自由，也就是限制了民主，如果对一切行为都加以严格的限制，也就没有民主可言。

三　超越性

教育文化要符合超越性。

[①] 兰伯特认为，要实现解放，个人的科学知识尤其是科学的语言不可或缺，因而要通过不断地与人对话、灵活生动地运用语言、学习解释能力等来解决"语言的宰制"问题。参见詹栋樑《现代教育思潮》，台北："国立"编译馆，2002，第 618 ~ 622 页。

[②] 马尔库塞指出，发达工业社会具有"极权化"倾向，它成功地压制了人们内心中的否定性、批判性、超越性的向度，使这个社会成为单向度的社会，而生活于其中的人成了单向度的人，这种人丧失了自由和创造力，不再想象或追求与现实生活不同的另一种生活。参见赫伯特·马尔库塞《单向度的人：发达工业社会意识形态研究》，刘继译，上海译文出版社，2008。

教育文化的超越性有两层含义，一是教育文化具有面向未来的开放性，即它允许并鼓励人不断创造不断进步；二是教育文化尊重人存在的价值和个体的意义，其目标在于使人摆脱必然性的束缚，达到自由之化境。具体包括以下几个方面。

（1）超越性的教育文化，反对教育行为的功利化，主张人是目的本身而不是手段。从人自身的价值角度看，人面临的首先是生存，生存的价值必然使人的目的带有功利性，因而功利性是人的基本价值之一，但不能把它绝对化和唯一化。人的价值恰恰在于超功利的目的性，并且只有这种超越生存的目的性，才使人真正摆脱物的束缚，从而使人本身真正成为目的。人的真正价值是以人本身为目的的价值，即自由的目的性。只有在自由的价值中，人才能把自身对美的追求投射进自然之中，以审美的眼光看待物，把物看作活的有机体，从而超脱工具理性的思维。也只有在自由的目的性中，人才能摆脱个体和类的抽象对立，把类的价值内化进个体价值之中，从而把互为目的性建立在善的基础上。也只有在此时，物和社会才会回归人本身，不再是与人相对立的外在力量，人才能成为一个总体性的存在，成为真正的自主活动的主体。①

（2）教育文化的超越性，还表现在教育文化在价值判断上不应只是满足于当下现实的意识形态，而应当对现实具有超越性。国内很早就有学者讨论教育的适应与超越问题。鲁洁教授认为：教育作为一种培养人的实践活动，必然具有超越的特征。它超越的核心就是培养出能够改造现存世界的人。教育的传授功能并不是将这"已有的"一切在新一代人身上重复创造出来，并使他们去"适应"已有的和既定的一切。教育的根本任务在于通过这种传与授，使它所培养的人能够把已有的一切文化科学知识作为一种工具与手段，去改造和发展现存的世界、现存的社会以及现存的自我。为此，教育的着眼点不在于使人"接受""适应"已有的，而在于为"改造""超

---

① 李楠明：《价值主体性：主体性研究的新视域》，社会科学文献出版社，2005。

越"的目的而善于利用已有的一切。①

（3）教育文化的超越性，还表现为一种新的教育文化观既要具有现实的规定性，更要彰显它对现实规定性的超越与前瞻。正如教育文化研究者布鲁纳所言，每个时代都有发展教育的梦想，并赋予这些梦想新的形式。对教育质量和智育目标的新一轮广泛关注或许正逐渐成为我们这个时代的标志——但是我们不放弃这样的理想，那就是教育应该作为为民主社会培养平衡发展的公民的一种手段。②

四　进步性

教育文化应当符合进步性。

教育文化的进步性，是指教育文化应当有利于促进"人类进步"，即促进经济发展和物质福利、社会－经济公正及政治民主。如果一种教育文化不利于经济发展、社会公正和政治民主，则不符合"进步性"。

1. 进步性的教育文化，致力于增强创新和变革的力量

由于教育本身具有一定的保守性，学校教育往往在传播现行文化方面力量有余而创新文化力量不足。美国肯塔基大学李奇（Jons Rich）教授认为，从古老帝国的文化观之，教育几乎不是一种重建的力量，相反，它是保持社会统治文化的工具，教育由统治团体或统治阶级把持，利用学校增进他们的利益。③ 进步性的教育文化，将依据社会情势，致力于对传统文化加以选择、改造、整合和创新，并在此基础上推动社会的变革与进步。

2. 进步性的教育文化，致力于促进社会的整体繁荣

斯特斯·林赛在《文化，心理模式和国家繁荣》一文中说：一个国家能否繁荣，文化是一个重大的决定因素，因为文化影响到个人对风险、报偿和机会

---

① 鲁洁：《论教育之适应与超越》，《教育研究》1996 年第 2 期，第 3～6 页。

② 杰罗姆·布鲁纳：《布鲁纳教育文化观》，宋文理、黄小鹏译，首都师范大学出版社，2011。

③ Rich, Jons., *Education and Hunan Values*（Massachusettw：Adison－Wesly Publishing Company, 1968），pp. 1－2.

的看法。① 同样，教育文化对一个国家的教育事业乃至整个社会的进步，也会产生重大的影响。进步的教育文化，将通过改变个人层次的心理模式进而改变人们对财富的想法，譬如让更多的人树立积极、主动、协商、公平竞争的观念。而这些观念将有利于人们形成健康的财富观，有利于促进经济增长与社会繁荣。

3. 进步的教育文化，致力于让人们生活得更公平、更富足和更有尊严

大量的文献表明，较高的收入有助于培养积极进取，宽厚待人，支持公民自由权，对外国人持开放态度，与下属保持正面关系，对个人能力有信心，愿意参加与社群活动和国家事务，保持人际信任，以及满意于自己的生活等品质。② 经济的富足，是社会进步必不可少的因素。进步的教育文化，不倡导安分乐道，而提倡公平竞争下的不断进取；不提倡过分的群体主义的文化价值，而提倡尊重个性发展和鼓励独立思考的价值观。

4. 进步的教育文化，致力于培育自由平等的社会

进步的教育文化认为，工作和学习的目的是谋求更美好更自由的生活，而非为工作而工作、为学习而学习；认为人与人之间的信任基于社会整体的诚信，而非限于家族与熟人有关系；主张权力分散和平行，反对权力的过分集中；力图创造一个机会均等、公平、正义的社会，态度鲜明地反对特权与愚民；肯定规范在教育过程中的价值，但反对过分引导；关注教育人文化和民主化的意义，但反对放任自流；面向未来，不"崇古"、不"循旧"，致力于培育一个自由平等的社会。

---

① 斯特斯·林赛认为，心理模式与繁荣之间有着重要的关系，他提出三段论：没有经济增长就不可能有广义的人类进步，成功的企业是经济增长的引擎，因此成功的企业是人类进步的必要前提。以比较优势（具有抵制进步的特征）与竞争优势（具有有利于进步的特征）为例，前者包括市场受保护、注重宏观经济、有事找领导人、注重物力/财力资本、按等级制刻板办事、规模经济、依靠外资合伙人、消极被动、政府说了算、财富再分配、家长式管理，后者包括全球化和竞争、注重微观经济、企业层次上提高生产率、注重人力/知识资本、精英领导灵活管理、生产灵活、实行迁徙战略、积极主动、协商合作、创造财富、创新。改变心理模式将是一大突破，有助于领导人使自己的国家在全球经济中变得更有竞争力。参见塞缪尔·亨廷顿、劳伦斯·哈里森主编《文化的重要作用：价值观如何影响人类进步》，新华出版社，2010，第343～355页。

② 迈克尔·费尔班克斯在《改变国民的心态：致富过程中的各种因素》一文中认为，繁荣有助于人们在心灵上开拓出空间，贫困能损害人的志向、希望和幸福。参见塞缪尔·亨廷顿、劳伦斯·哈里森主编《文化的重要作用：价值观如何影响人类进步》，新华出版社，2010，第327～342页。

第二章

中国传统教育文化的变迁及其特征

第一节　何谓中国传统教育文化

传统文化与文化传统是"器"与"道"、"用"与"体"的关系。这种关系同样也适用于中国传统教育文化与中国教育文化传统。前者指历代存在的教育器物、教育制度和教育精神的文化实体、文化意识，也就是常说的教育文化遗产；后者指经过历史洗礼后沉淀在国人思想和行为中有关教育的一切精神、理念和集体无意识。

一　传统文化与文化传统①

虽然每个民族都有自己的传统文化和文化传统，但传统文化和文化传统是两个不同的概念。为防止概念上的混淆不清，有必要对这两个概念进行界定。

传统文化全称为传统的文化（traditional culture），重点在文化。相对应的概念为现代文化或当代文化，是一个历时概念。内容表现为历代存在的种种物质的、制度的和精神的文化实体、文化意识，带有显著的时代性和民族性。譬如儒家经典著作、汉服、唐诗宋词、清明与"中秋"等传统节日，

---

① 有关两者的概念与区分，参见庞朴《文化传统与传统文化》，《科学中国人》2004 年第 4 期，第 9~11 页。

均属于传统文化的一部分。它们有些已经成为历史遗产，有些到现在还保留着并发扬光大。

文化传统全称为文化的传统（cultural tradition），重点在传统。文化传统不是有形的实体，它既存在于一切传统文化之中，也附着于现实文化之中，还体现在这一民族的每一个国民的精神与行为之中，类似于我们常说的国民性或国民性格、民族的集体意识和集体无意识。它往往以一些符号来体现，如语言、文字、禁忌、习俗等。它既是一个民族的惰性力量，也是一个民族形成凝聚力和向心力的必要条件。

换句话说，传统文化是一种"器"或"用"，而文化传统是一种"道"或"体"。道在器中，器不离道。

二 中国传统教育文化与中国教育文化传统

中国传统教育文化指的是中国走向现代化之前的教育文化，亦即中国古代教育文化。从时间节点上看，往上可追溯至夏代，往下延至辛亥革命，共4000余年，即从公元前21世纪到1911年。夏代以前的三皇五帝传说时期为前传统时期。当然，任何传统都不是到某个节点戛然而止的，它的形成、繁荣和衰落都有一个过程，从鸦片战争、洋务运动到辛亥革命，随着思想鼎新和共和政体的建立，中国告别了传统社会，进入现代社会，中国原有的古代教育文化也就逐步失去了社会基础。

中国教育文化传统是指经过历史洗礼后沉淀在国人思想和行为中有关教育的一切精神、理念和集体无意识。它经久不衰，无处不在，一直影响着人们的教育活动和教育行为，如尊师重教、书院精神、科举情结、学而优则仕、士可杀而不可辱等。

每一种文化的产生与形成均有其特定的社会基础，教育文化亦复如此。从无形的教育精神、教育风尚、教育理念到有形的教育制度、教育器物，都产生于特定的政治、经济和社会环境，并随着社会生活的变迁不断地演变和发展。

第二节　中国传统教育文化形成的社会基础

中国传统教育文化的形成有着独特的自然与社会环境，在文化上表现为自足系统，在社会形态上表现为伦理社会和等级化生存，在政治制度上表现为人治社会。

一　自足系统

中国传统文化自足系统的形成如图 2 - 1 所示。

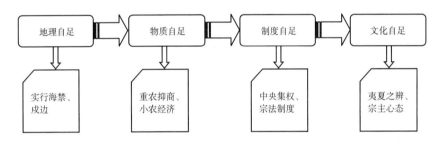

图 2 - 1　中国传统文化自足系统形成演示

众所周知，中华文明发源于内陆，主要集中于中原以及往西的内陆地区，然后再由内陆向四周扩散，周边地区虽亦有文明存在，但整体上不足与之抗衡。地理上的封闭与隔离，对中国传统文化产生了深刻的影响。在国防上，历代统治者都实施海禁或戍边的策略。在经济上，长期固守重农抑商的经济政策，较少与其他国家和地区发生经济上的交往，物资供应主要依赖于本国和本地区，小农经济长期占据主导地位。在政治观念上，中国人普遍形成一种"家天下"的观念，正如《诗经》中所言："普天之下，莫非王土，率土之滨，莫非王臣。"① 在文化上则讲究"夷夏之辨""夷夏之防"，对中国域外的文化采取疏离、防范的态度。在文化交流过程中，往往更多地输出文化，表

---

① 《诗经·小雅·谷风之什·北山》。

现出宗主心态。中华文明正是在这种自足系统下历经了几千年的濡化和变迁，促进了以王朝为核心的中央集权制政体的形成，逐步使中国人形成了"天朝型模的世界观"和"文化的自定系统"（Homeostatic system）。① 中国历代统治者都认为，他们受命于天去实施统治，并且是无可争议的权力唯一合法的拥有者，这个权力既是政治上的，也是文化上的和道德上的。它周边的民族，都是"夷狄蛮荒"，他们并没有充分参与中国文化，应该心甘情愿地服从中国皇帝，做他的臣属，他们的国家应该是处于中国皇帝的道德权威之下但又在他的实际控制和他的文官直接管辖的范围之外的周边地带。

概言之，中国传统文化的自足系统，表现出以下特征：

（1）中国是居于平地中央的国家，此为地理之自足。

（2）中国物产丰饶，不假外求，在外力相侵的情势下，甚至不惜"量中华之物力，结与国之欢心"（慈禧语），此为物质之自足。

（3）国家层面，以中央集权的专制政体为主，间或也有分封制，但时间不长。民间则形成以家族为中心的宗法制度，此为制度之自足。

（4）中国是世界的政治、文化中心，中国的文字、道德、礼仪、制度，无一不优越于四夷，讲究夷夏之辨，所谓"万方来朝，四夷宾服"，此为文化之自足。

中国传统文化的自足特征是建立在中华民族的共同情感、高度共识的基础之上，因而是持久、固执和难以改变的，它们已深深嵌入中国传统教育文化之中，并长远地影响着中国传统教育文化。

文化的自足固然稳定和强化了社会秩序，延续了文化脉络，但在西方坚船利炮下，最终不能免于动摇和崩溃。从长远来看，自足文化并不能确保社会的可持续发展，因为一个持续发展和不断进步的社会并不是无限期地维护和保存其固有的文化，而是要根据情势做出适应和改变。

---

① 殷海光提出"天朝型模的世界观"作为传统中国文化的基本性质。怀特（Arthur F. Wright）根据对中国传统文化的分析，引导出一个结论："中国自第十四世纪中叶至第二十世纪初叶，一直是在传统之中生活着。文化的变迁相当缓慢，在这一阶段，中国文化逐渐形成了一个自定体系（Homeostatic system）。"参见殷海光《中国文化的展望》，上海三联书店，2009，第392页。

二 伦理社会

一般认为，中国传统社会是一个伦理本位的社会，亦即一个以家族或家庭伦理关系为中心的社会。它以血缘关系为基础，其基本特征类似于斐迪南·滕尼斯（Ferdinand Tonnies）在其名著《社区与社会》中提到的礼俗社会（gemeinschaft society）（也译作"通体社会"）。①

无论是伦理社会还是礼俗社会，其本质上都属于传统社会。这种社会基本靠宗族关系（lineage）、血缘关系（kinship）、地缘关系等作为人与人之间联系的纽带，其成员之间为亲戚关系或邻居关系，成员之间的联结点为某种原始思想，如生殖崇拜、祖先崇拜以及其他风俗与习惯。人们对这种把大家联结在一起的自然力量表现出天然的虔诚甚至恐惧。这种社会团体规模虽小，但团结和谐，社会成员的感情牢固，本族群或宗族中一人的荣辱与其他成员密切相关，以此构成一种强大的拘束力，从而达到社会控制的目的。在伦理社会中，理性、法律、逻辑思维没有地位，面子、关系、风俗民规成为主宰人们行为的准则。尽管中国传统社会曾建立完善并具规模的文官制度，也制定了体系较完备的法律制度，但伦理关系仍然是中国传统社会的基础之一，那些通过政府建立起来的制度和规范，只有通过伦理关系才能起到真正的作用。伦理社会的社会资本②就是伦理关系和个人情感。在伦理社会中，社会成员所依靠的是人际关系即人脉。人脉的深度与广度直接影响到事功的成败。因而，伦理社会的成员因致力于人际社会关系和成员之间情感纽带的建立，导致个体的弱化和自由精神的缺乏，其个人主义和独立自主的精神难以得到确立。

---

① 与礼俗社会相对应的另一种社会是法理社会（gesellschaft society），现在称为现代社会，靠理性意志推动。所谓法理社会，即依靠法律理性来支撑的社会。Ferdinand Tonnies, *Community and Civil Society*, trans. by Margaret Hollis（Cambridge University Press, 2001）.

② 弗朗西斯·福山认为，社会资本就是一个群体的成员共同遵守、例示的一套非正式价值观和行为规范，按照这一套价值观和规范，他们便得以彼此合作。所有的社会都有自己一定的社会资本。在某些情况下，信任和互惠的纽带在家族内部和外部似乎成反比：一个强，另一个往往就弱。参见塞缪尔·亨廷顿、劳伦斯·哈里森主编《文化的重要作用：价值观如何影响人类进步》，新华出版社，2010，第143~157页。

在伦理社会中，一方面，感情用事派生出讲义气不讲原则的做派，家族中心衍生出孝道文化，知识神圣化孵化出崇古好古、迷信权威的风气，注重人脉关系则使社会滋生礼教和面子文化。另一方面，中国传统社会结构是以血缘关系为基石的。在家族中，族长或长老具有天然的权威；在乡村中，士绅或村长也拥有排难解讼的权力，这些权力不是来源于政府或民间法理上的授权，而是来自氏族社会延续下来的祖先（或图腾）崇拜的习俗。其约束和控制的基础也不同于西方的法理契约，而更多源于"心理契约"。他们利用尊贵的地位，利用家训甚至是儒家经典，辅之以诱导、奖罚、褒贬、品评等方式，达到控制社会和维护社会良俗的目的。这一点深刻地影响着中国传统教育文化中"控制"特质的形成。伦理社会及其文化特征如图 2-2 所示。

在法理社会中，尊重理性意志使人们凭理智行事，个体中心则使功利主义盛行不衰，知识世俗化催生科学主义，契约关系的普及则有效地促进了法治社会的形成。法理社会及其文化特征如图 2-3 所示。

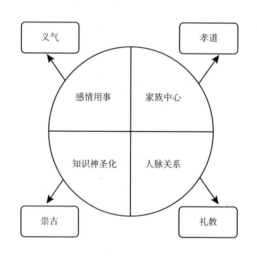

图 2-2　伦理社会及其文化特征

从两种社会形态来看，伦理社会（或通体社会、传统社会）相比于法理社会（或联体社会、现代社会）更易实行文化隔离和社会控制，其效果也更加明显。相应地，两种类型的教育文化也呈现出截然不同的特征。

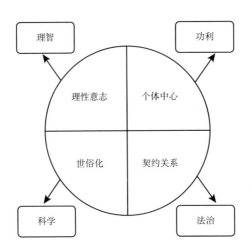

图 2 - 3　法理社会及其文化特征

三　等级化生存

中国传统社会中，父子关系是所有社会关系的原型。父亲在家庭中享有居高临下、不可置疑的权力与地位。以父子关系为原型，投射到治国，则为君臣关系；投射到治民，则为父母官与子民的关系；投射到教育，则为"一日为师，终身为父"的师承关系；投射到社会，则为"三教九流""讲名分、排座次"。总之，上与下、尊与卑、长与幼、富与贫之间等级分明，不可逾越。而"礼教"是维护这种等级化生存的重要规范。

丁念金认为，中国人等级化生存的内容包括：[①]

（1）人性等级化。在中国传统社会，将人性作为各种思想观念的基础。如孔子在《论语·季氏》中将人分为四等："生而知之者，上也；学而知之者，次也；困而学之，又其次也；困而不学，民斯为下矣。"汉代董仲舒明确将人性划分三个等级："斗筲之性""中民之性""圣人之性"。

（2）人的地位等级化。经济地位等级化表现为财产和资源分配按等级进行；人的尊严价值等级化表现为"三纲"，即君为臣纲、父为子纲、夫为

---

① 丁念金：《人性的力量——中西教育文化变迁》，福建教育出版社，2011，第72~74页。

妻纲。

（3）人的道德规范等级化。不同等级的人要遵守的道德规范是不同的，道德规范因等级而设，讲究有等差的爱。

（4）讲理权的等级化。等级高的人才有大的讲理权，等级低的人则讲理权小。如"凡有狱讼，必先论其尊卑"（朱熹语）、"刑不上士大夫，礼不下庶人"。

（5）人的教育等级化。包括受教育权等级化、培养目标等级化、受完教育后出路的等级化。

中国人等级化生存，还表现为社会阶层固化。殷海光曾把中国传统社会划分为五个层级：最顶端为皇族、皇帝，然后依次为儒士官吏、士绅地主、农民、无固定产业的流民。[①] 少量的士绅和农民通过考试或任命可达上一层；在机会来临时，处于社会底层的流民通过武装暴动，也可到达最高层——皇帝或皇族。但在承平时期，这些阶层相互流动的可能性非常之小，儒家政治哲学也教导人民安于现状，忠君爱国，以致几千年来中国的社会层级结构基本上没有改变。虽历经朝代的更替，但社会层级在基型上依然保持原样，价值系统亦如此。加之中国社会文化的价值取向是拒变，视变为不可欲，因此长期没有发展出一种应变的机制，当社会发展到一定程度，大规模的变乱则不可避免，历朝历代始终没能跳出乱治交替的历史周期。而林语堂则认为，中国实际上只有两个社会阶级，一个是衙门阶级，他们享受法外治权；另一个是非衙门阶级，他们纳税、守法。他还认为，统治中国普通百姓之人或物有两种，一种是阳性或曰显性的三位一体——官、绅、富，即官员、乡绅和富人；另一种是阴性或曰隐性的三位一体——面、命、恩，[②] 即面子、命运和恩惠，尤其是面子，它虽然看不见摸不着，却最为中国人所重视和顾忌。官、绅、富在明处统治着中国普通百姓，面、命、恩在暗处维持着中国的社会秩序。林语堂先生的这种概括很准确，可以说是深入中国文化

---

① 殷海光：《中国文化的展望》，上海三联书店，2009，第74～77页。

② 林语堂：《中国人》，郝志东、沈益洪译，学林出版社，1994，第193～206页。

的骨髓。不同阶层享受着不同的权利，越往顶层，特权越多，利益愈能得到保障。反之，越往底层，权利越无保障，甚至温饱都成问题。每遇到饥荒或灾难，便有胆大者不惜铤而走险，聚众起事，发出"王侯将相宁有种乎!"的吼声，试图问鼎天下。

等级化的生存状态和阶层固化，最终导致中国社会成为地位定向型（Status Orientation）社会。[①] 这种社会，以官职高低和权力大小作为衡量个人是否成功和是否拥有话语权的标准。此风盛行之下，农家子弟或普通儒生为博取功名乃至"扬名立万"，无不竭尽全力，企图通过科举跻身官吏阶层，做"人上人"。统治者为达到"天下英雄尽入吾彀中矣"（唐太宗语）的目的，也鼓励青年才俊皓首穷经、埋头于故纸堆，在耗尽他们的精力与斗志的同时，坐收罗聚人才之渔利。这种风气深刻地影响着中国传统教育文化特质的形成。

四　人治社会

中国传统社会由于几千年来都保持着人治的传统，没有实现文明转型，以致陷入周期性动乱的恶性循环之中无法自拔，这是中国传统社会的又一个特征。在人治社会中，"所有规则的设立，说到底，都遵循一条根本原则：暴力最强者说了算。这是一条'元规则'，决定规则的规则"。[②] 那么，中国传统社会为何没能够像西方一样产生现代意义上的法治社会呢？有学者认为其中原因有三。[③]

从生产方式上看，中国的经济一直是小农经济，商品经济始终没能处于主导地位，这就决定了古代中国很难产生那种以处理商品交换和生产中的纠纷为最初目标的"私法"、"市民法"或"海商法"，也就没有出现与民事合同有关的民事权利义务观念。整个法律制度，如"田律""仓律""户婚律"

---

① 殷海光认为，中国社会是地位定向型社会。它以官职的大小作为赞同与否的衡准。与之相对应的是目标定向型（Goal Orientation）社会，在目标定向型社会中，人们能在自己所属的社会阶层里干出优异的事业，而不必投身政界。参见殷海光《中国文化的展望》，上海三联书店，2009，第 267 页。

② 吴思：《血酬定律：中国历史中的生存游戏》，中国工人出版社，2003，第 166 页。

③ 参见范忠信、郑定、詹学农《情理法与中国人》，中国人民大学出版社，1992，第 4～8 页。

等，几乎全部是为小农土地私有制和自给自足的生产生活方式专门设计的，无处不体现着小农、宗法的痕迹。

从社会组织形式来看，所有的社会组织都是以家庭为蓝本的，个人不具备独立的地位和法律主体资格，只是家族或家庭的零件或附件。国家是家族的放大，家族是国家的缩影。国家之内的一切层次、一切类型的社会组织都不过是直接或间接的、原态和变相的宗法组织，宗法伦理成为古代中国法律观念的基石和核心，甚至直接成为定罪量刑的准绳，如历代的"经义决狱""春秋决狱""引礼入律""礼法合一"等。为维护组织的稳定，首要之务是严惩"不肖之孙"和"乱臣贼子"，所谓"刑罚不可弛于国，犹鞭扑不可废于家"，"王法""国法"不过是最高的"家法"或公共的"家法"。

就中国特有的精神生活模式而言，中国虽无国教，但也有近似宗教的儒学或儒教。其主要内容就是宗法制度家族原则的升华，儒教的教义及实践对中国传统法制观念影响至深，许多观念已直接成为古代中国人日常生活信奉、遵从的"自发的法律"。

在人治社会中，由于思想独立与精神自由的可能性减弱，一般百姓大都依赖传统、权威、风俗、习惯、趋势思考和行动。虽然在治世能享受到天下承平、安居乐业的生之乐趣，但由于没有制度和法律的保障，随时可能面临被剥夺或由治转乱的危险。正如严复所言："三代以降，上之君相，下之师儒，所欲为天地立心，生人立命，且为万世开太平者，亦云众矣。顾由其术，则四千余年，仅成此一治一乱之局，而半步未进。"①

第三节　中国传统教育文化的历史变迁

从历时来看，中国传统教育文化大约经历了神本教育文化时期、人本教育文化时期、道本教育文化时期三个阶段。后一阶段对前一阶段既有传承，也有改造或发展。

---

① 孟德斯鸠：《法意》上册，严复译，商务印书馆，1981，第2~5页。

一　混沌与自由的交融：神本教育文化时期①

夏代以前的三皇五帝时期②，也称为史前时期。考古学上中国地区至少有五六个新石器文化系统，各有特色，且有交流。③它是中华文明的前传统时期，也是中国传统教育文化的萌芽时期。另外，夏王朝在考古学上尚有争议，一说是王国，另一说则认为是由诸夏部族构成的共同体族群，④因而也将其列为史前时期。

教育文化源于教育活动。从人类发展的历史看，人类历史从哪里开始，教育就从哪里开始。这一时期的前期——原始群时期和母系氏族前期，教育随人类的产生而产生，教育行为产生于实际生活需要，一切生产劳作即是学习行为，长辈与父母即教师，渔猎场所与放牧之地即学校，教育与生活是完全一致的。整个一百多万年的情形是"不君不臣，男女杂游"，"无上下长幼之道，无进退揖让之礼"。此时，教育的发展极为缓慢，人们的心智是混沌而自由的，"一切生活属于自然生活，一切行动全是习惯行动，繁文缛节既不会有，悠闲的教育制度当然无法产生"。⑤而教育文化需要不断孕育和化成，这种原始教育活动尚不具备产生教育文化的条件。

到父系氏族时期，随着宗教仪式、农业、制陶业、符号、图形文字、诗歌音乐、社会规范等进入教育领域，教育发展了，教育风俗礼仪产生了，教育的价值观念、教育理想等才有了萌芽。其中值得一提的是，先民由于身处蒙昧，以为自然界的一切现象、氏族成员的生老病死皆是由某个神明在暗中

---

① 本节较多内容引自袁长青《中国大学起源探析》，《湖北函授学院学报》2009 年第 2 期，第 7~8 页。

② 五帝时代是指公元前 27 世纪至公元前 23 世纪，五帝是黄帝（姬轩辕）、玄帝（姬颛顼）、誉帝（姬夋）、尧帝（伊放勋）、舜帝（姚重华），前后约五百年，也称作传说时期。

③ 这些文化包括红山文化、大汶口－龙山文化、良渚文化、石家河文化、仰韶文化等，它们同时并存，且有交流。参见许倬云《万古江河：中国历史文化的转折与开展》，香港：中华书局，2006，第 15~30 页。

④ 许倬云：《我者与他者：中国历史上的内外分际》，生活·读书·新知三联书店，2010，第 6~7 页。

⑤ 陈青之：《中国教育史》（上），岳麓书社，2012，第 3~5 页。

操控，所以他们不但自己要"事神致福"，而且以此来训练教导后辈。那些祭祀图腾、拜神求鬼的行为仪式就是"礼"，"礼"成为教育文化的滥觞。以礼为教，遂为后人所称的"礼教"。

记载这一时期教育文化状况的是神话和传说。在传说中，黄帝的大臣仓颉看到鸟兽走过后留下的爪印和蹄印产生灵感，从而造出中国特有的方块字。仓颉造字毕竟是传说，据考古发现，早在仰韶时代（距今约6500～4600年）前期的半坡、姜寨、北首岭遗址中就已经出现作为文字前驱的刻画符号，到了仰韶时代后期和龙山时代（距今约4500～4000年），刻画符号被广泛运用，而且不同地区的刻画符号形体趋同。另外，在大汶口文化、屈家岭文化、石家河文化和良渚文化晚期均发现图画文字，它与刻画文字一起，共同构成甲骨文的来源。也就是说，距今约4500～4000年即父系氏族晚期，文字在古中国已出现！文字的出现，大大方便了人与人之间的交流，也为教育提供了可操作的媒介。

根据《史记·五帝本纪》记载，黄帝时代的中国，人们已开始驯养使用牛马，发明了车船，学会了打井和养蚕抽丝，战争中开始使用铜制武器。除发明了文字外，还制定了历法和甲子，美术、音乐、舞蹈创作也繁荣起来。黄帝还设官治民，草创了古中国的政治制度。颛顼则将散于民间的祭祀权收归中央所有，专门设立了管理祭祀的官员和从事教职的巫师。尧帝曾派人测定日月位置，制定太阴历法，计算出一年三百六十天的差数，创立了闰月制度。舜帝在五帝中政绩卓勋，其一，任命禹为治水大臣，治理肆虐已久的洪水。禹采取堵、疏、蓄并用的方法，并取得了其他部落的支持，身先士卒，不辞劳苦，终于取得了成功；其二，改组政府，设九官分管工程、农业、内政、司法、建筑、林业、祭祀、典乐、纳言；其三，鉴于幅员辽阔，把全国划分为十二个州，以便管理；其四，为各部落解决纠纷，征收税赋，统一法律。[①] 到了五帝时代后期，氏族部落的政治形态逐渐向国家转变，虽然在权力的继承形式上仍然保留了带有原始民主特征的让贤制度，即"禅

---

① 白话史记编辑委员会编《白话史记》第1卷，台北：联经出版事业公司，1985，第1～13页。

让"，但随着部落首领权力与财富的增加，以及对宗教权利的垄断，社会的分层已不可避免，加上各种政治、宗教、军事活动日益频繁，国家的政治形态已初具雏形。在此情势下，一方面出于集中传授生产经验和化民成俗的需要，另一方面出于为本部落培养后备人才，以适应日益频繁的政治和军事活动的需要，学校这一教育机构便应运而生。

正如《礼记·学记》所载："君子欲化民成俗，其必由学乎？"《尚书·兑命》亦载："念终始典于学。"舜帝于是设立学校，为子民接受教育提供了场所。中国最早的大学也许就是在这一时期产生的。《礼记·王制》记载："有虞氏养国老于上庠，养庶老于下庠"。有虞氏，即舜帝。在舜帝摄政、执政期间（公元前 2285 年至前 2208 年），作为部落联盟首领，开始设立不同层次的学校，将贵族子弟集中在"上庠"、平民的子弟集中在"下庠"加以培养教育。汉代的郑玄、唐代的杜佑均认为"上庠"就是大学、国学，是专门为氏族部落首领及贵族子弟提供教育的地方。（郑玄《礼记注》载：上庠、东序、右学三种是大学，下庠、西序、左学三种是小学。大学即国学，所以养国老。小学即乡学，所以养庶老。杜佑《通典礼十三》载：有虞氏大学为上庠，小学为下庠）。另《史记·五帝本纪》记载，舜在摄政时期用不变的刑罚告示人民，用流放来宽宥触犯五刑的罪犯，用鞭杖作为官府的刑罚，用檟楚扑打作为学校的刑罚，用黄铜作为赎罪的刑罚。（"象以典刑，流宥五刑，鞭作官刑，扑作教刑，金作赎刑"）。所谓"檟楚"，是指用檟木荆条制成的刑具，类似于后来的戒尺，这也许是中国学校设立惩戒之法的先例。

为什么在这一时期有可能产生学校及其他教育机构呢？其主要原因如下。

（1）这一时期后期，国家制度已初具形态，需要培养专门的人才作为后备官吏。黄帝时期，即设置了监督各部落和民众的官职；唐尧时期，即有所谓四岳十二牧，共同组成统治集团治理天下；虞舜时期，则制定了比较完备的礼仪和刑法，任命九官，即司空、稷、士、司徒、共工、虞、秩宗、典乐、纳言，分掌政事、经济、司法、教化、手工业、林泽、礼仪、音乐、传达诸事务，还规定了"三岁一考功，三考黜陟"的官吏考核办法，国家制度已初具规模。

（2）祭祀权逐步收归中央，需要专职的宗教人才进行统一的祭祀活动。颛顼执政期间，鉴于"民神杂糅"，"人人作享，家为巫史"，影响了子民对鬼神的诚信，间接地削弱了统治者的权威，于是整顿宗教，凭依鬼神以制义法，调理五行以教化，洁净虔诚以祭祀（《史记·五帝本纪》"依鬼神以制义，治气以教化，洁诚以祭祀"），同时严格规定教职人员的条件，实现教职人员职业化，即由部落安排专职神职人员统一进行祭祀活动，进一步加强了对宗教的垄断。当时教育权实际上大多掌握在神职人员手中。

（3）与南边部落频繁发生冲突，需要培养专门的军事人才，以适应战争的需要。从黄帝时代开始，中原华夏势力与周边部落的战争没有间断过，东方有太昊、少昊、九黎等诸部落；南方有苗蛮、百濮、百越等部落。史载的就有黄帝战炎帝、蚩尤于涿鹿，尧伐苗蛮于丹水之浦，禹平三苗之乱等战争，频繁的战争需要培养子民作战的技巧与使用战具的技术。

（4）随着历法、礼仪、音乐、舞蹈、绘画、数学等知识的丰富，统治者需要有专门的人才来传承和发展这些知识，这一方面是出于统治的现实需要，另一方面也借此满足人们的求知欲望和丰富人们的精神世界。《史记·五帝本纪》记载，舜任命契做司徒，推选五常之教，以教化百姓；任命伯夷做秩宗，掌管祭祀与礼仪；任命夔做典乐，教导贵族子弟礼乐诗歌。这说明部落首领是很注重礼教典乐教育的。这些知识一般只在贵族子弟中传授，所以设立上庠作为集中教育的场所是十分可能的。商周时代大学以"习礼、习乐、习舞、习射、习御"为主要教学内容也是对这一传统的延续。

从这些历史记载中可以看到，中国的原始文化是神本文化，而在文化发展过程中，逐渐被人本文化取代，正是中国人把人当成了神，而把神又放到了人的位置上，这种人神关系的颠倒错乱，混淆了造物主与被造物者之间的本质区别，把神本文化变成了人本文化。这与西方社会把以"人"为代表的"世俗社会"与以"神"为代表的"宗教社会"分开有明显的不同。

另外，这一时期的观念文化主要表现为原始宗教崇拜、祖先崇拜和图腾崇拜。故《史记·五帝本纪》说："天下明德，皆自虞舜始。"这一时期产生了一些作为中华民族道德源头的价值观念，如忠、仁、孝、义等。但是，由于这一段历史迄今尚没有考古学的支持，故只能视为教育文化的混沌时期，这一时期的"自由"也只是蒙昧状态下的自由。

二　一元与多元的博弈：人本教育文化时期（殷商、西周至两宋）

这一时期教育文化最显著的变迁是由"事神致福"的神本文化转变为"崇仁尊礼"的人本文化，又可以分为以下几个阶段。

（一）殷商西周——过渡时期

五帝时期至夏代，教育制度及文化尚处于草创时期。公元前 16 世纪，殷商取代诸夏，完整的文字书写系统——甲骨文得以创立。《尚书·多士》说："惟殷先人，有册有典。"这说明商代已有文字记载的典籍。同时，甲骨文的发现和对甲骨文的研究，证实了古籍中关于商代学校的记载是可信的。《礼记·明堂位》说："殷人设右学为大学，左学为小学，而作乐于瞽宗。"《礼记·王制》说："殷人养国老于右学，养庶老左学。"这标志着中国古代教育向前迈出了关键性的一步。从教育内容上看，商人仍旧把"事神致福"作为最重要的礼教。《礼记·表记》说："殷人尊神，率民以事神，先鬼而后礼。"当时的文化都掌握在其神职人员"巫"及后又进一步分化出的祝、宗、卜、史等专职人员手中。商人经常举行祭祀活动，由此产生了一套祭祀和敬神的礼乐教育。"敬事鬼神"成为商代教育文化的一大特点。

到了周王朝时期，实行分封制，为维护宗法制度（嫡长继承，余子分封），需要一套调节人际关系的礼节和祭祀制度，于是"礼教"由宗教上的意义变为伦理上的意义。《礼记·表记》说："周人尊礼尚施，事鬼敬神而远之，近人而忠焉。""礼"逐步由敬事鬼神的仪式变成"定亲疏，决嫌疑，别同异，明是非……为礼以教人，使人以有礼，知自别于禽兽"。（《礼记·曲礼上》）的工具，其功用由"事神致福"变为"敬德保民"。《小戴礼记·坊记》说："夫礼者，所以章疑别微，以为民坊也。""礼以坊德，刑以坊淫。"礼与刑并用，才能永保社会的稳定。可见，当时的统治者高度重视"礼教"，已把"礼教"上升到国家的层面，亦是教育之宗旨。陈青之认为，西周时期的礼教之形成原因有三：其一，当时为农业社会，安土重迁，其主要精神为"敬"，即近于静的伦理，符合农民的习惯；其二，当时社会的政治制度为封建制度，要严尊卑之分，定上下之别；其三，殷人崇鬼神，周人需要用礼教来调和殷民不平之气。① 礼教伦理化后，这种礼乐制度为儒家所继承并发展，影响了中国义化几千年，遂成为中国民族的习惯思想，支配中国人心三千余年，这也标志着中国教育文化由神本时代走向人本时代。

在教育制度方面，孔子在《论语》中说："殷因于夏礼，所损益，可知也。周因于殷礼，所损益，可知也。"殷商设有国学与乡学、大学与小学。其教育内容包括：幼儿教育主要是练习动作，告以日常生活的一切常识；小学教育教以洒扫应对进退之节，算学诗歌书记、驰马击剑射御跳舞等之术；大学教育则是正心诚意及修己治人之道、致知格物及六艺之文、射御跳舞之术。周朝教育制度因袭殷商而加以损益。西周人的教育观念认为，大学教育是造就政治领袖人才，为将来管理民众统治国家的，而不是研究高深学问的。他们所谓学问，也不外乎是"修己治人之道"。他们主张贤人政治，要治人必先修己，这样才能有好的政治，此为中国教育文化重视德行教育而轻视技术教育之滥觞。

（二）春秋战国——百花齐放

西周晚期，内忧外患，北方狄戎入侵，最终导致宗周灭亡。此后，东方诸侯展开了兼并战争，中国进入了春秋战国时期。这一时期，一方面，王室衰微，王纲解组，导致"礼坏乐崩"；另一方面，诸侯称雄，各展其能，遂成就学术上的"百家争鸣"。梁启超在《论中国学术思想变迁之大势》中认为百家争鸣形成的原因有七：一是蕴蓄之宏富；二是社会的变迁，宗法制度的崩塌；三是思想言论之自由，"周既不纲，权力四散，游士学者，各称道

---

① 陈青之：《中国教育史》（上），岳麓书社，2012，第 13 ~ 14 页。

其所得以横行于天下，不容于一国，则去而之他而已"；四是交通之频繁；五是人才之见重；六是文字之趋简；七是讲学之风盛。百家争鸣使中国学术思想大放异彩，造就了上古学术史上的黄金时代。[①]

文化的辉煌也造就了教育的辉煌，教育的辉煌则促成了教育文化多元化。《左传》记载"子产不毁乡校"；孔子聚众讲学，创办私学，打破了西周原有的"学在官府"的传统教育制度；齐国出资建立的稷下学宫，存在时间达150多年，成为当时国际学术活动的中心；等等。这在中国教育文化史上都具有里程碑的意义。在这一时期，中国教育文化从神本文化中走了出来，全部都围绕人展开。

这一时期形成的中国学术思想史三大体系——儒、道、墨三家，其教育思想有诸多相异之处，教育方法亦各有不同。儒家始于孔子，其后分孟轲、荀卿两派，怀念上古时代揖让主义与西周时期的典章古礼，政治上主张"礼让治国"，教育上以培养"君子"人格为目标。其教育方法倡导以身作则，行重于知，因材施教，注重启发。其学习方法则强调学思并用，归纳与演绎并举，兴趣与志向并行。所谓"闻一可以十""举一可以反三""学而时习之，不亦乐乎！""温故而知新，可以为师矣""知之者不如好之者，好之者不如乐之者""发愤忘食，乐以忘忧"。孔子在从教时亦以仁义教化弟子，与学生关系平等，亦师亦友，开一代风气之先，为中国今后几千年知识与德行的师承。墨家始于墨子，其后有宋钘、列御寇诸人。墨家追慕夏禹时代的牺牲主义，政治上提倡人才主义，社会上提倡兼爱主义，教育上提倡节约、勤劳及利他主义。道家则以老子为源宗，追思黄帝时代的无为和正义，政治上提倡"小国寡民"，教育上提倡绝学为正义和禁欲主义。三家经由弟子的演绎和发展，遂成中国学术思想史上的三大体系。其中儒家学说迎合了中国社会的发展与民族习性，无论在政治领域、学术领域还是教育领域，都逐步占据了主导地位，并深刻地影响着中国历史发展进程。儒、道、墨三家的教育思想从西周时期的神本文化中走了出来，开始关注人自身，把对人的

---

① 参见梁启超《论中国学术思想变迁之大势》，上海古籍出版社，2001。

心性发展和围绕人展开的社会关系作为自身学术的中心。这表现在以下三个方面。

1. 儒家的教育文化是一种注重人格修为的"君子"文化

儒家的教育目的在于为社会培养具有贵族风范和完美人格的士族领袖——君子。君子恪守上古礼制，不偏不倚，慎言笃行，有为有守，以德养性，品行端正，达则致君泽民、兼济天下，穷则安贫乐道、独善其身；从政则励精图治、死而后已，从教则化民成俗、德高望重。其后孟子把"君子"文化往前推进一步，除品性敦厚外，"君子"还要养心、养性、养气，形成"浩然之气"，最终成为器宇不凡、行为不苟的"大丈夫"。这种"君子"文化最后演变成中国独特的士大夫精神，成为中国知识分子的精神图腾。

2. 墨家的教育文化是一种利他主义的"平民"文化

墨子看到了春秋时期的情势已与周初迥然不同，儒家所倡导的繁文缛节已不复有效，国与国之间弱肉强食，人与人之间争相夺利，便起而倡导改革，主张"贵义""兼爱"，以拯救世道人心。他以"义"为中心，以"兼爱"为出发点，以"兴利除害"为工夫，以"乐生互助"为目的，在精神教育方面力倡积极进取、舍身为义、牺牲自我的利他主义精神。正如孟子所说："墨子兼爱，苟利天下，纵摩顶放踵而亦为之。"同时，墨子与他的门徒同情平民，倡导节用薄葬，反对享乐奢侈，开了中国教育文化中的"平民"主义之先河。

3. 道家的教育文化是一种自然无为的"隐士"文化

道家主张"无为"，认为人类应顺应自然之道，不用技巧智能，反对一切人为主义包括教育行为，反对现世的一切文明产物。老子认为，当世的一切罪恶皆源于人的欲望，因而主张禁欲，要克己自修，以求得社会的安宁。庄子的思想则是"安常守固，听天由命"，对教育提倡放任主义。他主张养生主义的教育论，"全生尽年以成天"，此谓之"真人"，其养生的目的是要过一个"真正人的生活"。要成为"真人"，第一步就是要求解放：解放束缚我们的一切礼教桎梏，放下束缚内心的一切世俗欲念，让自我复归"赤子之心"——一个赤裸裸、悠游自在的真我。道家的这种思想在后代与儒家思想融合，逐步演变成"隐士"文化。这种文化在魏晋南北朝时期风行一时。道家文化所具有的儒家缺失的特有的关心个体内心的因素，使道家思想在中国士大夫中极具魅力，道家文化遂成为中国知识分子怀才不遇时的精神皈依和避难所。[①]

这一时期，以孔子及其弟子为代表的儒家诸贤形成了中华文明普适的人文价值观，即由己及人，由亲及疏，由近向远的同心圆式人伦关系与社会关系，甚至投射到中国与周边邻国和民族的关系上。[②] 这种由一个中心再扩展到四周的思维模式，在教育文化上也有诸多体现。譬如，以教师为中心扩展到学生，以儒家经典为中心再扩展到其他学说，等等。儒家教育文化对人性的关注和对人价值的尊重，与其他学派如法家、道家相比，达到了更高的高度，在中国教育史上写下了浓墨重彩的一页。

（三）秦汉时期——定于一尊

周以来的封建制度在战国时期遭到空前的破坏，秦统一中国以来，一改原来贵族统治的传统，建立了以帝王为首、士大夫为辅的中央集权的官僚制度。"中国"不但作为一政治区域更作为一文明区域真正具有了实质意义。秦虽短祚，但在制度上却有许多首创之功，尤其是政治体制上，奠定了中国此后几千年之基础与走向。此后，裂土分封的封建制虽偶有反复，但最终主导中国千年的却是由秦始皇创建的中央集权制度。秦灭六国多赖策士运作之功，其中又首推法家，儒、法两家素不相同，而秦王也不喜"处士横议"，儒生论政，故行"焚书坑儒"之暴行，以禁人口舌，是故，有秦一代，几无教育可言，只有行"吏师"之实。汉初八十年，国力疲惫，统治者实行休养生息的政治，执政者以黄老的"无为之治"作为治国方略，儒学不振，教育不兴，教育文化也乏善可陈。

[①] 陈青之认为，老子返于自然的学说与法国人卢梭的自然主义殊不相同。卢梭除反对现代文明外，还极力鼓吹个性的发展，他的自然主义偏于感情方面。老子则极力限制个性的发展，不利于中国民族进取精神的养成。参见陈青之《中国教育史》（上），岳麓书社，2012，第35~38页。另外，孙隆基也认为，道家的思想在一般人的生活中往往表现为活命哲学和乌龟哲学。参见孙隆基《中国文化的深层结构》，中信出版社，2015，第22页。

[②] 许倬云：《我者与他者：中国历史上的内外分际》，三联书店，2010，第20~21页。

经汉初几十年的蓄势，到汉武帝时，国力见长。蛰伏已久的儒家势力借董仲舒"罢黜百家，独尊儒术"的提议，终于得以张扬。董氏作为儒学大师，向雄才大略的汉武帝提出了文教三策：[①] 其一，"推明孔氏，罢黜百家"，确保儒家独一无二的地位，以"民知所从矣"（《汉书·董仲舒传》）；其二，兴太学以养士，让政府控制办学权，决定人才培养的规格与目标，确保汉兴以来经生鸿儒在中央及地方已取得的地位；其三，重视选举，任贤使能，确保精通历代典章制度和具备一定道德水准的儒者能通过推选进入官僚机构和政治中枢。汉武帝全加以采纳，遂颁布"罢黜百家，表彰六经"的诏书，公元前136年，"立五经博士，开弟子员，设科射策，劝以官禄"。公元前124年太学的设立，是中国教育史上的一件大事，以后各代王朝皆依例设立。至汉元帝时，各郡国遍设学官，置五经博士为教官，奉周公、孔子为先师。此后，东汉历代帝王较西汉更注意教育。光武帝以开国皇帝之身份，"投戈讲艺，息马论道"，开一代重儒风气之先。东汉学校教育发达，正如班固所言，"学校如林，庠、序盈门"。太学生在社会中的地位也颇高。许多名士官员均出身太学，或以学术知名，或以居官显扬。更有太学生以知识界领袖自雄或以国家栋梁自许。他们议论朝政，品鉴人物，自成一党，势力之盛大，连皇权和政府也避让三分。明帝时更提倡学校，崇祀周公、孔子，此传统亘数千年相袭不变。两汉首创的重德行、重文字的选拔人才的制度，也成为隋唐以后科举之雏形。自此以后，中国学术统于儒家之一尊，孔子与儒家经典在教育界拥有不可动摇的地位，相习日久，遂演变为中国民族之文化习性。其他各派虽各占一域，然其地位不可与儒家同日而语。由是之故，中国教育及其教育文化始终与儒家文化相互联结，呈须臾不可分离之状，直到近代西学东渐以后才有所松动。两汉的教育文化呈现出以下特点。

（1）结束了春秋战国以来诸子百家学说纷呈、相持抗衡的局面，确立了孔子作为中国教育思想领袖的地位，为此后几千年教育理念、教育风尚、

---

① 孙培青：《中国教育史》，华东师范大学出版社，2000，第103~104页。

教育制度、教育内容、教育形式等各个方面的形成和发展奠定了坚实的基础。

（2）政治与教育的紧密结合，导致教育的政治伦理化。政府兴办学校、政府养士与选士，以及政府厘定教育目标和教育内容，使教育充满政治意味，这些做法皆为后世所仿循，几成定例，这种将教育与学术体制化的做法成为中国教育文化的一大特点，影响所及，至今犹然。

（3）汉儒重视考据、讲究出处的学风，只认是非、不畏权贵的品行，深刻地影响着中国读书人的精神世界，成为中国士大夫精神及道统所在。儒学的地位确立以后，鸿生巨儒即着力于"整理古籍"及"厘定文字"。他们以毕生的精力，最终成就"枝叶繁衍，一经说至百余万言"（《汉书》）。同时，每一家学说皆有弟子相传相守，历年久远也不紊乱，此被视为正学，反之，则目为异徒。"修家法"和"依章句"成为汉儒讲学的时髦风气。① 汉武帝、光武帝都曾在石渠阁与白虎观藏书处举行君臣辩论五经的会议，邀时下名儒参加辩论。汉代儒生还有一鲜明的特点，他们对于学术，坚守有法；对于持身，也能守正不阿；对于国事，敢于议论。正是因为如此，也为当权者所不容，后汉的"党锢之祸"，最终让汉儒元气大伤。然而正如顾亭林所说，"三代以下，风俗之美，无尚于东京者"（顾炎武《日知录》），两汉儒家坚持信念、抱残守缺、持身不阿、不避权贵的风骨与精神，为后世的文人学士所敬仰，并演变为中国士大夫以道统对抗政统的传统。

（四）魏晋南北朝——多元纷争

魏晋南北朝三四百年间，中国境内王朝更迭，门阀割据，战争纷扰，异族横行，儒学中衰，官学式微，佛教乘势与儒、道两家融合为玄学，与消极出世的佛老学说一起，盛行一时。儒学由两汉勃兴到此时，因承时势，摒弃了寻章摘句、一味训诂的学风，开始注重义理之学，力求简洁，遂成"魏晋经学"。此一时期，教育文化亦有所变化。

---

① 陈青之：《中国教育史》（上），岳麓书社，2012，第87～90页。

1. 统治层继续推进儒家教育思想与体制，并有所创新

这一时期，律学、书学、算学、文学、医学等实用学科得到了较好的发展，一扫两汉以来重博雅轻实学的教育风气，教育内容适应了社会发展的需求。传统官学由于政治的不稳定，废兴无定，私学乘势而起，逐步取代官学自立，名师大儒执教，为一时之盛。同时，由于中央官学式微，地方教育兴起，家族教育也得到较好的发展。儒家教育思想上也有所改变，一改两汉以来迂腐烦琐的考据之学，转而追求"经世致用"的实学和虚心务实、博学洽闻的学习风气，为后世所继承。这一时期的少数民族政权，也实行崇儒尊学的政策，积极学习汉族的先进文化，加速了少数民族教育事业的发展。

2. 崇尚清谈迂阔的玄学在思想界独领风骚

两汉以来，机械无趣的考据学成为研究学问和选拔人才的唯一途径，加之门阀制度堵住了读书人上升的通道，到东汉末年，儒生本身就开始对儒家倡导的礼法产生怀疑和反抗，加上内乱不已，外患蜂起，上至庙堂下至百姓，均希望能苟全性命于乱世。一群所谓"风流名士"，趁机借老、庄学说，融会汉末由印度传入的佛教，创立了自成一格的"玄学"。玄学只尚空谈，不务实际，并演成一代风气。从时间上来看，魏晋为老、庄思想横行天下，南北朝则为佛学信徒独步世界。在此风潮的冲击下，儒家学术风光不再。而佛教在僧侣们的传播下，到南北朝时活跃于大江南北，昌盛一时，一直延续至唐中叶，前后相继，亘绵五百年。至此，佛教、儒教、道教一起，最终成为中国学术思想和民间风俗信仰的三大流派。

（五）隋唐——兼容并包

经由南北朝的大混乱与大融合，至六世纪末，由汉人杨坚建立的隋政权再度一统中国。隋王朝与秦王朝一样，国祚虽短，却不乏制度创新之举，如三省六部制、科举制等均为唐王朝所继承，并为其政治、经济、文化的全面兴盛奠定了制度基础。唐朝统治者一改魏晋南北朝以来浮华不实、靡弱不振的民风、士气，开疆拓土，使民富国强，四方臣服。在文化方面，佛教得到极大的发展，影响不仅限于宗教信仰，在教育、文学、艺术方面均有体现。

统治者虽偶有灭佛之举，[①] 但佛教扎根中国社会的事实已难以改变。加之周边民族武装政权的崛起，与唐政权互为攻守，进一步促进了民族融合和文化相浸。经此种种洗礼，中国人从外在的装束、行为礼仪到内在的文化、制度，都较以前有了许多不同，民族文化内涵也更为深刻和丰富。唐末藩镇割据，王权衰落，至五代十国，国无法度，民不聊生，教育不足称道。值得一提的是，这一时期印刷术得到改进与推广，开拓了知识传播的新通道，知识的大规模传播由此得以实现。

这一时期教育文化最大的特点是儒、释、道三家兼容并包，互为表里和科举制度的创建。

1. 教育文化呈现出"开放"与"融合"的特征

隋唐时期，国家的统一、民族的融合、经济的发展，使对外文化交流日益频繁。中国文化不但向外输出，对外来文化也一味宽容并包。最为明显的是儒、释（佛）、道三家的交汇融合。不同的帝王根据统治需要，各有所侧重。儒家的主导地位虽较为稳定，在政治上亦颇具影响，但佛教经汉末以来三百年的发展，加之佛教教义所具有的精神麻醉作用，对下层百姓更具亲和力，已蔚为大观。经由隋文帝的倡导，佛教大兴，后再经唐太宗、武则天的力倡，俨然主流意识形态。道教则借创始人老子李姓之便，在李唐王朝支持下，地位直线上升，且经由魏晋以来佛老之学相通的学风，道教势力得以与儒教、佛教鼎足而立。三者的斗争与融合，造就了隋唐时期丰富多彩的文化。儒教的"三纲五常"，为统治者提供了稳定社会秩序之功效；佛教以因果报应、转世轮回、来要求人们安于现状；道教以长生不老、羽化成仙为诱惑，要人们学道修炼。"三教并存"活跃了人们的思想，也为宋明理学的形成奠定了基础。[②] 这种兼收并蓄、不守一尊的文化特征在后世再也难以找到。同时，儒家学术与佛家相比，在此阶段未有跨越性的进步。

---

① 845 年，唐武宗会昌灭佛，由道士与佛僧辩论宗教理论，引发政府大规模打击佛教，毁废佛寺，勒令僧尼不俗，佛教称为三武法难之一。

② 孙培青：《中国教育史》，华东师范大学出版社，2000，第 151 页。

2. 科举制度的创建与完善，开启了读书人长达一千三百余年的"仕途梦"

中国的选士制度，历经两汉的察举制、魏晋以来的九品中正制，到隋初发展为以考试为主、荐举为辅的科举制。科举制自隋创建，经唐朝发展，宋、元、明的演变，渐次完备定型，直到清末 1905 年光绪帝下诏废除，历时 1300 年之久，对隋唐以后的社会发展尤其是教育的演变产生了深刻的影响。"金榜题名"遂成为历代中国读书人魂牵梦萦的理想。隋朝建立之初，由于九品中正制已不复生效，为选贤纳能，于 606 年始建进士科，标志着科举制正式产生。后经唐代的发展，逐步形成了一套较为完备的考试制度。科举分为秀才、明经、进士、明法、明字、明算六科，其中进士科最为人们所重视。"缙绅虽位极人臣，不由进士者，终不为美。"（《唐摭言》卷一《散序进士》）进士科重考诗赋及时务策，没有儒家经术的制限，学子趋之若鹜，造成了唐代文学诗赋大盛的局面。实施科举制的另一结果是选士制度与育士制度紧密结合在一起，在一定程度上促进了学校的发展。

（六）两宋时期——理学初兴

960 年，赵匡胤取代后周，建立宋朝，并陆续打败地方割据势力，结束了五代十国长期的分裂局面，重新建立了中央集权国家。宋朝是中国历史上少有的以武功克定、用文德致治的朝代。宋朝建立伊始，即确立"兴文教，抑武事"的国策。在教育文化上，呈现出以下特点。

1. 科举选士制度得到前所未有的重视

宋代诸帝十分重视科举考试，宋初取士人数之多，远超隋唐，进士的待遇与恩宠也为前代所未有。这进一步激发了读书人通过科举登龙门的内在追求。宋代君权有限，思想宽大，属"柔性政治"。读书人以科举谋得公卿地位并执政后，继续贯彻"柔性政治"，兴学育人，广设学校，推进科举取士制度。他们以儒家"君子"人格自许，虽手握重权但大多能恪守儒家的准则，由此宋代学术思想和教育特别发达。北宋时期曾有三次有名的兴学运动，分别是范仲淹主持的"庆历兴学"、王安石主持的"熙宁兴学"、蔡京主持的"崇宁兴学"。三次兴学运动均以广设学校、创设学科为任，极大推动了宋朝教育事业的发展。另外，宋朝对科举制度进行了改进。王安石在执政期间，将原来的明经与进士两科，改为独存进士一科；常贡由原来的一年或两年一举行，改为三年一举行。此后沿袭成制。进士科自开宝六年（973）创行殿试，以后也成了定制，省试完毕经殿试复试。省试第一名称"省元"，殿试第一名称"状元"。凡进士及第，即令授以官职，第一名则获得天子特别奖赏，成为"天子门生"，示为荣耀。此后，天下读书人莫不以科举为目标，遂形成了中国教育思想史上特有之科举情结。

2. 继续推行尊孔崇儒的文教政策，同时也不禁止佛教和道教的传播

宋代诸帝对孔子和儒家推崇备至，并钦定《周礼》等"十三经"为法定教材。佛教、道教也得到重视。南宋时，全国寺院林立，佛教极盛。儒、佛、道三家经唐至宋长期激烈争斗，逐渐走上了融会贯通的道路，最终孕育出以儒家思想为主体，糅合佛、道思想的新思想体系——理学。

3. 学术思想繁荣，理学勃兴

宋代学术思想较前朝异常发达，尤其是"义理之学"即理学盛行一时，影响深远。理学产生于北宋，完成于南宋，创始人为"北宋五子"——周敦颐、邵雍、张载、程颢、程颐，至南宋朱熹始集大成，自成一体系，后人称为"程朱理学"。它产生的原因主要有四：一是隋唐以来儒、佛、道三家长期共存，相融日久，新的思想便应运而生。二是两宋的重士政策，一批批读书人在位则谋国，在野则执教兴学，推动了书院的兴盛、学术的繁荣。宋朝著名的书院有白鹿书院、岳麓书院、应天府书院、嵩阳书院、石鼓书院、茅山书院等。书院成为专门讲学、辩论、研究的场所，使学术思想的繁荣有了可能。书院的兴起，也使宋代成为中国教育史上学术最为自由的时代。三是科学技术的发展，尤其是北宋毕昇胶泥活字印刷术的发明，极大地推动了文字和思想的传播。四是执政者大多为有志趣的士大夫，他们读圣贤书长大，很多本身就是教育家和思想家，如范仲淹、王安石。理学集大成者朱熹的思想最能体现理学的教育宗旨。他认为，教育不是造成一个忠臣孝子，而是要造成一个完人。完人即在于能"明万事而奉天职"。常人做到完人，必须勉而后中，思而后得，此教育之

所由起。朱子眼中的完人是循规蹈矩、践履笃实的正人君子，是博学多能、有为有守的贤士大夫。他认为，能革尽人欲，则所有皆是道心。人有道心则神志清明，透澈如镜，物来顺适，无所不到，无往不宜。由是修身接物，自然合于规矩，中于法度，即可以做一个纯全的人了。[①] 理学到南宋已趋成熟，后经明代诸儒的发展，最终演变为体系严密的"中华道统之所在的——理学"。

4. 教育宗旨随政治变化而变化，"德艺道艺""经世致用"等教育思想影响延及后世

两宋三百余年，武功不兴，而文教却甚为昌盛，理学家们所提出的教育宗旨，以培养品学兼优、德行兼备的君子为目的，强调以"德艺道艺"为宗旨、以"革尽人欲复尽天理"为修学功夫的性理学家之教育思想，对后世有着决定性的影响。但时或因政治变化而有变更。北宋熙宁年间，王安石执政，在神宗的支持下，他针对时下教育空谈心性不务实际的特点，一改培养"君子"人格的教育宗旨，提出把培养通经致用的治国人才放在第一位，以"以经术造士"、培养"为天下国家之用者"为教育目标，使教育界思想为之一新。然而随着其政治变革的失败，其崇实尚用、通经致用的教育思想也重新被空谈心性的理学取代。王安石作为一位特立独行的政治家和教育家，在一个理学思想占主导地位的时代，敢于提出以能否任事为人才标准的思想，是有相当的勇气和眼光的。他的教育思想和人才观念对明末清初的教育家黄宗羲、颜元等"经世致用"思想的提出产生了一定的影响。

5. 宋朝是中国历史上少有的一个学术自由的朝代

宋太祖赵匡胤在立国之初即制定"不杀士大夫及上书言事人"的规训，为以文立国、以仁义治国的基本国策提供政治保障，也为宋朝以来的学术繁

---

① 理学所言义理，以《易经》《论语》《大学》《中庸》《孟子》为主要材料，涉及其余。一则研究天地之大原，谓之本体论；一则研究人性之究极，谓之道德观。综观起来，不外"理气心性"四字：理气是研究天地之大原的，心性是研究人性之究极的，理气与心性是一致的。参见陈青之《中国教育史》（上），岳麓书社，2012，第198～200页。

荣提供了条件，使宋朝的知识分子活得有尊严，有自豪感，不同的学术思想可以相互交流、切磋、辩难，教育文化呈现出宽松、自由与多元的特征，如朱熹、陆渊的"鹅湖之会"、朱熹、陈亮的"王霸利义之辨"等。这些学术之争，是平等的，以民间自发组织为主，活跃了师生思想，推动了学术的进步。当时的社会，从上到下，对读书人推崇备至。《神童诗》云："天子重英豪，文章教尔曹，万般皆下品，惟有读书高。"[1] 作为天子的宋真宗写诗道："书中自有黄金屋，书中自有颜如玉，书中自有千钟粟"。[2] 这使得宋朝人的读书风气，较之前朝代都浓厚。宋朝还建立了国家图书馆，如昭文馆、集贤馆、史馆、崇文馆等，各地州府也都建有图书馆。印刷、出版和书籍的发行，使宋时中国成为当时世界上文化普及程度和人民文化水平最高的国家。

三　人性弱化，礼教至上：道本教育文化时期（元、明至清末）

（一）元朝——文化的抑制与交融

由蒙古族建立的元朝，依仗其野蛮的武力，开拓了一个前所未有、幅员辽阔的帝国，一方面，蒙古统治者为抚慰汉人，沿袭了宋儒的程朱学说，又通过倡导佛教，化导自己的民族，甚至科举制度也沿袭宋制；另一方面，蒙古统治者崛起于化外荒漠之地，崇武轻文，为消灭汉人的反抗力量，对中国实行野蛮屠杀和文化灭绝政策，使宋代以来本已勃兴的文教事业遇到重大挫折。成吉思汗曾说过："人生最大的乐趣，就是把敌人斩尽杀绝，抢夺他们所有的财产，看着他们亲属痛哭流涕，骑他们的马，蹂躏他们的妻子和女儿。"[3] 其军法更是严苛，每攻下一城，必坑敌卒。在这种野蛮的政策之下，中国境内人口锐减，宋代被视为"人上人"的读书人沦为与乞丐不相上下的阶层，唐宋以来的儒家文教事业进入了全面衰退时期。儒生在朝廷不受重用，便转身投身山林书院，反而形成了元代书院兴盛一时的局面。还有一部

---

① 汪洙：《神童诗》。
② 赵恒：《励学篇》。
③ 拉施德：《史集》（第 1 卷第 1 分册第 4 编），余大钧、周建奇译，商务印书馆，1983，第 316 页。

分知识分子流入民间，从事民间创作和技术研发，促进了民间文化的发展，发明创造增多，成就了另一种辉煌。① 有元一代，就其教育思想而言，大多只是传承宋儒学说，且以私人讲学为主，未有开创之见。蒙古政权的统治粗鄙而短暂，其抑制儒家的文教政策随着元顺帝北遁而告终。

元朝国祚虽短，然国土辽阔，《元史·地理志》记载："北逾阴山，西极流沙，东尽辽东，南越海表。"蒙古帝国更是纵贯欧亚，且因其统治者采取粗放式的管理，没有形成意识形态之专制，使当时中西文化交流呈现出一派盛况，欧洲与西域商人不绝于途，宗教场所遍布各地。商业之繁荣、文化之多元、科技之发达、宗教信仰自由度之高，皆非前代可比。所以，在元代，只能说是宋儒文化的发展遭遇阻碍，但文化本身却迎来了前所未有的大贯通、大融合、大发展。

（二）明朝——道学盛行

朱元璋建立的明王朝，最鲜明的特点就是封闭与专制。朱元璋出身贫贱，本能地同情下层民众而敌视与忌惮士大夫及其官僚阶层。其执政理念保守而褊狭，对内重农抑商，对外实行海禁；政治上继续加强皇权和专制，以特务政治来加强其统治；文教以程朱学说号召全国，以"八股"取士笼络天下读书人。"控制"成为这一时期教育文化最鲜明的特点。

1. 通过"八股"取士政策，进一步控制读书人的思想与行为

科举制度应该说是中国古代选官制度的重要创举和重大进步。这一制度一方面为统治者选择"治世之才"，为维护其统治提供了人才保证；另一方面笼络了士人，消耗了他们的精力，让他们不致反对朝廷。日本学者福井得雅认为，科举制度为现代资本主义社会的文官制度提供了最初的模式，美国学者顾立雅（H. G. Greel）认为科举制度对人类文明有重大贡献。② 科举制度演变至明代，只设进士一科，考试内容分为经义、当代诏诰与律令、史事及时务策三类。永乐后，经义部分统·用《四书五经大全》。试卷文体略仿

---

① 周非：《中国知识分子沦亡史》，台北：远流出版事业股份有限公司，2012，第273页。
② 转引自林剑鸣《法与中国社会》，吉林文史出版社，1988，第300页。

宋代经义，语气模仿古人，体格多用排偶。此种文体谓"制义"，俗称"八股"。① 八股文始于成化以后，以程朱学说为标准，内容格式皆机械空疏。朱明政权通过此举，将程朱理学以法律的形式固定下来，让所有的教育皆围绕此目标进行。八股文只重形式，不重实际，只言经义，不及民生，培养了一批又一批只懂四书五经不知经世致用的书虫。至此，宋明理学由原来以"穷理尽性"为主要内容的儒家政治伦理和道德规范转变为禁锢人们思想、压抑人性、摧残青年和妇女儿童的工具。自明三百年后，国人莫不以金榜题名、天子门生为一生之荣光。此种风气一开，贻害后世无穷，正如顾炎武所言，"率天下而为欲速成之童子，学问由此而衰，心术由此而坏"，"八股之害等于焚书，而败坏人才有甚于咸阳之郊所坑者"。② 八股取士的政策将天下读书人的骨气和心性消耗在四书五经的故纸堆中，柔化了民族的个性，使"读书做官论"成为国人的集体无意识。

2. 以理学为利器，控制人们正常的身心欲望，造成一个伪道学盛行的社会

儒家文化的源头是西周文化，孔子初创时也只是看重它在规范人伦方面的实际意义，宋代程朱学说其最初目的也不过是修身养性，试图通过收敛向内以从心灵中发掘理性及宇宙万事万物的秩序，后经宋明诸儒及明朝统治者的推崇，把儒学哲学化，把三纲五常等政治伦理道德说成是至高无上的天理，最终将理学发展为一种所谓的"正统"观念和"道统"，实现了"政教合一"。理学简单地是把天理与人欲对立起来，把有可能属于社会伦理的"天理"看作独立于人性之外的存在，在社会还没有制定出合法的程序来确立"天理"的内容时，被任意赋予各种规定，从而造成如清代戴震所说的"以理杀人"。③ 到了明代，城市经济繁荣，

---

① 陈青之：《中国教育史》（上），岳麓书社，2012，第362～363页。
② 顾炎武：《日知录》，上海古籍出版社，2012。
③ 戴震说："酷吏以法杀人，后儒以理杀人。""尊者以理责卑，长者以理责幼，贵者以理责贱，虽失谓之顺。卑者、幼者、贱者以理争，虽得谓之逆。""人死于法，犹有怜之者。死于理，其谁怜之？"参见戴震《孟子字义疏证》，中华书局，1982。

市民阶层兴起，这种以抑制人性为主导的"理学"却大行其道，造成社会上伪道学盛行，真性情的人难以容身；加之理学家不切实际的理想主义和幼稚的乐观精神，以及采取简单的道德说教方式处理政治事务，不可能有效应对日益错综复杂的帝国政治以及并发的经济问题，皇帝日益怠政，专制日益加强。[①]

3. 学校与知识分子沦陷

明代对学校非常重视，明朝成立不到十年，全国学校业已林立。朱元璋出身虽低下，却深谙帝王之术，他谕令中书省："学校之设，名存实亡。兵变以来，人习战争。朕惟治国以教化为先，教化以学校为本。京师虽有太学，而天下学校未兴。宜令郡县皆立学。"[②] 其目的当然是网罗天下优秀分子，消除其暴戾恣睢之气，以保其帝业长久。在这种情况下，据《明史选举志》记载："盖无地而不设之学，无人而不纳之教，庠声序音，重规叠矩，无间于下邑荒徼，山陬海涯，此即明代学校之盛，唐、宋以来所不及也。"[③] 学校教育虽然繁荣，但由于科举制度发达，无论是官学还是私学，大多沦为参加举业前的培训机构。其教育内容以四书五经为主，不及其余；教育方法重记诵、重形式，不求甚解，真学问反而不受重视，学校成为科举的附庸。另外，明代读书人在专制压迫下，在科举的网罗笼络之下，专注于走科场之路，即使在乡村也不事生产，专做乡绅。低一层的读书人，或以开设私塾、讲授蒙学度过一生；或以方术医卜等谋得糊口之资。

4. 部分知识分子觉醒，教育风气有所转变

明中期以后，由于工商业的发展、市民阶层的兴起、城市经济的繁荣，人们对理学的反感增强，呼吁人性解放的声音时有出现。不少士大夫和知识

---

① 黄仁宇在《万历十五年》中也持这个观点。Ray Huang, *1587: A Year of No Significance* (New Haven: Yale University Press, 1981), 转引自狄百瑞《儒家的困境》，黄水婴译，北京大学出版社，2009，第55页。

② （清）龙文彬：《明会要·卷二十五·学校上》，中华书局，1998。

③ （清）张廷玉，《明史·卷六九·选举一》，中华书局，1974。

分子开始对理学进行修正，如陈白沙的"体认天理"、王阳明的"致良知"、刘宗周的"慎独"；也有学者公然抨击理学的虚伪与无用，如李贽提出"人欲就是最大的天理"，顾炎武提出"经世致用"；更有学者开始质疑君主制度本身，如黄宗羲在《明夷待访录》中提出"天下为主，君为客"。而东林党自成一派，以东林书院为阵地，以提倡气节、抨击时政、挽救时弊为己任，亦呈一时之盛。

（三）清朝（至鸦片战争前）——复古与禁锢

清帝国崛起于白山黑水之间，入关之初，为稳固其异族政权，采用屠杀和高压政策，以强力平定汉人在各地的反抗力量。在文教方面，一方面大兴文字狱，严厉钳制思想，加强对学校的管理和控制；另一方面则辅之以柔化政策，开国之初即确立"兴文教，崇经术，以开太平"[①] 的文教政策，仿明制开设学校，祭祀孔孟，推崇儒家经术及程朱学说，沿袭科举选官制度，笼络利诱汉人知识分子为其所用。在这种背景和文教政策下，清代的教育文化并无创举，唯在学风上有所转变。

1. 儒家的地位进一步稳固，以程朱学说为内容的宋明儒学继续得到尊崇

顺治、康熙两朝，为笼络士人，稳定政局，均多次采取尊孔措施。顺治二年，封孔子为"大成至圣文宣王"。康熙二十二年，亲书"万世师表"匾额，悬挂于各地孔庙，康熙五十一年，下诏朱熹配享孔庙；康熙五十六年，为新编的《性理精义》一书撰序，以推崇程朱学说。在清初诸帝的力倡下，程朱学说成为清朝办学的指导思想和科举考试的基本内容。[②] 到清代，程朱学说已成为维护皇权专制的精神武器。另一方面，中央官学和地方儒学与明代一样，不外是科举入门、功名跳板，甚至大部分书院改变了专事学术的初衷，而与官学一样，成为科举场所，清代读书人一如既往地继续行走在科举之路上。

---

① 顺治十二年，顺治帝在给礼部的谕令中称："今天下渐定，朕将兴文教，崇经术，以开太平。"参见（清）刘锦藻编纂《清朝文献通考·学校考七》，浙江古籍出版社，1988。

② 孙培青：《中国教育史》，华东师范大学出版社，2000，第252页。

2. 清朝统治者采用制定学规和大兴文字狱的方式，加强思想钳制，打压异己力量

影响较大的学规当为顺治九年颁布于直省儒学明伦堂的《卧碑文》和雍正二年颁布于"直省学宫"的《圣谕广训》。这些学规一方面对为学提出了一些准则和要求，另一方面则借此严禁师生立盟结社，议论朝政，有不轨言论举止者，即行治罪。乾隆以编《四库全书》为名，在全国收集和查缴各种书籍，并进行删改，甚至销毁那些违反程朱学说的书籍。《四库全书》的修成，虽然对梳理、保存古代文献有着积极的意义，但修书过程中被借机销毁的书籍可能达到 15 万部，被销毁的书版有 8 万多块，被删减的书籍有数万卷之多。同时，清政府为钳制汉人的思想，还大肆禁书，对于那些可能危及其统治、激发汉人感情的书籍，宣布为禁书。《大清律》规定：凡造妖书妖言的，判斩侯；收藏妖书妖言的，杖一百，徒三年。另据考证，顺治、康熙、雍正、乾隆四朝所造的文字狱，分别为 7 起、12 起、17 起、130 多起。① 株连之广，处罚之重，为历代所罕见。在这种高压政策下，任何离经叛道和独立的思想都不可能产生，知识分子躲进故纸堆中专务考据，官员则不问民间疾苦专注于升官发财，导致整个清代教育思想乏善可陈，更没能产生与近代文明相适应的学术与思想。

3. 学风方面，沿承明末反理学的遗风，以复古的形式，发展成实学

程朱理学、王阳明的"心学"，发展到明中后期已初显疲态，空疏、清议之风使得学风不振，甚至危及国邦。至清代，性理之学在官方的力倡下，虽然犹存，但已呈颓势，取而代之的是讲究"经世致用"的考证学派。考证学派创于清初，盛于清中叶，延至清末。梁启超称其为清代学术界的正统派。它力排程朱的心性之学、空疏之风，专务两汉诸儒的考据实证之风，以怀疑的态度、科学的方法，借朝廷大修《四库全书》之机，对古籍重新估价与整理，解决了中国学术史上许多真伪难分的问题。考据之风的盛行，一扫宋儒以来重性理不重实学的学风，并带动了

相关学科的发展，在学术史上自是功不可没，但使无数读书人钻到故纸堆中皓首穷经，陷入另一种僵化之中，无益于整个社会活力的激发与科技的进步。

4. 明末清初"三大家"对传统思想和制度的颠覆性反思，在教育思想史上具有革命性的意义

顾炎武、黄宗羲、王夫之鉴于明亡的教训，分别在学术上、制度上、哲学上进行了反思。他们在反思程朱理学的基础上，提出"经世致用"，要求书生将"读经"与"务实"结合起来，摒弃徒讲义理，转而关心社会实际，康济时艰，勇于任事，甚至提出"非君论"和"均田"思想。其深度与主张接近于近代资产阶级启蒙思想。在教育方面，黄宗羲认为学校不仅为养士之机关，而且应与春秋时的"稷下学宫"一样，为政治与社会论衡一切是非的场所，学校可超越现有之政治，成为监督政府的最高机关。黄氏代表作《明夷待访录》对"排满"革命思想影响尤大。顾炎武针对明末社会学者或徒尚空谈或流入狂狷的弊端，倡导经世致用的实学及尊廉尚耻的美风，并对科举制度进行系统的批判。王夫之提出"天理"存于"人欲"之中，在哲学思想上一改宋明诸儒的唯心论，转而以唯物主义的哲学来思考历史问题。这些思想也非当时一般考据训诂之儒生所能相比。在他们的倡导下，少数有识之士开始将所学之识与社会实际结合起来，改变原来读书人"无事袖手谈心性，临危一死报君王"（颜元《存学篇》）的习气，不再一味空谈心性，变得更加务实而敏锐。这些教育思想相对于传统而言具有革命性的意义，也为近代中国资产阶级革命孕育了条件。

第四节　中国教育文化传统的总体特征

中国教育文化经过几千年的发展与沉淀，逐渐形成了以"重德性、轻技术"、"重自制、轻自控"和"育才养士"为主要特征的文化传统。这些传统繁荣了学术思想，推动了教育文化的发展，成就了中华文明的博大精

深。其中也不乏可传承之处：一是传承人文的传统，可以使教育回归人的内心，以对抗现代社会过度物化和功利化的事功教育；二是传承修身的传统，可以提升人的道德修养，抑制被当下社会过分激发的人的欲望，使人的内心更趋和谐；三是传承养士的传统，可以为富民强国造就和选拔更多的有用之才。当然，中国教育文化经历变迁，本身也在不断变化之中。以下概括的是总体特征，且更多是从审视批判角度进行解读，未必能廓清中国教育文化传统之全貌。

一　人文的传统：重德性教养，轻生产技术

人的教育总是在两个层面展开，一个层面是以能力的发展来提升人对外在客观世界的适应能力，满足、扩展人现实生存的需要；另一个层面是以德性的发展来扩展人的心灵生活，提升人的内在品质。前者为事功性教育，后者为教养性教育。① 作为中国教育思想主要源头的儒学，本身即以教化为目的，更多地指向后者，即以德性教育或曰教养性教育为其教育宗旨与内容，因而其本质上是人文的而非事功性的。在孔子眼中，稼穑与殖货理财之事是"野人""小人"所做的事，不是"教化"的内容。教育的目的是要让统治者"好礼""好信""好义"，人心所归，百姓依附于他，种田之事自然有人去做。② 孔子甚至认为作战征伐之事也不属"教育"的内容。他所担心的并不是个人生计，而是担心没有好的道德品格。③ 冯友兰等一般学者认为，儒家思想中的教化，并不包括传授生产与技术知识的近代产业教育，而是一种

---

① 刘铁芳、樊杰：《古典传统的回归与教养性教育的重建》，《高等教育研究》2010 年第 11 期，第35 页。
② 《论语·子路》：樊迟请学稼。子曰："吾不如老农。"请学为圃。曰："吾不如老圃。"樊迟出。了口："小人哉，樊须也！上好礼，则民莫敢不敬；上好义，则民莫敢不服；上好信，则民莫敢不用情。夫如是，则四方之民襁负其子而至矣，焉用稼？"孔子：《论语》，广西民族出版社，1996，第 300 页。
③ 《论语·卫灵公》：卫灵公问陈于孔子。孔子对曰："俎豆之事，则尝闻之矣；军旅之事，未之学也。"子曰："君子谋道不谋食。耕也，馁在其中矣；学也，禄在其中矣。君子忧道不忧贫。"孔子：《论语》，广西民族出版社，1996，第 363、385 页。

"人之为人"的全人教育，或者说是一种人文教育。[1] 钱穆也持类似观点。[2] 儒家把教育视为人的教育尤其是德行教育，把人视为教育的主体，以区别于以农工商等为主体的技术传授。儒家经典《大学》也开宗明义地指出，教育的宗旨在"在明明德"，即彰显人自身的德性。从此以后，历代诸儒莫不把"涵养天性"视为己任。到宋代，二程、张载等人则把"为己之学"延伸为"成物""立人"，由己及人，最终乃可以通达"天理"之学。在功效方面，更把"修身齐家治国平天下"视作儒者的人生目标。儒家虽也有"格物致知"之说，但毕竟与近代所言的科学主义相去甚远。林语堂在考察中国文化的基础上，把人文主义视为中国人之人生理想，然而他所说的人文主义，并非西方普通意义上的人文主义（Humanism），西方的人文主义是建立在理性基础之上的，他认为中国人之人文主义，自有其一定之界说，是建立在日常生活伦理之中的。他曾用一首启蒙学童习诵诗来表达这种超越物外的中国人的人生哲学："云淡风轻近午天，傍花随柳过前川，时人不识余心乐，将谓偷闲学少年。"[3] 而这种自在人生，或者说是教育中的人文主义，正可以对抗西方工业文明对人的"异化"。儒家教育文化重人文、重伦理，轻生产技术的特点，使中国人更注重主观感受、伦理关系和诗意人生，而忽视了逻辑思维和科学精神的培养；为了维系人伦关系的和谐，遵循的是"人情法则"而非"公平法则"，容易在经济生活中陷入"亲情困境"和"人情困境"，[4] 因而缺乏对理性、原则和

---

① 冯友兰：《中国哲学史》，商务印书馆，1934，第75页。

② 钱穆认为，中国传统文化是一种人道主义精神、道德精神；西方教育培养专家，中国传统教育培养的是通德通识的人才。参见钱穆《文化与教育》，广西师范大学出版社，2004。

③ 林语堂所言中国人的人文主义包括三点：第一点，人生最后目的之正确的概念；第二点，对于此等目的之不变的信仰；第三点，依人类情理的精神以求达到此等目的。林语堂：《吾国与吾民》，中国戏剧出版社，1990，第90~91页。另外，张灏也认为，儒家人文主义精神与西方人文主义不同，现代人文主义是排斥超越意识的，而儒家的德性伦理蕴含着以天为主的超越意识。参见张灏《超越意识与幽闭意识》，（台北）《历史月刊》1989年第13期，第14~19页。

④ 黄光国提出，在儒家伦理影响之下，个人在做关系判断时，会将自己与对方之间的关系大致分为情感性关系、混合性关系和工具性关系，并依不同的社会交易法则对对方交往。黄光国：《儒家思想与现代化：理论分析与实证研究》，高尚仁、杨中芳主编《中国人·中国心——传统篇》，台北：远流出版事业股份有限公司，1991，第195~170页。

制度的必要尊重。这也使中国人缺乏必要的纪律意识与集体观念，人治社会便应运而生。在人治社会之下，人们渴望的是一个施行"仁政"的社会，而非一个"法治"的社会，人人都希望享受"法外治权"，而拥有权势者则乘机施行专制主义与愚民政策，导致中国社会长期乱治交替。

这一文化传统的另一后果是，在科举的钳制之下，知识分子只顾埋头读经，唯书是举，把稼穑货殖和工艺技术看作"君子不为"的"末道小技"，不事生产，只有仕途遇阻时，才有少数人转而从事其他行业，大多数文化精英都在寒窗苦读或空谈心性中度过人生，这种风气到明代愈演愈烈，导致中国在生产技术方面逐步落后于已经觉醒的西方文明，这也是西方学者韦伯等人的一般观点。

作为中国学术思想源头之一的佛家和道家，在教育思想方面只能说是对儒家的一种补充。道家自然主义哲学与"无为"思想，成为读书人的精神慰藉，为中国传统文化中的人文主义再增一些浪漫的色彩。而佛教的轮回思想和来世哲学，在平民那里用以逃避现世的痛苦，在一帮名士那里则演变为空谈心性、不务实际的"玄学"。它们虽然极大地丰富了中国人的精神世界和文化文学领域，但对发展生产、富国强民却并无太多的功用。还有一部分知识分子醉心于对方术、神秘学的研究。方术虽然也包含了中国人对宇宙、自然与人生、社会关系的认识，反映出中国人的生活内容和思维方式，其中有少量科学的成分，但更多的是一些神异、猜测、附会、感性和经验的东西，并不能孕育和产生近代意义上的科学。总体而言，中国传统教育文化中的人文传统，极大地丰富了中国人的精神世界，为中国和世界贡献了大量的文学艺术知识，但与此同时，这种重德性、轻技术的文化特征，使中国缺乏产生科学主义的土壤和氛围，一定程度上导致了中国近代的贫困与落后。

二 修身的传统：重人性的自制，轻个体的自控

儒家教育文化是一种"为己之学"，儒者的教化，其目的在于通过克制、超越、转化以及"克己复礼"的道德实践，让自己的品格臻至完善，

从而达到自己与他人、社会乃至自然的合一。西方学者利夫顿（R. J. Lifton）把这种文化定义为一种"自制"的文化。① 这种文化下，教育的目的在于抑制自己的内心欲望，不让它外溢以扰乱自己的心性，孟子云："养心莫有善于寡欲。"又或者在于控制外在的信息来源，让心身处于一种静净的环境之中，以确保它的纯正。道家的教育思想则更进一步，主张只有"见素抱朴，少私寡欲"，才能成为"真人"。在方法上，要求个人不断地检讨自己、反省自己，反对一切自满和自负，这种教育思想发展到极致，便成为"存天理，灭人欲"的理学。另外，儒家教育文化虽然也强调自强自立，但又更多地把社会的责任视为自己的责任，把社会所追求的成就当作自己所追求的成就，以满足家族和社会对自我的期望，读书人读书并不以自己的兴趣和创造为乐趣，而更多的是以成就事功为目标，为了某种社会成就，人们不惜以牺牲自己的内心价值。这种以"人性自制"为特点的教育文化，一方面培养了一批有操守、讲慎独、讲服从的谦谦君子，另一方面却使人性缺乏张力，导致人的生命力得不到充分的释放。而且，中国人的自省往往停留在检讨自己的行为是否符合社会规范上，而对规范本身是否合乎人性却缺乏必要的批判与反思。

自制型教育文化，其本质在于抑制人的内心需求，降低人的欲望阀值，而人性本身的欲望始终是存在的。理学家把天理与人欲对立起来，程颐认为：人欲一动，天理隐藏，成了人心；天理回复，人欲消灭，就是道心。这对于一般的民众来说，无异于剥夺他们生命的乐趣。这种教育文化所倡导的实践，也是一种内化于人一己之修养，而非对外部世界的探究与行动，最多是外化为个人在现有社会秩序或现实世界中的道德品行。所以，其实际结果往往是只有极少数君子恪守这种清规戒律，而大多数读书人仍然与功名利禄为伍，甚至沦为伪道学分子，更遑论一般的普罗大众。自制型教育文化的张扬使自控型教育文化得不到必要的发展。自控型教育文化侧重于个体对社会

---

① R. J. Lifton, *Thought Reform and the Psychology of Totalism*（Harmondsworth, England：Penguin, 1967）.

或外界环境的控制，即通过改造外在的环境和团体规范来适应自己的发展。自控型教育文化更多地表现为外向性，它强调个体的行动力，其外在表现不是单纯的道德力量，而是生命力的张扬与欲望的实现。笔者根据杨中芳博士对西方"个人定向"与中国"社会定向"社会结构区分，① 概括出"自制型教育文化"与"自控型教育文化"的特征并做出区分。具体见表2-1。

表2-1 自制型教育文化与自控型教育文化的差异

区分点\类型	自制型教育文化	自控型教育文化
教育的立足点	人伦社会及其秩序	独立自主的个体
教育的重心	强调个人对社会的责任与义务	强调个人的自由、权利及成就
教育的目标	培养德行高尚的谦谦君子、成圣成贤	培养富有个性、生命力和创造精神的个人
教育的内容	经典、格言、德性	知识、逻辑、规则
教育的途径	内→外→内（内在指向）	外→内→外（外在指向）
教育的方式	记诵、体悟、自省、静思	实验、探究、思考、行动

自制型教育文化为中国传统社会培养了许多有德行、讲气节、品行高尚的知识分子和士大夫。他们在和平时日里遵守儒家经典，尊重社会良俗，为维护道统文化、赓续中华文明做出了杰出贡献；在国家或民族危难之时，以节操和民族大义自勉，不惜以身相搏，抗击外敌，谱写出一首又一首大义凛然的"正气歌"。即使在当下，对于对抗日益泛滥的物质主义和工业社会的物化人生，也不失其独特意义。但是，我们也必须看到，自制型教育文化的泛滥与自控型教育文化的缺乏，使中国人以德行高尚示人于外，而将自己的

---

① 杨中芳博士认为：西方"个人定向"的社会结构以一个个独立自主的个体为单位；着重个人的自由、权利及成就；着重个人独立、自主的培养，"小我"幸福是社会幸福的基础；追求个人利益是被鼓励及许以重赏的；社会的运作靠法律来维系。而中国"社会定向"的社会结构创以"人伦"为经、"关系"为纬，上、下次序紧密；着重个人对社会的责任与义务；着重"大我"概念的培养、大我幸福是小我"幸福"的先决条件；服从规范，"牺牲小我""完成大我"是被鼓励及许以重赏的；社会的运作靠个人自律及舆论来维系。前者通过使绝大多数人得到最大利益来达到社会公正，后者通过对遵守规范者给予奖赏，对违反者实施惩罚来维持社会公正。参见高尚仁、杨中芳主编《中国人·中国心——人格与社会篇》，台北：远流出版事业股份有限公司，1991，第99页。

私欲隐藏起来秘不示人，不敢也不善于表达自己内心的真正欲望，或者以扭曲的方式加以表达，故而"乡愿"和伪君子众多。自制型教育文化还导致一般人不敢轻易地去对抗社会上不合乎人性的种种陈规陋俗，不敢以科学精神和理性主义质疑传统与权威，使新文化难有化育和突破的机会。

整体而言，以儒家文化为代表的中国传统社会更多地具有自制型教育文化的特征，而近代以来的西方文明则更多地表现出自控型教育文化的特征。

三　养士的传统：育才以养士，举士以任贤

在儒家教育思想和教育实践中，还有一个基本理念，那就是教育的目的是为国家、政府或社会培养人才。当然这种人才并非现代社会中所言的某一方面之专才，而是指在道德上具有表率作用和人格力量的"君子"，让他们去治理一般民众。进一步说，儒家教育的目的主要是为政府培养官员。这也就是所谓的"养士"。从思想源头上看，孔子是第一个提出"任贤政治"或"精英政治"的思想家。[①] 在孔子看来，一个人学习是为做官做好准备，学习是仕途晋升的阶梯和工具，他的这一思想被其学生子夏简要地概括为"学而优则仕"[②]。孔子还说："学也，禄也在其中矣。"[③] 也就是说，只要努力学习，就不愁没有食禄。这一表述充分地体现了孔子"养士选才"的教育观念，也成为以后读书做官论的滥觞。孔子的这种教育思想对中国传统社会产生了深远影响。

官学是中国教育培养人才的制度化的机构，其地位受到历史统治者的重视，北宋教育家胡瑗在《松滋县学记》中说："致天下之治者在人才，成天下之才者在教化，教化之所本者学校。"王安石在《慈溪县学记》中说："天下不可一日而无政教，故学不可一日而亡于天下。"[④] 从汉代的太学到之后的国子学、国子监、县学、社学等，无论何种形式，其主要目标都是为政

---

① 李弘祺：《中国传统教育的特色与反思》，"北京论坛：文明的和谐与共同繁荣——传统与现代、变革与转型"教育分论坛"教育传承与创新"论文及摘要，2011，第148页。
② 《论语·子张》。
③ 《论语·卫灵公》。
④ 王安石：《临川先生文集》卷83，中华书局，1959，第870页。

府培养能治理国家的人才。为了保证人才培养的一贯性，历代官学在教育目标、教育内容、教育方式上都变化不大。随着科举制的产生，官学的教育目标逐步与科举取士制度结合起来，明代以后的官学，以培养"八股"之士为目的，逐步呈现出僵化的特征。

作为对官学的补充和纠偏，私学在中国古代也得到了相当的发展。孔子即是私学的开启者与实践者。私学最重要的代表是书院。汉代的大儒也私收门徒，传承衣钵，但尚未成规模。唐末五代时期，战乱纷起，社会礼乐崩坏，望族毁散，政令不畅，官学衰败，地方上有名望的士大夫择地起校，招徕青年才俊，讲习其中，遂成书院雏形。书院在宋时大盛，其代表人物是朱熹。为有别于官学，书院标榜"为己之学""成圣成贤"的教育理想，以替代以考试为目的的官学。有宋一朝，教育家辈出，确实体现出书院追求学术自由和思想独立的精神，书院也成为宋明理学的传播地和研究场所。然而，宋末元初，由于政府加强思想控制，书院的"官学化"不可避免。明末兴盛一时的东林书院，也很快因为政治的原因被压制。而清代以降，书院则与官方完全合流，不再具有两宋时期自由之风气，也不具有明代书院以天下为己任的担当，书院已沦为科举入仕的跳板。由于中国没有经历过像西方那样的"文艺复兴"，加之缺乏制度和法制保障，中国古代书院未能像西方一样发展为现代的大学，始终在追求个人的道德完善与世俗的功名利禄之间游走，最后在政府的压制下，与官学一样，成为培养官员的场所，走上了"私学官学化"的道路。书院官学化受到以下几个因素的影响，一是书院虽然赓续了朱熹的办学理想，并力图发扬光大，但无法阻止人们参加科举考试的意愿和行动；二是政府不能容忍书院挑战官方认可的知识体系而离经叛道，一旦发现，即行禁毁；三是政府在人事和财政上介入管理，并承认书院的学生等同于官学的"生员"。到了清末，书院遂成为政府认可的教育体系中的一环。①

---

① 李弘祺：《中国传统教育的特色与反思》，"北京论坛：文明的和谐与共同繁荣——传统与现代、变革与转型"教育分论坛"教育传承与创新"论文及摘要，2011，第148页。

官员选拔制度则为养士制度提供了平台。秦代以荐举制选拔官吏，但为时短暂；汉代以察举制或选举制选拔官员，每年由丞相、列侯、公卿及地方郡国按"贤良""孝廉""秀才"按名额举荐，由皇帝亲自进行策问，并按成绩分派不同官职。这相较于按血缘亲疏或军功大小来授官的制度更为先进，一批真正有才能的下层"布衣"在制度实行之初得到荐举。但随着时间的推移，这种制度成了豪门权贵培植党羽、发展个人势力的途径。魏晋南北朝则实行"九品中正制"，导致"上品无寒门、下品无士族"，社会阶层上下流动的通道被阻塞，这与儒家教育理想是不相符的。直至隋唐，以考试为人才选拔方式的科举制度应运而生，"学而优则仕"的教育目的被制度化。科举制度的兴起，相较于此前重门第、重声望的用人制度是一大进步。这种直接将学习与做官连在一起的考试制度，是近代文官制度的雏形，后来为西方诸国所效仿。到北宋英宗以后，逐成定例。自此以后，中国历代读书人莫不以科举为大。

科举将读书与做官直接连在一起，深刻地影响了中国士人的价值观。从此以后，读书人为追求一举成名的荣耀，甘愿过"十年寒窗无人问"的苦读生活。读书不仅是为了求真和致用，更重要的是为中举入仕，这样一来，知识的神圣性消失了，剩下的仅是对功名的执着追求。另外，统治者通过科举取士，把读书人笼络在体制内，使其无法形成一个独立的社会阶层，不可能成为近代意义上的知识分子。所以，历代帝王都不轻易放弃这一笼络之术。即使对传统文化破坏很大的太平天国政权，也在建都之初开科取士，以稳定士人之心，可见科举制度对中国影响之深。"育才以养士"这一做法，一方面为中国社会培养了一大批有思想有节操的治国之能才，让许多平民子弟通过学习和科举进入了政府机构，为国家贡献其聪明才智；另一方面过于强调服务于世俗政权，导致教育追求知识和真理的目的被忽视，世俗化的功利性目的越来越明显。同时，"学而优则仕"的教育理念也被统治者作为笼络人才为其所用的工具，以致到后来与官员选拔制度紧密结合，教育的内容和形式都由官方框定，使许多读书人被驯服为专制统治者奴役民众的帮凶。正如冉云飞在《沉疴：中国教育的危机与批判》中所说："教育目的观，会影响到教育评价体系，而教育评价体系又会影响到学制之设立，而学制之设立，又会影响到考试制度，而考试制度则会影响到教材的编写、课程设置、教学方式，最终影响到教育的主体——学生对文化传承所负之责任，对社会变革和人类进步所作的贡献，同时影响到学生作为人之自由与独立精神的培养，并且体现出人本应该得到的人权及其相应的生存质量。"① "学而优则仕"的教育目的观，使中国社会长期把读书视为个人改变命运和通往仕途的道路，而把知识单纯理解为古代圣贤的道德训诫，学生不敢质疑，不敢有自己独立的思想，个人的尊严与价值也无从确立。

中国传统教育文化变迁演变历程及其特点如表2-2所示。

表2-2　中国传统教育文化变迁

类型	朝代（时代）	主要特点
神本时代	三皇五帝	生产即教育、教育即生产
	夏	事神致福
	商	敬事鬼神
人本时代	西周	礼乐教育、宗法制度
	春秋战国	百家争鸣、文化多元 儒家——君子文化;墨家——平民文化;道家——隐士文化
	秦、汉	定于一尊、政治伦理化 重考据训诂 察举、选举
	魏晋南北朝	儒释道初步融合 玄学盛行 九品中正制
	隋唐五代	科举创设 儒释道加速融合 中西文化交流频繁 书院初创
	两宋	文人治国 科举成定制 理学盛行 学术自由、书院兴盛

---

① 冉云飞:《沉疴:中国教育的危机与批判》,南方出版社,1999,第54页。

类型	朝代（时代）	主要特点
道本时代	元	抑制文教 中西交流进一步加强
	明	专制政治 八股取士 道学盛行 官学普及、私学官化
	清（1840 年以前）	推崇理学 文化钳制 考据训诂 科场僵化

第三章

中国近现代教育文化的变迁及其特征

1840 年鸦片战争的爆发，使中国原有的统治格局被打破，传统文化遭到前所未有的挑战。面对西方列强的坚船利炮和崭新的西方文明，少数有识之士开始反思和改造空疏有余而实用不足的中国教育文化，提出"经世致用""实业救国"的教育理想，并部分贯彻于教育实践。

辛亥革命后，以蔡元培为代表的一批先进知识分子开始引进西方国民教育文化理念，试行教育改革，使中国教育改革进入了一个空前繁荣的时期。随后由于抗日战争及内战的爆发，国民政府以欧美为模版的教育改革试验中断。

1949 年中华人民共和国成立后，中国进入社会主义改造和探索时期。这一时期的教育文化又可分为"以俄为师"和"左"倾思潮两个阶段，直至 1978 年 12 月中国共产党十一届三中全会召开。①

第一节 清末崇实教育文化时期（1840～1911 年）

清朝末年，中国面临数千年未有之变局。西方列强的坚船利炮打破了大

---

① 本书把 1840～1949 年作为近代来论述，把 1949～1976 年"文化大革命"结束作为现代来论述，"文化大革命"结束后至今，以当代来论述。主要的依据是各个阶段的"文化特征"不同。而一般的划分是：近代指 1840 年鸦片战争至 1919 年五四运动，现代是指 1919 年五四运动至 50 年代末社会主义改造完成。

清帝国的天朝大国梦。西学在中国的传播虽屡遇阻滞，但终于还是被一些先知先觉者接受。面对积贫积弱的中国，一部分开明官员和知识分子开始从教育改革入手，反思和改造空谈心性的宋明理学，推崇实学，倡导经世致用、实业救国。这标志着中国进入了崇实教育文化时期。这一时期最重大的举措就是废除了实行一千余年的科举制度，创办了近代学堂。

一　清末教育文化变迁的背景及其轨迹

（一）西学东渐的阻滞与展开

早在 16 世纪，随着欧洲人发现通往亚洲的海上航道，就有西方传教士和商人来到中国。他们在传教和经商的同时，也给中国带来了一些关于天文、数学、地理等方面的知识，其中要数意大利传教士利玛窦的贡献最大。在此后的一百多年间，西方传教士频繁来华。但清廷以天朝自居，仍然将西方国家视为化外之蛮夷，不屑与之接触和交流，更不让他们深入内陆。雍正元年（1723）更是实行全面教禁，驱逐传教士。此后的一个世纪内，清廷颁布了《防范外夷规条》《防范夷人章程》等禁令，进一步限制外国人的在华行动，一直延续至鸦片战争。官方如此冥顽不化，使本来已打开通道的中西文化交流被迫中断，中国仍然固守一隅，拒绝接受来自西方的科学技术和思想文化。

与此同时，亦有一部分文化精英超越了一般民众的思维，开始意识到西学的价值。其中以徐光启、方以智、黄宗羲、顾炎武、王夫之等人为代表，他们关注到西方科技的先进与中国的落后，转而对空疏有余、实用不足的理学进行批判和改造。他们主张经世致用，反对空谈心性；主张试以实事，反对作八股文；倡导学习自然科学，主张人性解放；质疑君主专制制度，倡导民贵君轻。这些观点构成我国最早的启蒙教育思想。清初顾炎武在总结明朝覆灭的教训后沉痛地写道："昔之清淡老庄，今之清谈孔孟。"[①] "故凡文之不关于六经之指，当世之务者，一切不为。"[②] 可见当时学风之空疏不实。但

①　顾炎武：《日知录·第七卷·夫子之言性与道》，上海古籍出版社，2012。
②　顾炎武：《顾亭林诗文集》，中华书局，1983，第 91 页。

由于清政府的文化钳制和中国传统文化的积重难返，西学东渐随传教士被逐几近中断。中国失去了一次与世界先进文明进行平等交流的机会。

1840 年鸦片战争爆发，以先进的自然科学和技术为主要内容的西方文明强势侵入古老的中国，对传统文化产生了强烈的冲击。虽然经历了短暂的本土文化抵抗运动，但西学逐渐为知识精英和一部分开明官员所接受，如郭嵩焘、魏源、徐继畬、林则徐、曾国藩、张之洞等，他们开始在学术界和政务中推广西学。经世致用的思潮再度泛起，程朱理学受到激烈的批判进而日渐衰落。

西学东渐打破了中国中心主义的思想，开阔了中国知识分子的眼界，给中国知识分子提供了新的思想武器和思维方式，也为中国近代教育文化的形成奠定了社会和思想基础。

（二）传统教育文化的衰败与防卫

鸦片战争前后的传统教育，已随着社会的变迁日益呈现出衰败的迹象。中央官学教育徒具虚名，教官昏耄，学生散漫，地方学校则几乎停废。书院也不复有宋明之气象，日呈隳颓之情状。[①] 而被官方视为正统的程朱理学，虽然经清代诸儒不断训诂、考据、释义，但终究跳不出空谈义理的旧巢穴，只能粉饰太平，于民于国并无大用。清末科举取士的政策，尤使教育成为科举的附庸，教育的目的是为科举考试，教育的内容即程朱理学，教育的方法只是读经，即使是科举考试的内容，也不复有唐宋时期的开阔雄浑，而流于空疏浮华或偏怪枯窘。考场舞弊也层出不穷。八股之害，诚如郭嵩焘所言："悉取天下之人才败坏灭裂之，而学校遂至不堪闻问。"[②] 梁启超在《戊戌政变记》中亦说："昔人谓之害甚于焚书坑儒，实非过激之言也。"甚至作为封疆大吏的张之洞也在《戏学篇·变科举》中说："科举自明至今，行之已有五百余年，文胜而实衰，法久而弊生。……今日局日新，而应科举者拘瞀益甚，傲然曰，吾所习孔、孟之精理，尧、舜之治法也，遇讲时务经济者尤鄙夷排

---

① 参见商衍鎏《清代科举考试述录》，生活·读书·新知三联书店，1958。
② 转引自郭嵩焘《致李傅相》，《郭嵩焘诗文集》，岳麓书社，1984，第 343 页。

击之，以自护其短，故人才益乏，无能为国家扶危御侮者。"

　　尽管有识之士和开明官员已认识到传统教育的种种不是，但朝野上下大小官员，还有正在科举场上拼搏的士人，无不以八股和儒家经典为进阶之物，有的甚至视之为身家性命之基石、文化之所系、道统之所在。在此情势下，中国传统教育虽历经重创而有所动摇，但并没有迅速陷入分崩离析的局面。甲午中日战争之前，以八股小楷为学业、以坊选程文为教材、以猎取科第为目的的传统教育虽衰败不堪，却仍旧在中国教育中占据着主导地位。即使当时开明人士开出药方，也不外是"师夷长技以制夷""中学为体，西学为用"，仍然认为中国传统及其制度优于西方诸国，所不及者不过火器而已，故而通过培养造轮船、制枪炮的专门人才，即可与之抗衡。而西方的民主制度和自由理念却被拒之门外。新式教育仅是对传统教育的补苴罅漏，因此局限于为政府培养专门性的实用人才。培养翻译人才的同文馆、广方言馆，以及各种武备学堂和船务、电信学堂遂得以成立。

（三）实学兴盛与近代教育形态的确立

　　1895 年中日甲午战争之后，痛定思痛的清政府开始意识到办实学的重要性。在一帮朝廷重臣的推动下，掀起了以引进和学习西方先进科学技术，兴办实业、创办专门学堂为内容的洋务运动。清政府在教育方面的举措主要有三：一是开设语言学堂，以培养通晓外国语言的翻译人才为目标，如京师同文馆、上海广方言馆、广州同文馆及湖北自强学堂等。二是开设水陆军学堂。前者包括水师学堂和陆军学堂，以及兼水陆两种并设的，如福建船政学堂、天津武备学堂、天津水师学堂、广东水陆学堂，其目的在于造就特殊人才及干部人才，不隶属于国民教育。这些新式学堂虽在功课上要求学员除学习西学外还须修四书五经及策论等，以习中学之根基，减少西学的影响，但在培养目标、教学内容、教学方法和教学组织上与传统封建官学、书院、私塾已相去甚远。

　　洋务运动所兴的实学，其目标在于培养满足洋务运动需要的专门人才，如外交、法律、军事、制造、电信、矿业、教育、出版等领域所需的实用人才，而非只知诵经与考试的书呆子。在教学内容上，以学习"西文""西艺"为主，课程包括外语、数学、化学及专业所需之技术课程，虽也要学习经义，但已非学习的主要内容；在教学方法上，注重实操，不复习八股文章。此外，清政府亦派出200余名留学生留学海外，其中不少人成为清末民初各领域行业之翘楚。实学的兴盛，冲击了传统封建教育文化，为中国近代教育改革奠定了思想基础。

以康、梁为代表的改良派在百日维新期间提出了改革科举、系统学习西方、建立新式学校制度、发展女子教育、普及全民教育的设想，虽然由于变法运动的失败而告终，但在观念上仍具有革命性的意义，并在后来改革中得到部分实现。1900年后清政府实行新政，结束了延续1300年之久的科举制度，依照西方近代三级教育模式建立了全国性的规范的学制系统——"壬寅学制"和"癸卯学制"；设置了与近代教育相适应的教育行政管理机构，近代教育形态已初步确立。

二 清末教育文化变迁的特征

清末教育文化的变迁是外来文化倒逼的结果，因而传统文化必然有一个本能的防卫过程，进而导致濡化困难和适应不良。与此同时，精英阶层与普通官员、一般民众对西学的认识存在脱节现象，变迁过程中既有中断也有反复。然而，反对空谈、主张经世致用、推行实业教育仍然是主线。

（一）濡化困难与适应不良

清末的西学东渐是在列强的武力裹挟下进行的，是一次强行的文化输入。中国传统社会作为一个典型的通体社会或者说伦理社会，缺乏足够开阔的眼光和应变能力去接受这一异质文化。在这样一种社会中，文化主体的行为模式固定，对文化价值的基本前提很少产生疑问，往往以社会制裁作为维持伦理规范的方式，坚持传统的势力要远大于革新的力量。这种文化的封闭性和保守性，易形成自我中心观念，不太容忍异质的出现和介入。当受到外来文化进击时，本能地采取防卫的姿态，并诉诸文化的尊严和民族中心主义，从而造成文化濡化的困难。[①] 义和团运动的兴起就是一例。即使是以推

---

① 殷海光：《中国文化的展望》，上海三联书店，2009，第33页。

翻清政府为目标的太平天国运动，也在定都南京后开科取士，并颁布了《钦定士阶条例·科场士阶条例》，拟将删改过后的儒家经典纳入科举考试的范围。① 清政府在光绪二十九年颁布的《奏定学堂章程》中，仍然提出以"忠孝"为教育宗旨。在学务纲要上说："此次遵旨修改各学堂章程，以忠孝为敷教之本，以礼法为训俗之方，以练习艺能为致用治生之具。"光绪三十二年，学部正式规定教育宗旨，由政府颁示全国，分为2类5条：第一类是忠君、尊孔；第二类是尚公、尚武、尚实。其中，第二类是"中国民质之所最缺，而亟宜针砭以图振起者"。② 甚至中国政府派往海外的留学生，在学习"军政、船政、步算、制造诸学"的同时，还得兼习"五经"等经学，宣讲《圣谕广训》等。而一般大臣如张盛藻、倭仁等则对实学深文周纳地横加指责，他们上书同治皇帝说："立国之道，尚礼义不尚权谋；根本之图，在人心不在技艺。"③ 虽未得到朝廷重视，但亦可见传统力量之强大。当太平天国以"拜上帝教"为政治宗教吸引下层民众参与其起义行动时，作为理学家兼军事统帅的曾国藩深知太平军的政治主张在中国并无民众基础，他在《讨粤匪檄》中发出"卫道"的政治号召，指出太平天国"举中国数千年礼义人伦、诗书典则，一旦扫地荡尽"，他率军"赫然奋怒，以卫吾道"，④ 得到了当时士大夫阶层和普通士人的支持。

然而，由于这种诉诸民族情绪的文化防卫是非理性的，一旦外来文化得以深入其核心，则易于发生严重的文化解体。中国近代的文化变迁，即是在这样的状态下开始的，一定程度上造成了中国近代教育文化变迁中的适应不良。"师夷长技以制夷""中学为体，西学为用"的主张，实则也是这种适应不良的表现。

（二）文化脱节与新旧反复

所谓文化脱节，是指一部分社会精英对西学所持的开明态度与一般民众

① 孙培青：《中国教育史》，华东师范大学出版社，2000，第291页。
② 陈青之：《中国教育史》（上），岳麓书社，2012，第551～554页。
③ 高时良：《中国近代教育史资料汇编·洋务运动时期教育》，上海教育出版社，1992，第7～8页。
④ 曾国藩：《曾国藩全集·诗文》，岳麓书社，1993，第232～233页。

和官员所抱的守旧观念脱节。面对西学冲击，朝野上下呈现出两种截然不同的姿态。开明人士勇于批判传统教育的空疏陈腐，接纳西学的务实求真。如龚自珍针对当时社会弊病丛生，发出"我劝天公重抖擞，不拘一格降人才"的呐喊。魏源则针对义理之学的无用和科举制度的积重，提出为庶民逐利，把富民看作国家的中坚，重新界定儒家学说中的"义""利"关系，为利正名，提出设水师、造武器，以实现"师夷长技以制夷"。① 郭嵩焘作为中国第一位驻外公使，他在考察英国近一年后，否定了流传了两千多年的夷夏观念，提出"自汉以来，中国教化日益微灭，而政教风俗，欧洲各国乃独擅其胜，其视中国，亦犹在三代盛时之夷狄也"。② 这对固守天朝大国梦的士大夫来说，无啻于石破天惊之言论。太平天国干王洪仁玕也曾大力提倡学习西方科技知识，对西学持开放的态度，与洪秀全等太平天国的一干领导人相异。尽管这一时期的文化精英大多受过中国传统教育，其根基仍然是儒家学说，所谓的"经世致用"也不外是儒家思想的延续与修正，但与同时期的保守官员和守旧派知识分子相比，他们无疑站在时代的前沿。

在官僚阶层推行新式教育最得力的干将当属张之洞。一方面，他以自己在政、学两界的影响力，力倡振兴和改革中国传统教育。1888 年他在广州创设广雅书院，1890 年又在武昌建立两湖书院。另一方面，他于 1898 年著成《劝学篇》，提出"中体西用"的理论。此学说得到许多人士附和，既为守旧派所赞赏，也为维新派所认同。正如梁启超所言，此学说"而举国以为至言"。③ 在此文中，张之洞用枚举的方法划分了他所谓的"旧学"与"新学"："其学堂之法，约有五要：一曰新旧兼学。四书五经、中国史事、政书地图，为旧学。西政、西艺、西史为新学。旧学为体，新学为用，不使偏废。"然而，体与用之分，只是字面上的，实际上任何文化要件的存在不可能有形上与形下的截然二分。在一个文化体系中，规范特征和器用特征常常是相互渗透的。中体西用说是一种根本无法自洽的学说，事实上

---

① 袁伟时：《晚清大变局中的思潮与人物》，海天出版社，1992，第 56 ~ 65 页。
② 袁伟时：《晚清大变局中的思潮与人物》，海天出版社，1992，第 9 ~ 10 页。
③ 梁启超：《清代学术概论》，凤凰出版传媒集团、江苏文艺出版社，2007，第 71 页。

《劝学篇》及其学说也很快就被人们遗弃。这一时期，王韬、容闳、郑观应等改良派也认识到洋务运动的局限，主张在政治、经济、文化教育等领域进行改革，全面学习西方，提出改革封建传统教育制度，建立近代学校尤其是各种实业学校作为培养新型人才基地的主张。维新派的康有为、梁启超、严复等人则更进一步，在他们的极力推进下，百日维新后，清政府废除了八股取士制度，改试策论，取消各地以程朱理学为教材的书院制度，设立经济特科，建立新式中小学，在北京创办京师大学堂，教授西方先进的科学技术和政治、经济学术思想，并鼓励中国人前往西方留学；准许官民上书言事，准许民间自由成立报馆和学会；成立译书局，大量翻译西方各国著作；允许议论时政，取消各种政治上的高压政策；改革官制，撤销臃肿的机构；等等。此后虽有所反复，且各种新式教育之中也存在一定数量的传统经学内容，即使最为新锐的教育家，也不敢公开否定传统文化，甚至从传统理学出发，引发出西学教育的新义，以免开罪于保守派当权者，但革故鼎新之势已经确立，思想解放之潮流成为风尚，守旧派虽仍负隅抵抗但也无力回天。

然而，当时的文化精英分子本身即是儒家思想的传承者，以维护道统为己任，故而他们在主张西化的同时，也面临两难困境。他们在理智上接受西方文化价值，但是在感情上却排斥西方；他们在感情上迷恋中国的历史文化，但在理智上又明白必须扬弃旧日的传统方能富国强兵。这种心态主导下的改革，必然是不彻底和进退失据的。

（三）经世致用与实业教育

这一时期教育文化的最大特点当是"经世致用、崇尚实行"教育理念的传播与实践，具体可依时间分为三个阶段。

1. 鸦片战争（1840）至洋务运动前（1860）

这 20 年间，以魏源、龚自珍、徐继畬等人为代表的先知先觉者，在目睹程朱理学及科举制度的种种弊端后，从训诂考据之中挣脱出来，提出复兴明末清初"经世致用"的学风，以振兴教育。"经世致用"本是儒学内部的一股思潮，它主张在遵守儒学根本信条的前提下，从寻章摘句中跳脱出来，去学习和研究对社会有用的东西，借此解决当前的社会问题。鸦片战争之后，中国屡遭列强欺凌，故再度复举。最激烈者莫如龚自珍，他认为儒学不能作为教育之唯一内容，经世也不必拘泥于经、史。魏源一方面著《海国图志》以让更多的民众了解外部的世界，另一方面主张恢复古代"以经术为治术"的"通经致用"的经学教育传统，指出义理之学"上不足制国用，外不足制靖疆圉，下不足苏民困"，魏源从历史中找到这么一句话："吾闻由余之告秦缪矣；善师四夷者能制四夷；不善师外夷者，外夷制之。"可见他提出"师夷长技"的救国之路，也是有史可鉴的，甚至连当时的统治者也持此主张。如道光帝曾对臣下强调说："士不通经，不足致用；经之学，不在寻章摘句也，要为其用者。"咸丰皇帝也曾告诫臣下："文章小技，能与不能，无足轻重，实事却要紧。"① 可见"经世致用"这一思想已在社会中传播开来。这一思想的传播及其实践，使封闭已久的中国民众开始睁开眼睛看世界，为推动中国社会的进一步开放做好了准备。然而，由于"经世致用"本身只是儒家内部的一种潮流，其前提是通经，还是挣不脱儒家的桎梏，凡事以是否符合儒家先贤的言论为标准，与真正的求真务实、科学精神相去甚远，他们的政治主张与行动，也最终未得到当政者的支持和一般民众的认可，故虽有一时之兴，却不能挽大厦于将倾。

2. 洋务运动（1861）至中日甲午战争（1895）

这30余年里，以奕䜣、曾国藩、左宗棠、李鸿章、张之洞等为代表的洋务派，试图通过举办实学，造就国家所需要的翻译、外交、制造、军事方面的专门人才。

这一阶段的教育思想可概括为崇"实学"的人才教育主义。洋务派主张的教育是实用的"人才主义"教育，企图通过大兴专门学堂，培养学生的专门技能，为国家培养某一领域的领袖人才。其中，张之洞最为突出。张氏赓续"经世致用"的思想，主张为学以通经致用为主，除热心办学兴教外，还著书立说，著有《劝学篇》《变法三疏》，系统地阐述了其教育思想，

① 转引自袁伟时《晚清大变局中的思潮与人物》，海天出版社，1992，第31、24页。

并提出著名的"中学为体，西学为用"的观点，制定《钦定学堂章程》，在其治下的湖广地区，新式教育较之各省尤为发达。张氏的思想对清末教育的影响颇为深远。光绪二十二年，孙家鼐在《议复开办京师大学堂折子》中说也赓续了这一思想宗旨，即"今中国京师创立大学堂，自应以中学为主，西学为辅；中学为体，西学为用；中学有未备者以西学补之，中学有失传者以西学还之；以中学包罗西学，不能以西学凌驾中学。此是立学宗旨……一切均应抱定此意，千变万化，语不离宗"。[①] 洋务派培养实用人才的教育思想，在不危及中华道统、不触及朝廷守旧派底线的情况下，采用务实渐进的办法，为国家培养了一批通晓外文、掌握某一领域技术的实用人才，其教育内容与教育方式也突破了旧式教育的窠臼；同时，随着西学的传播，西方的政治制度、历史文化、教育思想也开始被介绍和引进，为维新和革命制造了条件。然而，洋务派诸要员本身即是儒家文化的信仰者，也为旧派官僚之代表，只不过他们看到了国家的积贫积弱，试图借西方之利器为己所用，抵抗外侮，镇压内乱，其兴办实学、造就专门人才是事功性的，对西方的文明抱有敌意，是有选择性地接纳，所以也是不彻底的。甲午战争中国的惨败，最终导致了这种单纯以培养实用人才的教育失去了阵地，取而代之的是更接近当代教育的国民教育。

3. 维新运动（1898）至辛亥革命前（1911）

此十余年间，维新派或曰君主立宪派以康有为、梁启超为代表，极力提倡国民教育。国民教育有别于人才教育。倡导国民教育，梁氏为第一人。梁氏认为推广国民教育意义有二："一是要使全国之民皆受教育；二是训练全国之民皆有国家思想。"他认为，"数千年来的教育，只是遗传的、文雅的、利禄的，不仅没有国家思想，且没有确定的宗旨。即近今创办教育已三十年，其课程虽政艺兼设，而思想之不进步如故，问办教育以宗旨，亦不过人云亦云而已。教育宗旨既未改变，纵使教育普及，所授予的智能仍是升官发财的智能，所培养出来的人才仍是部民的人才，这种教育再办三五十年亦无救

---

① 转引自陈青之《中国教育史》（下），岳麓书社，2012，第551~552页。

于今日之中国。要救今日之中国，务须改变教育宗旨，培养一般新国民——所谓'新民'。新民是对旧式时代的人民而言，他们的精神是进取的，他们的思想是自由的，他们的行动是独立的，他们的团体生活是有组织的，他们的道德是公德重于私德的，他们是富于国家观念，爱国家重于爱家庭的，且对于世界民族而能表现一种特别性质的。以此为标准规定国家教育宗旨，以此宗旨对于全国人民施行一致的教育，使全国之民成一特色而富有国家观念的民族，此梁氏所谓新民"。[①] 梁氏以为中国今日之教育宜采取英国的教育。另外，梁氏对儿童教育与女子教育也有超越前人的言论与思想。梁氏与其师傅康有为一起，推动了维新运动，使中国的教育发生了前所未有的变革，废除了长达一千多年的科举考试，新式学堂得以普遍建立，女子教育得到应有的地位。变法虽然失败，但此后维新派的教育主张和改革举措，却并没有因此而废止，反而在清末新政时得到了发展。维新派的国民教育主义虽然在清末不占主导地位，但辛亥革命成功后，遂成为国民政府倡导和践行的教育思想。

第二节　国民教育文化时期（1912～1949 年）

民国成立后，先后经历了南京临时政府、北洋政府和南京国民政府三个不同时期。一方面，由于政权更迭频繁，战乱不休，当时的执政者将主要精力用在政治与军事斗争上面，教育事业并没有得到足够的重视，从而导致教育宗旨和教育政策的反复多变；另一方面，这一时期民主共和观念已深入人心，国民教育得到了较好的发展，出现了以蔡元培为代表的一批教育家，他们确立了国民教育的教育宗旨，积极学习西方先进国家的教育理念和办学体制，为中国教育文化留下了宝贵的遗产。

一　教育宗旨的沿革

一个时期的教育文化，往往受到政府倡导的教育宗旨的影响。民国政权

[①] 转引自陈青之《中国教育史》（下），岳麓书社，2012，第 612～613 页。

先后经历了南京临时政府时期、北洋政府时期及南京国民政府时期三个历史阶段。每一阶段的教育文化都展示出不同的精神风貌。

1912 年 1 月 3 日，中华民国南京临时政府成立，结束了两千多年的君主专制，确立了共和政体，标志着中国传统社会终结。在教育方面，南京临时政府设立教育部，任命蔡元培为教育总长。9 月 2 日，中华民国教育宗令由教育部颁布实施，该宗令开宗明义提出："注重道德教育，以实利教育、军国民教育辅之，更以美感教育完成其道德。"① 1913 年袁世凯执政，袁氏公开主张"崇经学孔"，为其恢复帝制张目。1915 年，袁氏以大总统令提出"爱国、尚武、崇实、法孔孟、重自治、戒贪争、戒躁进"的教育宗旨，次年 7 月因袁氏政权垮台而被宣布废止，民国初年的教育宗旨与方针得以恢复。1924 年 2 月，由北洋政府教育部颁布的《国立大学条例》再度明确民国元年颁布的《大学令》所彰示的高等教育宗旨："国立大学校以教授高深学术，养成硕学宏材，应国家需要为宗旨。"高等教育制度也更加完善，大学内设有董事会、评议会、教授会等，并开始实行学位制度，采用选科制。②

1928 年 5 月，南京国民政府召开第一次全国教育会议，决定采取三民主义的教育宗旨。会议报告写道："恢复民族精神，发挥固有文化，提高国民道德，锻炼国民体格，普及科学知识，培养艺术兴趣，以实现民族主义。""灌输政治知识，养成运用四权之能力，阐明自由界限，养成服从法律之习惯，宣扬平等精神，增进服务社会之道德，训练组织能力，增进团体协作之精神，以实现民权主义。""养成劳动习惯，增高生产技能，推广科学之应用，提倡经济之调和，以实现民生主义。""提倡国际主义，涵养人类同情，期望民族自决，进于世界大同。"报告经由大学院呈请国民党中央政治会议通过。1929 年 1 月，国民党第三次全国代表大会重新审定通过的中华民国教育宗旨是："根据三民主义，以充实人民生活，扶植社会生存，发展国计民生，延续民族生民为目的；务期民族独立，民权普遍，民生发

---

① 《教育部公布教育宗令》，《教育杂志》第 4 卷第 7 号，1912 年，第 49 页。
② 熊明安：《中华民国教育史》，重庆出版社，1983，第 374 ~ 375 页。

展，以促进世界大同。"① 这一教育宗旨于 1929 年 4 月 26 日正式公布，最终以法律的形式固定下来。

民初政府的教育宗旨，明确提倡以自由、平等、友爱为纲的公民道德教育，学校不允许拜孔子，不读四书五经，鼓励言论自由，鼓励文明开化，鼓励科学民主。以蔡元培为代表的新一代教育家开风气之先，开启了国民教育文化的新时代。蔡元培在北京大学采取的以思想自由、学术自由、兼容并包为原则的教育改革，对当时国内的大学产生了很大的影响。"壬子癸丑学制""壬戌学制"的制定与实施，也标志着中国国民教育体系的初步建立。但由于当时守旧派的力量还相当强大，革命派所倡导的教育改革随着北洋军阀的上台而更弦易辙。在南京临时政府成立后的七年内，先后发生了袁世凯、张勋、段祺瑞三次教育"复古"运动。"读经"和"尊孔"被重新提起，学校的祀孔典礼一直得到延续，孔教会也在各地遍设，一般学子入学读书的主要目的仍然在于入仕做官，以图有一个良好前程。

1915～1923 年，思想文化领域兴起了新文化运动，提出"反传统、反孔教、反文言"的口号，提倡民主科学，教育界开始大量引进西方先进的教育文化，对传统教育观念进行深入的反思，国民教育观念与教育体系进一步得到确立。南京国民政府成立以后，为使其教育适应一党统治的需要，"党化教育"一度得以推行，1927 年 8 月，国民政府教育行政委员会制订了《学校实行党化教育草案》，其中写道："我们所谓党化教育就是在国民党指导之下，把教育变成革命化和民众化；换句话说，我们的教育方针要建筑在国民党根本政策之上。"② 在遭到知识界的普遍反对后，旋即以"三民主义教育"取而代之。

民国时期的教育宗旨，虽由于国运多舛而几经反复，但贯彻国民教育的宗旨，以新式的教育理念取代传统的教育思想，却是一以贯之的。虽然由于国家的积贫积弱，没能完全得以实现，但其教育观念的启蒙、教育实践的创

---

① 熊明安：《中华民国教育史》，重庆出版社，1983，第 378 页。
② 《学校实施党化教育办法草案》，《教育杂志》第 19 卷第 8 号，1927 年，第 565 页。

新，仍然在中国教育史上具有独特的价值。有学者把民国的教育文化精神概括为："社会建设——以乡村建设为根本的国家建设；民族再造——以公民为人的形态的人的建设；文化复兴——以民主、科学与自由为核心的新文化与思想的建设；唤醒民众——以启蒙运动为教育精神的各种社会教育，形成与人民（劳工）打成一片的新道德；教育救国——以教育为情结的普遍的救国和建国精神。"① 这些教育精神，对引导当代教育的走向仍然有其积极的意义。

二　民国教育文化的形成和发展

（一）以"五育"并举取代"忠君尊孔"

1912 年中国民国南京临时政府成立伊始，即行任命蔡元培为教育总长并颁布《普通教育暂行办法》和《普通教育暂行课程标准》，废止清末封建教育宗旨，效仿西方学校开设相关课程。此后又废除有碍于民国共和精神的相关教育规章条例。蔡氏在《对于教育方针之意见》一文中，以"忠君与共和政体不合，尊孔与信教自由相违"为由，宣布取消清政府"忠君""尊孔"的教育宗旨，同时对"尚公""尚武""尚实"三项原则加以改造，提出军国民教育、实利主义教育、公民道德教育、世界观教育和美感教育"五育"并举的教育思想，指出普通教育以"养成共和国国民健全之人格"为目标，专门教育以"养成学问神圣之风习"为务。② 1912 年 7 月，在蔡元培的主持下，全国临时教育会议召开，讨论通过了民国教育方针，并于当年 9 月颁布施行，其内容为："注重道德教育，以实利教育、军国民教育，更以美感教育完成其道德。"③ 这一教育方针，其内容已与当时欧洲资本主义国家的教育方针相当。当然也有一部分主张是对儒家思想的附会与引申，如公民道德教育把孔孟思想中的"义"引申为"自由"，把"恕"引申为"平等"，把"仁"引申为"博爱"。"五育"并举的教育宗旨虽因各种原因

---

① 毕世响：《道德与教育的祭坛意义》，《中国德育》2009 年第 12 期，第 1～8 页。
② 高平叔：《蔡元培教育论集》，湖南教育出版社，1987，第 40～54 页。
③ 陈学恂：《中国近代教育史教学参考资料》中册，人民教育出版社，1987，第 178 页。

并未能一以贯之，尤其是在袁世凯执政期间，北洋政府再度提出"国民教育以孔子之道为修身之本"的教育宗旨，并重新确定儒学为学校教育的基本课程，但它对改造中国传统教育文化、促进现代教育文化形成的作用仍不可低估。其具体表现为以下五个方面。

（1）中国传统教育文化一贯重文轻武，以培养"温良恭俭让"的谦谦君子为目标，学子长期潜心科举考试，四体不勤，导致体质羸弱。军国民教育将军事教育引入学校教育，试图以此让学生树立尚武精神，强健国民体魄，以御外侮。此后演变为学校教育中的"体育"。

（2）中国传统教育一贯重义理之辩，儒家思想尤其重"义"轻"利"，士大夫更是以言"利"、营"利"为耻，视农工商为"末技"，导致整个社会经济不振，民穷国贫。实利主义倡导实业救国，以加强职业教育为急务，与当时世界潮流相吻合。此后演变为学校教育中的"智育"。

（3）中国传统教育重权威轻平等，重控制轻自由，讲究人伦的秩序规范，导致礼教横行，奴化思想根深蒂固。公民道德教育则以资产阶级的自由、平等、博爱为内容，反对专制和奴役，并对儒家思想中"义""恕""仁"加以改造，使之与新的公民道德教育相适应。此后演变为学校教育中的"德育"。

（4）明清以降，以"科举取士"为导向的中国传统儒家教育缺乏必要的超越性，过分亲近世俗社会，强调教育的社会功用，人们关注现实世界或"现象世界"，无暇去感受"实体世界"，[①]导致人们的思想禁锢于现实的牢笼，意志和思想的自由无从实现。而世界观教育教育人们立足于现实世界而又不执着于现实世界，并能从现实世界中超脱出来，以感悟实体世界。此后演变为学校教育中的"世界观教育"。

（5）中国传统教育在方式上过分强调说教，并倾向于从"现象世界"中寻找材料，从而使人陷溺于境遇和情感欲望的纠结之中，而美感教育

---

① 蔡元培受康德心物二元论的影响，把世界分为"现象世界"和"实体世界"，前者是相对的、可验的、受时空限制的；后者是绝对的、超验的、不受时空限制的。

可以通过诗歌、绘画、音乐等架起现象世界和实体世界之间的桥梁，让人从现象世界的种种矛盾中超脱出来，陶冶和净化灵魂。此后演变为学校教育中的"美育"。蔡元培认为美感教育具有与宗教相同的性质和功用，又可以避免宗教的保守和宗派之见，由此提出"以美育代替宗教"的思想。

"五育并举"教育方针的提出，在中国教育史上具有里程碑的意义，它标志着中国教育从传统向现代转变，它与民主共和精神一起，成为民国时期教育文化的精神标志。

（二）以国民教育、平民教育取代臣民教育

辛亥革命之后，教育思想和教育实践发生了革命性的变化。其一，一般民众对教育的态度改变。教育由官治变为民治，由拱手受命改为积极参与。其二，教育思想改变。由忠君尊孔改为公民道德教育，废止读经，推行新式教育。其三，教育政策改变。由愚民教育、柔民教育、笼络主义，改为以开启民智为基础，以为国家训练有用人才、树立民主、科学精神为宗旨。其中，贯穿整个民国时期、影响最为深远的当是国民教育。

民国初创期间，一般学者认为国民教育的陈义为："有国家必有国民，有国民必有教育，凡国民皆应受教育。断不能举国皆为官吏、皆为圣贤、皆为英雄，故断之曰国民教育。"① 从这个意义上讲，国民教育即为义务教育、平民教育。

倡导国民教育最得力者，乃国民政府第二任教育总长汤化龙。汤氏认为，一方面发扬国民固有的特性，光大起来，以夸耀于世界；另一方面培养他们的生活能力，强固起来，使能适应于世界竞争之趋势，以巩固其国家；施行这种教育才是国民教育。以道德为本根，以孔子为模范，然后国民才有根基，才有表率，才能团结为一特殊的国民，以与世界各民族共存共荣。时任大总统的袁世凯，也以《大总统申令》的方式提倡国民教育。袁氏所言之国民教育，其目的在于"使中国民族为大仁、大智、大勇之国

---

① 《教育杂志》第 7 卷第 4 号，转引自陈青之《中国教育史》（下），岳麓书社，2012，第 631 页。

民……矢其忠诚,以爱国为前提;苦其心志,以猎官为大戒";强调忠心爱国、严明纪律、强身健体,其主旨更近于军国民主义,所以他提倡尚武。汤、袁二人所主张的国民教育,虽有其创新之处,本质上仍为传统臣民教育文化的延伸与赓续。学校教育仍然被视为造就士族阶级——官僚候补者的场所,与科举制度并无本质区别。袁氏政府倒台后,此种主张方被新的国民教育取代。

到民国5年,"公民教育"一词呼声极高,朱元善在《教育杂志》第8卷第4号《今后之教育方针》一文中说:"所谓公民教育者非他,乃确认个人为组织国家之分子,而借教育训练之力以完成其堪任公民之资格而已。"在教育实践中,学校的修身课一律改为"公民科"。1919年,教育部在废止袁世凯政府提出的"爱国、尚武、崇实、法孔孟、重自治、戒贪争、戒躁进"教育宗旨的基础上,重新提出"养成健全人格,发展共和精神"的国民教育宗旨,并说明:"所谓健全人格者,当具下列条件:一,私德为立身之本,公德为服务社会国家之本。二,人生所必需之知识。三、强健活泼之体格。四、优美和乐之感情。所谓共和精神者:一、发挥平民主义,俾人人知民治为立国根本。二、养成公民自治习惯,俾人人能负社会国家之责任。"① 由此国民教育宗旨得以延续。

五四运动后,杜威的实用主义思潮风行起来。杜威说:"什么叫做平民主义教育呢?就是我们须把教育为全体人民着想,为组织社会的各分子着想,使能成便利平民的教育,不成为少数贵族阶级或者有特殊势力的人的教育。""我们实施平民教育的宗旨,是要个人受着切己的教育。实施平民教育的方法,是要使学校生活真正是社会生活。这样看来,人民求学的主旨,就是求生活的道理,这是真正的目的。"② 由此看来,平民主义的教育,是反特殊阶级的教育、反训练主义的教育,是要使教育平民化,使教育方法也平民化,并要以此培养富有平民主义精神的公民。此思想得到提倡以后,北

---

① 朱有瓛主编《中国近代学制史料》(第三辑上册),华东师范大学出版社,1990,第106~107页。
② 《杜威五大讲演》,转引自陈青之《中国教育史》(下),岳麓书社,2012,第673~674页。

京师范大学教育研究所推出的《平民教育》刊物及平民学校也风行一时。所谓平民主义，实质上亦即国民教育主义。五四运动前，国人对教育的态度，只是国家的、强武的。而五四运动之后，国人对教育的态度，一变而为世界的、和平的。此时世界的潮流是趋向民主的，即平民主义的，所以教育也回归平民主义。蒋梦麟说："欲得永久之和平，必以平民主义为基础。……欲图永久之和平，必先解决教育之根本问题。……此次世界大战之结果，平民主义已占胜势，世界潮流且日趋于平民主义。平民主义愈发达，则其和平之基础愈巩固。故欲言和平之教育，当先言平民主义之教育，欲言平民主义之教育，当自养成活泼之个人始。"①

国民教育思想在教育体制上亦有所体现，民国政府分别于 1912 年（旧历为壬子年）9 月和 1913 年（旧历为癸丑年）8 月公布了学校系统令、颁布了学校的各项规程，史称"壬子癸丑学制"。1922 年（旧历壬戌年）11月北洋政府公布的《学校系统改革案》，提出改革学制的七条原则，史称"壬戌学制"，采用的是美国学制，即所说的"六三三"制。壬戌学制的颁布和实施，是中国教育走向现代化的一个转折点，从此开始建立较为符合中国国情的现代教育制度，使中国教育开始面向现代世界教育，并努力跟上世界教育发展的形势。

（三）教育独立思想的确立

民国时期，一批受西方教育思想和教育理念影响的教育家，果断地树起教育独立的大旗，在与政府的博弈中，获得了相应的教育自治权和学术自由权。这主要体现在高等教育之中。

五四前后，教育界发起了与北洋政府争取教育独立的斗争，并成立了"全国教育独立运动会"，提出教育经费独立、教育行政独立、教育学术和内容独立、教育脱离宗教等要求，其中教育经费独立议案获得国民政府的通过。

---

①　蒋梦麟：《和平与教育》，《教育杂志》第 11 卷第 1 号，转引自陈青之《中国教育史》（下），岳麓书社，2012，第 673 页。

蔡元培在 1922 年 3 月发表的《教育独立刍议》，可视为教育独立的系统主张。其主要观点是：教育要完成自己的使命，就应完全交给教育家去办，不应受到政党和教会的影响。他指出：教育要服务于整个人类，政党只为一党服务；教育要着眼于长远利益，政党只求眼前的利益；教育要保持相对稳定，政党则有政权更迭；教育是不断进步的，宗教则是保守的；教育是人类共同的财富，教会则有教派之争。所以，教育必须做到真正独立，方能对人类文化发展尽到责任。[①] 另外，为了保证教育尤其是高等教育的独立，他还提出在中国实施大学区制的构想。[②] 虽未能取得完全成功，但对历届政府的教育施为产生了相当的影响。

值得一提的是，在北洋政府统治时期，由于战乱相循，执政者忙于应付内忧外患，而无暇顾及教育，反而让教育独立的思想在缝隙中得以生根发芽。蔡元培先生在北大任校长期间，思想自由、兼容并包的办学理念，教授治校、民主管理的制度建设，以及文理互通、学科相融的教育思想等得以贯彻和执行。蔡元培在回顾 20 世纪前二十年时曾感慨地说："那时候，思想和言论自由，真是达到近乎极点。"[③] 尽管国民党统一中国之后，曾一度厉行党化政策，凡中小学校一律讲授党义，其他功课也须与党义相联系，组织成一整个系统的党化课程。但旋即这种党化教育因遭到抨击而被迫放弃，教育独立思想在一定程度上得到恢复和发展。在抗战时期，西南联大一批深受西风熏陶的教授，对政治干预教育的行为和党化教育表现出本能的反感，从而迎来了中国教育尤其是高等教育发展的黄金时期。这不能不归功于民国初年教育独立思潮的影响和深入人心，让执政者有所顾忌而不敢妄为。

---

① 高平叔：《蔡元培教育论集》，湖南出版社，1987，第 334~336 页。

② 蔡元培早在民国初年即引进法国大学区制，试图减少政治对教育的干预，保障大学的发展及其自治权，在其任教育总长期间，拟在国内高等教育发达的地区即北京、南京、广州、武汉设四大学区。国民政府也曾试行大学区制，但由于客观条件的限制及地方政府的阻挠，均没能获得成功。参见闻万春、张宁宁《大学与政府之间教育权力的平衡——基于民国教育的考察》，《现代教育科学》2013 年第 2 期，第 107~110 页。

③ 徐政龙：《对国民党"党化教育"的简述》，http://www.aisixiang.com/data/56752.html，2012/8/25。

（四） 实用主义教育思想的传播与实践

民国建立以来，西方文化进入中国已经没有制度上的障碍，中国教育正在中西教育传统的冲突中，向教育现代化的方向蹒跚前进，古代的教育传统正在消解，民主科学的教育正在生长。在国民政府统治期间，对中国教育影响最大的思想当属美国的实用主义（也称为进步主义）教育思想。正如一位美国教育哲学史家所说："进步主义是美国教育学的语言，实用主义是它的意识形态。"① 实用主义教育理论在美国本土影响深远，在当时急于改造传统的中国教育界，同样也被奉为教育改革之圭臬。

实用教育自清末倡导实学以来，沿至民国初年，也一直被视为救国良方。民国元年蔡元培曾说："我国地宝不发，实业界之组织尚稚，人民失业者至多，而国甚贫，实利主义之教育固亦当务为急者也。"1913 年 8 月的《实业学校令》称实业"以教授农、工、商业必需之知识技能"为目的，不过"甲种实业学校，施完全之普通实业教育，乙种实业学校施简易之普通实业教育"。② 1914 年，袁氏特定教育纲要也说："教育宗旨，注重道德、实利、尚武，并运之以实用。"③ 第一次世界大战后，美国的国际声望日隆，杜威的教育思想随之传入中国。杜威也曾来华讲学。实用主义教育思想主张：（1）教育即生长；（2）教育即改造；（3）学校即社会；（4）从实践中学习。在当时，赫尔巴特的思想被称为传统教育，杜威的思想则被称为现代教育。其中倡导最为得力者，在政府方面有提倡生产教育的许崇清、陈果夫、程天放等人；在社会方面有陶行知、罗廷光、舒新城等人。

黄炎培认为，传统教育为"虚名的教育""玩物的教育""平面的教育"，所以要提倡实用主义，一改从前不切实际的毛病，此种教育，在使学校的教材、训练及一切教育皆切实于实际生活，使学生学习后能够直接谋生活，此为开创职业教育先河之举。而陶行知提出生活即教育、社会即学校、教学做合一，也受启于杜威的实用主义教育思想。他以南京晓庄师范学校为

---

① James S. Kaminsky, *A New History of Educational Philosophy*（Greenwood Press, 1993）, p. 102.
② 转引自陈青之：《中国教育史》（上），岳麓书社，2012，第 628～652、747～760 页。
③ 转引自陈青之：《中国教育史》（上），岳麓书社，2012，第 628～652、747～760 页。

根据地,以"教学做合一"为教育原理、以"深入民间与农民一齐生活"为理想所设立的种种组织,旨在以教育改良乡村生活,以学校领导乡村社会,最后使学校与社会合而为一。梁漱溟于 1928 年在河南辉县创办了河南村治学院,试验他的以教育建设乡村社会的理想,但不久即被解散,随后又成立山东乡村建设研究院。其教育活动分为五项:一是精神教育活动;二是语文教育活动;三是生计教育活动;四是公民教育活动;五是健康教育活动。除此之外,还有晏阳初,他以河北定县为试验地,因其成效明显,河北省政府乃在定县成立河北省县政建设研究院,以晏氏为院长。此院在组织上分为调查、研究、实验、训练四部,应用三种方式——学校式、社会式、家庭式,实施四大教育——文艺教育、生计教育、卫生教育、公民教育,推行六大建设——政治建设、教育建设、经济建设、自卫建设、卫生建设、礼俗建设。[1] 由此可见杜威实用主义教育思想在当时中国之盛况。

(五) 西方教育方法的引入

随着西方教育思想的引入,教育方法的变革也随之开始。一战之前,德国赫尔巴特教育学派的理论对中国教育的影响最大,它以伦理学和心理学为基础,将教育过程分为管理、教学和训育三个互相联系的部分,并把教学分成明了、联想、系统、方法四个阶段,后来经他的继承者莱因(Wilhelm Rein)的发展,变成了预备、提示、联系、总结、应用五个环节,成为传统教学的重要模式,被称为"五段教学法"。五段教学法因与中国传统的教学法相近,在当时各新式学堂中得以普遍应用。与此同时,在一批留学归来的教员的鼓吹和推行下,自动主义与自治主义教学法也在学校中风行一时。自动主义教学法以儿童为中心,所有学校的课程及操作全为儿童自发活动,教师只处于辅导地位。自治主义教学法承认学生的自治能力,把学校一切规则及团体生活中应遵守的秩序,交给学生自己遵守,以培育他们的责任心和法治精神。

一战之后,由于留美学生归国任教的人员增多,风行美国的一些教学法

---

① 陈青之:《中国教育史》(上),岳麓书社,2012,第 628~652、747~760 页。

被引进和推广，其中包括以下三种。

1. 设计教学法

这是一种理智的有目的的活动方法，应用于教育方面始于 1916 年美国哥伦比亚大学的师范学院，以克伯屈（William Heard Kilpatrick）教授为代表，1920~1921 年盛行一时。此种教育法是对小学教法的改良，它的特点是打破从前的学科制，以与儿童生活有关的问题或事体为组织教材的中心。据此教学法所编的教材，将一切关于学校儿童教育及其他社会生活的知识和技能包括在内，融合为学习的大单元。每进行一设计，皆有预定的目的及一定的计划，此项目的与计划，或由儿童自拟，或由儿童与教师合拟，但总以儿童为活动中心。它的原则，即杜威所说的"教育即生活，学校即社会"。其中，教育家俞子夷在南京高等师范学校附属小学的提倡最为有力。

2. 道尔顿实验制

因产生于美国道尔顿学校而得名，1922 年输入中国。据不完全统计，1923~1926 年出版的有关道尔顿实验制的著作、译著就有 15 种。最先仿行的是吴淞中国公学中学部，主持最力者为舒新城。1923 年 10 月，全国教育会联合会第九次会议决议说："新制中学及师范学校宜研究试行道尔顿制案"，并称"道尔顿制为新式教学之一种，其用意在适应个性，指导研究，打破学年制度，诚改善之教学法也。……如果试验确有成效，不妨逐渐推广。"[1] 此种教学法的原则有三：一是自由，二是协调，三是知而后行。它打破了旧式钟点制，令学生自定预算，自由学习与研究，教师只是从旁负指导责任。其优点是可以培养儿童自动研究的精神、自定预算的能力，给予均等的自由学习的机会，并能排除列课表的麻烦。但由于道尔顿实验制主张废除班级授课制，重在培养学生的自觉能力和鼓励自主研究，对于中国这样一个教育基础并不厚实的国家，尤其是对小学阶段的学习并不完全适合，效果各有千秋，故而实施时间并不长久。

---

① 中央教育科学研究所：《中国现代教育大事记》，教育科学出版社，1988，第 102 页，转引自生兆欣《二十世纪中国：比较教育学史》，高等教育出版社，2011，第 116 页。

三 民国教育文化的时代特点及其不足

(一)"超前、启蒙、短暂"的时代特征

民国时期,一方面,政局混乱,民生不兴;另一方面,教育最具活力,发展最为迅速、教育家辈出、教育思想与教育创新不断涌现。民国教育文化呈现出"超前、启蒙、短暂"的时代特征,具体表现在以下几个方面。

1. "滞后"与"超前"并存

一方面,由于中国传统社会中大多数民众是没有机会接受系统教育的,即使到民国时期,一般民众也多是文盲,过着封闭的生活,更不用说了解和学习西方的先进思想和文化了,不同地区之间则呈现出更大的差异。另一方面,一部分文化精英在外力的压迫下,对西方世界的强大和兴盛表现出强烈的渴望,试图用最短的时间实现强国梦。在这种心态下,其思想和文化体现出超越中国现实的特点。知识分子的这种超前性,导致新文化运动包括教育改革实验演变为一种文化早熟运动。① 同期的教育文化,也明显呈现出这种矛盾性,即一般民众仍然浸沉在千年的礼教社会之中,但得风气之先的知识分子,急于将西方的教育思想引入中国这片古老的大地,各种教育思潮风起云涌,许多教育施为新锐而有创意。但这些带有浓厚西方教育思想的观念与作为,却无法在普通民众之中扎根,故而许多教育思想只停留在理念层面,或在实验之中以失败告终。这就像汤因比所说的非西方的知识分子,受命在一个非西方的环境中扮演西方资产阶级的角色并承担其使命。诚然,我们不能因此否认这种思想及其探索的价值。

2. 民国时期的教育文化具有强烈的启蒙意义

杜维明认为,启蒙有两种:一种是英国式的,重经验主义、怀疑主义和渐进传统的持续演化;一种是法国式的,具有强烈的理想主义色彩,重激进

---

① 北京大学教授袁方认为,中国文化"滞后"和"超前",其发生的机制似乎是不一样的,滞后往往是民众创造的,而超前却是靠一部分以"知识"为生的人创造的。参见袁方、姜汝祥《北大为证:关于现实与自我的心灵对话》,中华工商联合出版社,1998,第8~9页。

主义与反传统反宗教精神。① 发生在 20 世纪初的新文化运动本身是一次思想启蒙和思想解放的文明转型运动，但由于救亡的迫切，加之中国知识分子尚清谈、好冲动，演变为剧烈的反传统的五四运动。这种具有法国式特点的启蒙，导致的最为消极的后果是在新规范没有建立之前传统伦理规范却迅速崩溃。在此过程中，民国时期的一批教育家大都保持了应有的理智和操守，肩负起现代教育思想启蒙的历史使命。其中，蔡元培"兼容并包"的大学精神以及在北大的实践，梁漱溟、陶行知、晏阳初的平民教育思想与教育实验，为现代教育文化的创建开辟了一条启蒙道路。从个人来说，他们身上既具有中国传统知识分子那种"家国情怀"和"士大夫精神"，"恂恂如一儒者也"，又无一不通西学，一生致力于对传统教育的改造和现代教育建设。他们的教育思想倾向于西学，而教育施为则融入儒学传统，故而他们的言行更侧重于建设而非破坏。如蔡元培就曾数次留洋，一生大多在政府中任职，专事教育，尤其以其大学精神与治校理念为后人所激赏；梁漱溟与晏阳初均是乡村教育的先行者；陶行知则是实用主义大师杜威的学生，平生以实现"平民教育"为目标。他们均身体力行、脚踏实地去践行自己的教育思想，而不是简单地停留在口号上。

3. 民国教育文化的繁荣注定是短暂的

民国时期教育文化的繁荣与当时统治真空的出现有一定关系，所以从时间上来说注定是短暂的。清末以降，在外力的压逼下，超稳定结构的中国传统社会开始出现松动。民国初年，各种政治势力相互博弈，压倒性的力量尚未形成，教育作为一支相对独立的力量，因被民众寄予厚望而得以生存并发展壮大。在这种政治背景下，教育家们挟西方教育思想传播之势，提出诸如"乡村教育"、"平民教育"、"教育独立"、反"党化教育"等具有现代理念的教育思想，并在一定程度上践行之。民国教育家辈出，也是因为民国时代是社会经济和政治转型时期，仿如中国历史上诸侯争霸的春秋战国时期、南

---

① 谭庭明：《现代化的忧思：访杜维明》，《南方周末》1998 年 1 月 9 日。

北分裂的魏晋南北朝时期，这些世事纷乱的年代，却是中国学术、文化最为繁荣的黄金时代，因为在这种社会之中，原有的秩序被打破，权威瓦解，为思想家提供了更多的空间和自由，各种人才可以游走穿梭于不同势力之间施展自身的才华，民国时代也复如此。一旦中央集权形成，这种多元化、活跃、自由的气氛，便又荡然无存。

（二）教育文化的"精英化"与"党化"

任何一个时期的教育与教育文化的产生，都受到国情与时代的影响。民国短短38年，中国社会正处于剧烈转型期。尽管经辛亥革命和新文化运动的思想鼎新，但国家积贫积弱，内忧外患的局面并没有得到根本的改善。加之中国国民长期处在专制政权的压制之下，民智未开，传统势力仍旧十分强大。在此国情之下，推行欧美式的教育改革和教育文化，其难度可想而知。另外，此一时期，中国长期处于军阀混战、彼此攻伐的状态，国民党领导的国民政府在北伐胜利后，急于稳定其统治地位，在学校中推行"党化教育"，以期实现"一个主义、一个党、一个领袖"的统治。故而，这一时期的教育文化也呈现出"精英化"和"党化"的特征。

1. 当时的教育是精英教育

当时的教育文化是精英式的教育文化，表现为掌握着教育话语权的，只有少数受过西方教育的知识精英。他们在制定教育宗旨和教育方针时，往往只从理想的和"应然"的状态出发，较少顾及一般民众学子的实际情况，因而得不到真正的贯彻。即使是民国中后期的各种教育实验，最后都不得不中断或以失败告终。另外，从教育规模来看，民国时期的教育是一种精英教育，普通国民很少有机会接受教育。当时全国人口的80%以上是文盲，学龄儿童入学率只有20%。从南京国民政府统治20年间的高等教育规模可见，1928年，全国只有大学生25178人，到1947年，全国也只有大学生155036人，20年里总计培养了185000名大学生，每年平均才9272人。[1] 可见当时接受高等教育人数之少。

---

[1] 熊明安：《中华民国教育史》，重庆出版社，1983，第384页。

2. 南京国民政府成立前后 20 余年，"党化教育"事实上一直没有中断

如果说民国初年北洋政府时期，由于执政者忙于政治和军事斗争，无暇顾及教育，教育自由在一定程度上得以实现，那么，国民党南京政府成立后，出于维护其政党的统治地位，极力在学校中推行"党化教育"，其间虽然因自由知识分子的强烈反对而有所收敛，但只是改头换面而已。国民党"以一党之信仰，作宗教式之宣传"，企图以"党化教育"来凝聚其涣散的组织。1931 年 6 月 1 日正式颁布的《中华民国训政时期约法》，确立"三民主义"为中华民国教育的根本原则；9 月 3 日，国民党中央执行委员会通过了"三民主义教育实施原则"。1932 年，将党义课改名为公民课，而党义课实质未变。1934 年，国民党颁布《大学组织法》，彻底取消教授治校制度。[1] 1938 年 8 月，蒋介石在庐山训练团第一期学员毕业典礼的讲话中，提出要以《国民党党员十二守则》为教育的基本科目、为一贯的根本教材、为一切教育的中心。此后各省出台的"党化教育大纲"也规定以"三民主义"感化"具有革命性而误入歧途之青年"。[2] 同年，国民政府颁布了《青年训练大纲》，对青年进行党员守则、军人纪律等党化教育，同时也有公民教育的内容。1940 年，国民政府教育部发布 4434 号训令，责令包括国立师范学校在内的国内中小学教师一律入党，严格要求公民课教师、训育主任、训导主任，并大量吸收国民党员、社会科学毕业生、中等师范毕业并有教育经验的人为教师，加强国民党对中小学教育的全面控制。[3]当然，由于民国初年形成的自由气氛及国民党尚未取得绝对的统治地位，其党化教育在蔡元培、胡适、任鸿隽等自由知识分子的强烈反对下，并不能得到完全的贯彻，学校和政府双方都不得不做出适当让步。国民党统治大陆后期，在学校中实行特务政治，监控、打击进步教师和学生的行为一

---

[1]　徐政龙：《对国民党"党化教育"的简述》，http：//www.aisixiang.com/data/56752.html.2012/08/25。

[2]　熊明安：《中华民国教育史》，重庆出版社，1983，第 400 页。

[3]　徐政龙：《对国民党"党化教育"的简述》，http：//www.aisixiang.com/data/56752.html.2012/08/25。

直没有停止过。直至 1970 年后国民党在台湾实行民主化改革，党化教育才逐步终止。

第三节 社会主义改造和探索时期 (1949～1978 年)

中华人民共和国成立后的教育是在一个经济和文化都十分落后的基础上发展起来的。在这三十年间，中国完成了社会主义改造，确立了社会主义教育方针，教育事业取得了巨大成就，学校的数量、在校学生的规模、教育经费投入等方面，比民国时期都有了长足的进步。尤其是通过扫盲运动等教育举措，让更多的普通民众及其子弟有接受教育的机会。仅 1949～1966 年 17 年间，我国就培养了 155 万名毕业生、1.6 万名研究生，还有近 20 万名业余大学和函授大学毕业生，特别是工科毕业生人数是国民党时期 20 年工科毕业生总和的 3 倍。① 其中，毛泽东提出"教育要与社会主义的政治、经济相结合；教育要与社会主义的生产劳动相结合；理论教育要与社会主义的实践教学相结合；教育者与自我教育相结合；知识分子与工农相结合"等教育理论与主张，无论在当时还是在现在，都有一定的积极意义。

这一时期的教育文化从形成的背景来看，可分为两个阶段。第一阶段为 1949～1958 年。这一阶段的教育文化赓续革命根据地时期的教育文化传统，以俄为师，全面推行、模仿苏联的教育理念、教育制度和教育模式，教育为巩固新政权和实行社会主义改造服务。第二阶段为 1958～1978 年。这一阶段包含三个不同时期：1958 年至"文革"开始前；1966～1976 年"文革"时期；1976～1978 年拨乱反正时期。极"左"思潮的泛滥尤其是"文化大革命"，对中华人民共和国成立以来形成的社会主义教育文化和教育制度造成了严重的破坏，直接导致教学秩序混乱、教育质量和学术水平直线下降、人才培养中断的严重后果。

社会主义改造和探索时期的教育文化是红色根据地教育文化传统的延

---

① 季明明：《中国高等教育改革与发展》，高等教育出版社，1994，第 1～4 页。

续，并经苏联教育思想的植入而逐步形成，后又在"左"倾思潮和频繁的政治运动冲击下被迫中断。

一　红色根据地教育文化传统的延续

红色根据地的教育文化传统，是指中国共产党人自 1927 年开展武装斗争到 1949 年 10 月夺取全国政权建立中华人民共和国的这段时期内，先后在中央苏区、抗日根据地、解放区所实施的教育方针与政策，以及开展的教育活动而形成的历史传统，主要包括以下三方面。

（一）教育为工农大众服务，为革命战争服务

早在江西苏区时期，为提高红军和苏区群众的文化水平与觉悟，巩固苏维埃革命政权，苏维埃政府就提出普及义务教育及职业教育，发展农村教育，保证工农劳苦大众的受教育权利等口号，并把它写入施政纲领之中。1934 年 1 月，毛泽东在第二次苏维埃代表大会上明确提出苏区的教育总方针是"以共产主义精神教育广大劳苦大众"和"使文化教育为革命战争与阶级斗争服务"。[①] 在抗日战争时期，更提出"干部教育第一，国民教育第二"的政策，这也体现了红色教育为革命战争服务、为政治斗争服务的宗旨。[②] 浙东革命根据也提出"社会教育重于学校教育，成人教育重于儿童教育，干部教育重于群众教育"的方针，其目的是为党培养更多政治合格的人才，为当时的抗日战争和根据地建设服务。此后，共产党人一直把干部教育摆在重要的位置。为了适应教育为工农群众服务的需要，不同时期根据地的学校也采取了更加灵活多变的办学形式和教学方式，因地制宜地制定学制、课程内容、学习计划，让更多的群众从识字开始，逐步掌握一定的文化知识。

（二）实行教育与生产劳动相结合的政策

共产党人作为工农阶级的代表，一开始就倡导教育与工农相结合，与生

---

① 《老解放区教育资料》第 1 册，教育科学出版社，1981，第 20 页。
② 1941 年，陕甘宁边区主席林伯渠在边区政府委员会第四次会议报告中提出干部教育重于国民教育的主张。参见《论普通教育中的学制与课程》，（延安）《解放日报》1944 年 5 月 27 日。

产劳动相结合。1939 年 5 月，毛泽东在《青年运动的方向》中指出："看一个青年是不是革命的，拿什么做标准呢？拿什么去辨别他们呢？只有一个标准，那就是看他愿不愿意、并且实行不实行和广大群众结合在一块。怎样达到这个标准呢？那就是要学校实行教育与生产劳动相结合，重视与工农群众相结合，否则就不能成为一个革命青年。"① 教育与生产劳动相结合的教育政策，与当时苏联实行的工作教育与工作学校政策是一致的。列宁说过："如果不把教学与青年一代的生产工作结合起来，未来的共产主义理想是不会实现的。因为教学没有生产工作，以及生产工作没有教学，两者都无法提升，甚至连今天的科学与技术都无法要求。"② 实施这一教育政策方法有二：一是在教材中增加有关生产劳动的知识和技能；二是采取劳动实习与理论讲解相结合的教学方法。同时，这种教育政策也与当时边区开展的"自己动手，丰衣足食"的大生产运动相呼应，既用实际劳动教育了青年，又解决了边区的经济困难。

（三）坚持党在教育中的政治领导地位

把党组织建在学校并领导学校是革命根据地教育文化传统的又一特色。这具体表现在学校中的主要领导往往由党政军领导亲自担任，如林彪曾任抗日军政大学校长，粟裕曾任"苏浙公学"和"抗日救亡干部学校"校长等。从中央到各个根据地都不例外。各学校的教员主要由共产党员组成，并建立基层党组织；学校实行军事化或半军事化管理，仿军事建制设立思想政治工作机构，配备政工干部，开设政治课和制定政治学习制度。这些举措确保了党的方针政策在学校中得以贯彻执行，同时也使教育为革命斗争服务这一宗旨得到落实。

革命根据地的教育传统，为中华人民共和国成立后的社会主义教育制度的建立提供了有益的经验，其中一些观念与做法至今仍在教育领域发挥作用。

---

① 应坚志：《继承和发扬革命根据地教育传统析》，《上海高教研究》1991 年第 2 期，第 6 页。
② 转引自詹栋樑《现代教育思潮》，台北："国立"编译馆，2002，第 675、674～681 页。

二　"以俄为师"教育方针的贯彻

1949 年 10 月中华人民共和国成立后，基于革命同源及当时之客观情势，中央政府以苏联的教育思想和教育制度为蓝本，对国民政府遗留下来的教育制度进行了彻底的改造。这次教育改造持续到 1956 年 12 月，对后来的教育事业产生了深远的影响，甚至演变为中华人民共和国成立后教育文化传统的一部分。

（一）苏联教育思想的引入

苏联社会主义教育思想的内容主要包括：（1）三结合的教育原则，即教育必须与生产和工作相结合。这一点集中体现在苏联的工作学校之中。（2）意识形态教育，包括集体主义和共产主义教育，具体要求有：爱社会主义的家乡、爱社会主义的国家；诚心工作；关心集体；树立共产主义信念；建立兄弟般的同志关系；等等。（3）以社会主义价值观和集体主义为旨归，以培养社会主义新人为目标的公民教育；（4）以养成工作能力尤其是经济能力为重的专业化和技术化的民众教育。这些教育思想主要通过翻译苏联教育的理论著作和教材而被引入。如在教育部的要求下，1952～1956年，我国翻译出版的苏联高等学校的教材达 393 种，这还不包括各校自行编译的苏联教材。① 同时，还通过邀请苏联专家担任教育部顾问、学校顾问或教师，派遣留学生到苏联学习，在学校中开展学习俄语运动等渠道，使苏联的教育思想和理论得以广泛、深入地移植到我国的教育机构和学校。

（二）高校制度及教育模式的移植

为了能像苏联一样迅速地建立起真正先进的高等学校，1952 年下半年，中央政府开始对国民政府遗留下的以英美为蓝本的大学体制进行全面调整，改变了原有高校中重政法、财经，轻工科、师范、医科的专业结构，打破了半个多世纪来形成的高教结构体系，至 1957 年底，调整后的专业共有 323 种，其中工科就有 183 种，理科仅 21 种，文科 26 种，农林科 27 种，师范

---

① 张俊洪：《建国后教育实行"以俄为师"的历史教训》，《教育评论》1989 年第 1 期，第 8 页。

21 种，医药科 7 种，财经 12 种，政法 2 种，体育 2 种，艺术 2 种。改革前的综合大学由 47 所降至 17 所，财经院校由 19 所降至 5 所，工业、农业、林业、医学、师范等单科性院校均有所增加。① 同时，按照苏联的教育模式建立一批新型学校，如中国人民大学、哈尔滨工业大学。这一次院校调整固然为国家培养了大批急需的专业技术人才，但也导致我国人才结构存在严重缺陷。另外，学校广泛采用苏联的教学模式和教学方法，不但教材是苏联的，而且高校设立的教研室、中小学教研组制度也来自苏联。全面采用苏式学年制、"三层楼"的课程结构、毕业论文（设计）制度。在中小学实行统一的教学计划、教学大纲、教材；教学方法上采用凯洛夫的五段教学法。在教育的全过程强调学科中心、课堂中心、教师中心。苏联教育的基本观念、基本制度、教学模式甚至教学方法，已被我们全盘接受，而且有所发展，逐步完成了苏联教育经验的本土化。

那么，为什么苏联的教育思想在中国这么快生根发芽呢？顾明远认为，主要有以下几个原因。②（1）中苏两国的意识形态是一致的，都信奉马列主义，都是无产阶级政权的国家，都强调党对学校的绝对领导。（2）中苏两国历史上都是中央集权国家。中国的封建专制长达几千年，虽经辛亥革命，亦未能完全消除其影响。苏联的前身是沙俄，历时也不久，其大国沙文主义和专制思想仍旧根深蒂固。无论中苏，在共产党的领导下，为了保证政权的稳定，比较强调集中统一，表现在教育上则是全国设置统一的专业，教研室也设立党支部。（3）中苏在经济上都实行计划经济体制，甚至普通民众的生产生活也被纳入国家控制之中。（4）苏联的凯洛夫教育理论实际上是赫尔巴特理论的翻版，而后者在 20 世纪初即被引入中国，为中国知识分子所熟悉，更易被中国知识分子接受。（5）中苏的文化传统有许多相似之处。正因为如此，在中共"以俄为师"政策的指引下，苏联的教育思

---

① 1947 年，文、法、商科在校大学生占大学生总数的 47.6%，接近世界平均标准，至 1952 年，仅占 22.5%，到 1957 年则仅占 9.6%。参见张俊洪《建国后教育实行"以俄为师"的历史教训》，《教育评论》1989 年第 1 期，第 8 页。

② 顾明远：《中国教育的文化基础》，山西教育出版社，2008，第 111 ~ 145 页。

想和教育制度迅速在中国扎根，并演变为当代中国教育文化传统的一部分。

三 "左"倾思潮在教育领域的蔓延

中华人民共和国成立后三十年内，中共中央发动了一系列政治运动，计有 1950 年的整党运动，1950～1951 年的减租反霸、镇压反革命运动，1952 年的土地改革运动，1952 年的"三反五反"运动，1956 年的肃反运动和农村反资本主义运动，1957 年的城市反资产阶级右派运动，1959 年的党内反"右倾机会主义"运动和农村整风运动，1960 年的农村"三反"运动和整风整社运动，1962 年的"反五股黑风"运动，1964～1966 年的"四清"运动，1966～1976 年的"无产阶级文化大革命"运动。频繁的政治运动对教育产生了强烈的冲击，造成了教育的混乱与停滞，严重地延缓了中国教育的现代化进程。尤其是"文革"十年，从管理体制到教学体制，无一不处于崩溃的边缘，教学科研全面瘫痪。同一时期，西方高校正在进行各种各样的教育改革，以为迎接新的科技革命和教育的全面现代化做准备。而我们的高等教育却在混乱中倒退，其教训是十分深刻的。

近现代中国教育文化变迁历程及其特征如表 3－1 所示。

表 3－1　近现代中国教育文化变迁

类型	朝代（时代）	主要内容与特点
崇实教育文化	晚清	师夷长技以制夷 中学为体，西学为用 兴学堂、办工厂、办实业 "忠君""尊孔""尚公""尚武""尚实"
国民教育文化	民初	军国民教育、实利主义教育、公民道德教育、世界观教育、美感教育"五育"并举
	袁世凯执政时期	读经尊孔 爱国、尚武、崇实、法孔孟、重自治、戒贪争、戒躁进
	北洋军阀时期	公民教育 教育独立、学术自由 壬戌学制

续表

类型	朝代(时代)	主要内容与特点
国民教育文化	五四运动前后	杜威实用主义教育思想 科学、民主 新文化运动
	国民政府统治时期	党化教育 三民主义教育 平民教育、乡村教育、公民教育
社会主义改造和探索时期的教育文化	革命根据地时期	教育为劳苦大众服务,教育与劳动和生产相结合 干部教育第一,国民教育第二
	中华人民共和国成立初	教育为无产阶级政治服务 教育与劳动、生产相结合 以俄为师 思想改造
	"文革"时期	教育为政治服务 教育为阶级斗争服务 自然人沦为政治人

第四章

西方教育文化的变迁及其精神内核

西方作为一个地域名字，广阔而不易把握。即使界定为欧美诸国，也难以一概论之。尤其是其历史的变迁和文化传统的形成，更呈现出复杂性和多样性。从历史来看，中国文明固然更为长久，但其变化相对较小，且其传统延续性一直保留较好，所以每个阶段的教育文化及其总体特征也较为明显。那么，如何对西方的教育文化进行高度的一般化的概括呢？丁念金认为，面对西方的复杂性，可以采取去繁就简的做法：一是在西方教育文化传统的探讨上实行简化，即集中探讨前后相继的古希腊传统和中世纪传统；二是在探讨涉及的区域上简化，即古代希腊集中于雅典区域，中古时期集中于西欧，现代早期集中于欧洲，当代集中于欧美；三是在探讨的内涵上简化，即主要探讨西方教育文化中共通性的东西，而较少探讨差异性的东西。[①] 本书在探讨西方教育文化时，基本上采用此种做法，从概括西方教育文化形成的社会基础开始，再延及各个历史时期西方教育文化的变迁过程。

第一节　西方教育文化形成的社会基础

西方教育文化形成的社会背景是非常复杂的，但总体来说，呈现出开放系统、法理社会、民主化生存和政教分离的特征。

---

① 丁念金：《人性的力量——中西教育文化变迁》，福建教育出版社，2011，第29页。

一 开放系统

所谓开放系统，主要是指在文化性格和民众的精神生活上呈现出开放性。这种特征是相对于以民族中心主义为特征的自足系统而言的。一般来说，文化性格上的开放，与人所处的生存环境、地理位置和对商业的态度有密切关系。西方社会的开放系统主要表现在以下几个方面。

1. 地理位置的开放性

古希腊位于爱琴海区域，岛屿密布，港口众多；古罗马帝国本土位于意大利半岛，三面临海，海运发达；英、法诸国及后来居上的美国也有较长的海岸线。

2. 经济的开放性

古希腊古罗马的造船技术高超，海上贸易发达；随着美洲大陆的发现，近代欧洲诸国为了获取更多的生产原料和廉价劳动力，积极开拓海外市场，甚至不惜动用武力，强行打开东方国家的大门；进入现代社会后，欧美国家以跨国公司等形式，渗透、占领海外市场，让它们的企业在别国生根发芽。这种经济上的开放性，与传统国家经济上的封闭性形成鲜明对比。

3. 国民意识的进取性

进取性是一个人甚至一个民族具有生命力的体现。古希腊人身体强壮、元气充沛，爱自由独立，富于创造力；古罗马人深受古希腊文化的影响，具有勇敢、尊重正义的特点，且较古希腊人更注重实际；中世纪晚期和近代欧洲诸国大力鼓励国民到海外探险，遂有哥伦布发现美洲新大陆之举；现代欧美诸国更是挟科技发达之势，掀起全球化浪潮，这无不体现着其国民的进取精神。

4. 对外来文化的包容态度

古希腊人、古罗马人本身就是移民，各邦国征服外族的战争、不同邦国之间的商业往来进一步增进了不同文化之间的融合；近代欧洲诸国内部之间以及与海外国家之间不断有文化交流，美国更不用说，本身就是一个移民国家，其文化充分体现出多元化的特点。这种对外来文化开放的态度，与近代中国守旧派对西方文化的对抗态度截然不同。[①]

5. 政体上的开放性

古希腊古罗马虽也有过寡头政治或僭主专制统治时期，但它们是最早实行民主政体的城邦国家。在本土城邦中，贵族和自由民是享有较高的自由度的。英国光荣革命后，开创了君主立宪政体。美国独立战争之后，更是创建了"三权分立"的现代民主政治体制。民主政体的探索与建立，是人类历史上伟大的创举之一，也是现代文明国家的标志之一。西方社会的开放性，为西方文明与社会的繁荣创造了条件。其开放系统如图 4-1 所示。

尽管西方社会整体上呈现出开放的特征，但不同时期、不同国家也未必完全如此，在中世纪的欧洲，就有很长一段时间是处于封闭系统之中的，经济、文化、政治等方面的发展呈缓慢态势。

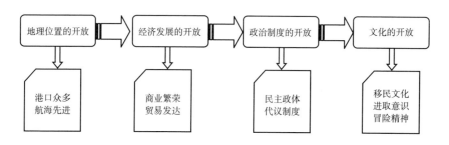

图 4-1　西方社会开放系统

二　法理社会

费孝通先生在《乡土中国》中提出了礼俗社会与法理社会这两种不同性质社会的概念。[②] 一般认为，中国传统社会是比较典型的礼俗社会，而近代以降以欧美国家为代表的社会是较为典型的法理社会。滕尼斯则把社会分作通体社会和联组社会。殷海光对联组社会的特征做了以下描述：普遍主义

---

① 中国也有对外来文化包容的时期，如汉唐、两宋时期，这种文化的包容，往往也会造就所谓的盛世。但到近代，国力日趋衰弱，文化日趋保守。

② 费孝通：《乡土中国》，上海人民出版社，2006，第 23、37 页。

的、感情中立的、功能专化的、理智主义的、契约中心的、俗世化的、不固执成见的、有所为而为的，以别于特殊主义的、感情用事的、功能普化的、传统主义的、家族中心的、固执成见的、无所为而为的通体社会。他认为，联组社会富于文化适应力。当它和别的文化接触时，濡化往往易于进行，不易出现文化解体的情形。而且由于联组社会源于一种集团化的生存方式，所以有利于形成正义、开放性的观念，有利于人与人之间的交流和形成公共精神、公共观念和社会公德。① 还有一种分法是由经典社会学家涂尔干提出的机械团结的社会和有机社会的社会。从其社会特性来看，礼俗社会、通体社会、机械团结的社会三者形态相近，而法理社会、联组社会和有机社会三者形态相近。

在礼俗社会向法理社会转变过程中，原来那种神圣的、信仰式的和尊崇集体的情感，变成世俗的、理性的和崇尚个人的理念，由全面渗透社会生活一切领域、控制个人全部活动的共同行为规范演变为仅仅在高度抽象层次上的共同价值观念。法律的目的主要是维护和保护各种专门化了的个人和群体之间的复杂的相互依赖关系，将被破坏的关系恢复到原来的正常状态。犯罪行为不再被视为对整个社会的威胁，而被看作对被侵害一方权利的冒犯。② 这种观念上的转变，实际上也是传统社会向现代社会的转变的标志。

西方法理社会的形成，当然不是一蹴而就，它源于古希腊古罗马的社会形态和文化传统，尤其是法治传统。其中，罗马法及其法律原则在欧洲的复兴以及新教伦理传统为现代资本主义制度的建立奠定了基础。在法理社会，实施社会治理主要的依据是"法律"而非"道德"或"习俗"。其社会关系主要以团体的形式组成，各团体之间、团体与个人之间责权分明，成员之间平等、自由、互不侵犯，群己界限清晰，不依赖于关系的亲疏和感情的远近。另外，法理社会的国家形态，往往体现为法治国家，也就是说，法治国家的

---

① 殷海光：《中国文化的展望》，上海三联书店，2009，第 72 页。
② 孟永、刘群：《法在礼俗社会和法理社会中的差异》，《成都教育学院学报》2005 年第 3 期，第 57～58 页。

形成有赖于以法理社会为基础。法律是社会与国家以理性达成的契约，法律裁定了社会与国家各自的权利与义务，当国家或政府行为破坏法律时，社会应予以拒绝。所以，在"家国一体""家国同构"的社会中，即便有发达的法律，也不能实现真正意义上的法治国家。[①] 法理社会的形成，为西方诸国走出传统治理模式、实行民主政治、保障公民自由和权利提供了保障。法理社会是西方教育文化把自由视为至高价值追求的社会基础。

三 民主化生存

民主作为一种社会治理方式，最早出现在氏族部落时期，后来随着国家出现，人类进入了贵族政治时期。随后有些国家强化少数人统治，逐步演变为专制社会；有些国家经过平民的斗争，逐渐走向民主化的开明统治。一般认为，雅典就是一个比较典型的民主城邦国家。其民主的执政理念，在雅典执政官伯里克利在阵亡将士国葬典礼上的演讲中得到充分体现："我们的制度之所以被称为民主政治，因为政权是在全体公民手中，而不是在少数人手中。解决私人争执的时候，每个人在法律上都是平等的；……在我们私人生活中，我们是自由的和宽恕的；但是在公家的事务中，我们遵守法律。这是因为这种法律深使我们心悦诚服。"[②]

民主政治，即多数人的政治，这种政治形态下，国家对公民个人的生活与自由给予最大限度的尊重，但在一切公共事务上，法律被视作唯一至高无上的权威。当然，雅典的民主并非针对所有人的民主，只是以自由民为限，与平民和奴隶无涉。然而，不可否认，现代西方的民主政治即滥觞于此。

在中世纪的西方社会，教会统治加强，人的主体地位被神取代，但到了中世纪后期，人们重新发现了古希腊和古罗马文化的光辉，人文主义得以张扬，追求自由的人性被激活，民主意识也逐渐被唤醒。晚近以降，西方知识

---

① 谢晖：《法理社会与法治国家》，《法律与政治》1997 年第 4 期，第 1 页。
② 修昔底德：《伯罗奔尼撒战争史》，谢德风译，商务印书馆，1960，第 130 页。

分子创建了现代社会的一系列理念。洛克和孟德斯鸠的"三权分立"学说、卢梭的社会契约理论和人民主权观念等在资产阶级革命的实践中得以贯彻。普选、分权、代议制等的实行，让平等和民主政治内化为西方国家与民众的基本观念，在日常工作和生活中得到信奉与遵守。民主社会为保障人的自由提供了条件，反过来人们对自由的尊重则为民主社会提供了可靠的保障。追求自由是人类与生俱来的天性，然而自由必须在现实中找到存在的根基，而民主社会就是自由赖以存在的土壤。就教育而言，这种民主化的生存方式，对培育教育文化中的民主、自由、平等、公平的理念，起到了重要的基础性作用。换言之，民主和自由作为西方教育文化的核心精神，完全有赖于民主制度和民主理念在西方国家和民众中的深入人心。

民主在近现代也曾被多次误读或滥用，在有些国家甚至演变为"多数人的暴政"，[①] 但这种所谓的"民主"与极端的自由一样，往往以人民被奴役收场。它与基于法治社会的"民主"是背道而驰的。

四 政教分离

一般认为，政治学意义上的政教分离是指宗教权力和国家、政府权力分割和分离。国家不得制定关于设立国教或禁止宗教自由之法律，国家力量不得援助、助长或压迫各宗教团体，从而保证宗教与政治势力不互相干涉，政治决定不受宗教势力影响。政教分离对保障宗教自由有一定的帮助，它确保不同的宗教可以有自由空间。从历史上来看，政教分离源于中世纪晚期欧洲诸国为摆脱宗教控制而兴起的文艺复兴、宗教改革和启蒙运动。

文艺复兴运动使教育逐渐摆脱了中世纪的神本主义而弘扬人本主义或世俗主义，让个体从宗教的束缚中部分解放出来，人性得到尊重。宗教改革则使教育渐变为世俗式的教育，宗教的理想主义渐变为现实的自然主义，大学

---

① 托克维尔在其名著《论美国的民主》一书中提出来的概念，又称暴民政治、多数人暴力、群体暴政，意指以多数人名义行使的无限权力。它是针对法国大革命时期雅各宾派曾经以革命和人民的名义实行恐怖统治提出来的。

的教育权逐渐由教皇之手移归国王，教皇与教会的权威被削减。启蒙运动使个人主义、人道主义的社会思想日渐得到承认和巩固。新教主义倡导的理性、个人自由和世俗主义构成资本主义新教伦理的三种主色调。启蒙运动中涌现出来的开普勒、莱布尼兹、沃尔夫、洛克、休谟等思想家所执持的哲学思想——理性主义影响深远。启蒙思想家明确地提出要把教育事业交给世俗势力办理，迫使宗教力量不得不从教育领域退出。政治家则将思想家的思想运用于国家决策和政策计划的制定，提出"教育应由国家举办"的观点，对当时的教育产生了重要的影响。19世纪，英国兴起了"新大学运动"，要求大学研究、教授新课程，排除宗教对教育的影响。1871年英国颁布《宗教审查法》，提出除神学专业外，学生在取得学位时必须废除宗教审查，取消大学教职员的宗教限制，撤销公务员必须为独身圣职者的规定等，逐步削弱了宗教对学校教育的影响。[①] 在经过这三大运动的西方国家，宗教权力收缩，世俗权力得以扩张，政教分离遂得以完成。

就教士这一团体本身来看，经过中世纪宗教思想和各种近代思潮的熏陶，加上很多教士本身就具有贵族血统，他们拥有更多的独立精神，掌握着普通民众所不具有的知识，因而作为个体的教士在世俗政权面前，具有相当的思想高度和开明思想。托克维尔说："他们依然与第三阶级或贵族一样，仇视专制制度，支持公民自由，热爱政治自由。他们宣布，个人自由应该得到保障，不是依靠口头许诺，而是立足于人身保护法那样的法律程序……就整体而言，我不知道在这个世界上，还有哪个国家的教士与大革命突然降临之时的法国教士相比，能够更为卓越，更为开明，更有民族性，更少固守于私人道德，更多具备公共道德，同时信仰也更坚定……。"[②] 这些教士集团在某种程度上反而成为近代革命的支持者和政教分离的促成者。

随着科学主义、理性主义的勃兴，从民众到政府，都认识到信仰与世俗教育应当分离。但这并不影响宗教在人们信仰领域的至高地位，教

---

① 郑阳恒：《宗教与教育关系问题初探》，硕士学位论文，华东师范大学，2005，第8页。
② 托克维尔：《旧制度与大革命》，宋易译，江苏文艺出版社，2013，第161～164页。

育只在人们的世俗领域占据应有的地位。这种教育与宗教分离的原则已演变为西方现代政治的一个基本原则，并在法律法规中得到确认。尤其是二战以来，西方社会传统所形成的许多观念和制度，在残酷的战争中被撼动，导致中世纪晚期以来西方的宗教经历了第二次世俗化的演变，宗教与教育的分离进一步加剧。

西方的教育文化是随着教育从宗教化向世俗化转变而变迁的。在教育宗教化的中世纪，教育文化呈现出神本主义的特征，而在近代以降的教育世俗化过程中，则形成了以人本主义和人道主义为主线的现代西方教育文化。

第二节　西方教育文化的历史演变

依照对西方历史的一般划分和西方教育文化变迁的总体特征，西方教育文化变迁可划分为四个阶段：（1）早期传统时期——古希腊古罗马教育文化时期，从公元前 11 世纪至 476 年西罗马帝国灭亡；（2）宗教传统时期——中世纪①教育文化时期，从 476 年西罗马帝国灭亡至 15 世纪文艺复兴时期；（3）近代教育文化时期，从文艺复兴至第一次世界大战爆发前；（4）现代教育文化时期，从第一次世界大战爆发前至今。此种划分只能是概略性的，上一阶段与下一阶段均存在一定的过渡期。

一　自然的世界：古希腊古罗马时期的教育文化

古希腊城邦国家与古罗马帝国在历史上创造了辉煌的文明。其教育文化无论在当时还是在后世，都堪称绝唱，鲜有出其右者。古希腊与古罗马的教育文化传统作为西方教育文化传统之一，与中世纪教育文化传统一起，构成近现代西方教育文化的两个源头。

---

① 对中世纪的划分有许多种不同的观点。国内学者大多采用以 476 年西罗马帝国灭亡到 1640 年英国资产阶级革命这一观点。英国《剑桥中世纪史》以 284 年罗马皇帝戴克里先即位为世界中世纪史开端，下限为 1453 年拜占庭帝国（即东罗马帝国）灭亡，此说在西方较流行。

（一）古典时代的古希腊教育文化及其传统

古典时代是指公元前 11 世纪至公元前 4 世纪古希腊的城邦国家时期。这一时期的教育文化最能体现古希腊的特色，也是古希腊文化发展兴旺的时期。当时的城邦主要有斯巴达和雅典。两国教育文化虽相似，但风采各异。[①]

（1）从教育目标来看，斯巴达人质朴刚健，在内以少数自由民统治数目众多的奴隶，在外有波斯等强敌环窥，故其教育理想在于训练英勇善战之士，内以安国，外以御强敌。而雅典三面临海，国民重智识、爱审美，其教育理想乃在养成文雅有教养的公民，以适应民主政治的需要。

（2）从所秉持的教育思想来看，斯巴达人以训练体格、遵守纪律、服从国家为美德，实行军国主义教育思想；雅典以重视性能协调、培育审美意识、发展个人智识为美德，实行自由主义教育思想。

（3）从教育实践来看，斯巴达人视教育为国家之天职，全过程由国家操控，不允许私人介入，其教育行为以训练健壮体格、锻炼胆识、增强意志为重。早期教育由家族完成，8 岁始送至兵营式的寄宿学校接受共同教育，成年时则以传授武器用法、战术及实地教授为主。女子教育也类同男子，同时辅之以体操、音乐以陶冶情操。雅典人的教育则由国家规定大略，以音乐、体操为必修课，其余的由教师自定，教师自由度较大。出生至 7 岁的家族教育，以身体养育为主；从 7 岁起，则送至体操、音乐（艺术）学校接受教育，其内容涉及体格培训、音乐陶冶、知识传授、宗教与道德教化、文学素养、雄辩的逻辑等，几近于现代的通识教育。此一时期，又在家族中辅之以读、写、算及礼仪之教育，此为个人选修课程。16 岁始，再入读"高等体操学校"，主习军事与竞技。从 18 岁开始，若符合自由民资格，则送入公共教育所，以军事教育及训练完成之，同时辅之以政事、祭祀典礼等，至 20 岁止。雅典女子教育严格程度低于斯巴达，以

---

① 有关斯巴达与雅典教育状况之叙述，参考雷通群《西洋教育通史》，东方出版社，2007，第 9 ~ 17 页。

贤妻良母养成为主旨。

此一时期形成的教育文化传统，对西方教育文化的影响甚大，表现在三方面。其一，斯巴达重视体格训练、意志养成的教育，雅典教育的体操学校教育，演变为后世的体育、艺术教育。其二，斯巴达纪律严明、以服从为天职的军事主义教育后来演变为爱国主义、军国民主义教育，二战时期曾被纳粹德国效仿；为雅典的音乐（艺术）学校所重视的哲学、艺术、文学、戏曲、美学等教育演变为后世的人文主义、人道主义教育；雅典人热爱知识、真理、智慧的秉性，也成为后世理性主义、主智主义和科学主义之滥觞。其三，斯巴达宰制教育的做法演变为威权主义教育文化，而雅典的不干涉主义则为后世的自由主义教育文化所效仿，雅典公民热爱自由的传统经文艺复兴和启蒙运动得以发扬光大。

（二）希腊化教育文化及其传统

公元前4世纪，马其顿国王腓力二世征服希腊，希腊开始进入异族统治时期，但是希腊的教育文化仍旧保持着旺盛的生命力，并向广大区域扩散，近至欧洲诸国，远至亚、非地区。至公元前146年，马其顿王国为罗马所灭，希腊作为罗马帝国的一部分，其教育文化仍旧在罗马文化中得到传承与延续。这就是希腊化时期。这一阶段，教育文化的演变有以下几个特点。

1. 教育理想由为国家培养身心和谐发展的公民转为追求个人之幸福

无论是斯巴达还是雅典的教育，都是以为国家培养合格的公民为己任，前者强调身体与意志之合格，后者强调性情之优雅。但到了这一时期，诡辩派、伊壁鸠鲁派流行，视个人感觉为判断事物之价值标准，认为个人的快乐即为善，人生之目的在于个人之幸福。教育理想由国家或团体主义转为个人本位主义。其中缘由也许是邦国陷落导致原有的教育抱负无法施展不得不转而求诸内心。

2. 教育内容由博雅教育转为智识教育

古典时代，希腊诸邦国有着优越的地理位置，商业贸易发达，尤其是雅典民众，受共和民主制度之熏陶，崇尚博学文雅之教育，音乐、体操学校均以情趣陶冶、优雅养成为宗旨。到这一时期，哲学、修辞、方法、音乐、几何、天文、数学"七艺"成为学校教育的主要内容。在教育内容上，主智主义日益明显。

3. 学校兴盛，名家辈出

马其顿统治时期，传统的音乐、体操学校日渐废弛，取而代之的是由当时学者开设的私立性质的专门学校，如柏拉图开设的阿加德米学校、亚里士多德开设的吕克昂学校、讲授芝诺哲学的斯托亚学校、伊壁鸠鲁自己开设的学校。到了罗马时代，上述这些学校合成为雅典大学，一时蔚为大观，直至529年因反对基督教被查士丁尼大帝关闭。其中更有享誉后世的亚历山大图书馆、亚历山大博物馆和亚历山大大学，这些学校与文化机构成为传承、发展、传播希腊文化的中心。这一时期，教育名家辈出，灿若星河，计有毕达哥拉斯、苏格拉底、色诺芬、柏拉图、亚里士多德、普卢塔克等，他们的教育思想成为西方教育思想之起源。在这一时期，专业教师也随学校一并出现。

（三）罗马教育文化的变迁及其传统

古罗马通常指从公元前10世纪初在意大利半岛中部兴起，历经罗马王政时代、罗马共和国时代，此后于1世纪左右扩张成为横跨欧洲、亚洲、非洲的庞大的罗马帝国。395年，罗马帝国分裂为东西两部。西罗马帝国亡于476年。其中，公元前30年罗马军队将最后一个希腊化的城市亚历山大里亚灭亡，古希腊继被马其顿王国统治后又被罗马帝国占领。在文化传承上看，古罗马教育文化是在古希腊教育文化的基础上建立和发展起来的，它综合了东西方的教育文化，是一种综合性和包含性的文化。在罗马帝国时期，古希腊教育文化还在延续，只是它不再是独立存在的，而是融入了古罗马教育文化体系之中。[①] 学者一般将罗马教育史区分为上古时代和古典时代两个时期，分界线为公元前2世纪，即公元前146年。[②] 在此之前，罗马有其特

---

① 丁念金：《人性的力量——中西教育文化变迁》，福建教育出版社，2011，第30页。
② 雷通群：《西洋教育通史》，东方出版社，2007，第46页。

有的教育文化，在此之后，因为"希腊化"，罗马教育文化不复为本民族原有之单色文化。

罗马上古时代的教育文化，与古典时代的古希腊有诸多相同之处。这表现在两个方面，其一，居于主导地位的教育文化是非主智的，而是自然的、生活本位的，在实施国家主义教育的同时也辅之以道德情操之养成；其二，学校尚未兴起，以家庭教育为本位，尤其以先辈之事迹或父母之垂范教化之。然而，到古典时代，因受希腊文化之影响，且此时输入的希腊文化并非古典时期的希腊文化，实为民族时期的希腊文化。受此影响，古典时期的罗马教育文化产生了以下变迁。

（1）教育的思想由国家主义变为个人主义，即原来教育是为国家培养合格的自由民，而今转变为追求个人的幸福与成就。

（2）教育的内容由生活经验、军事技术的习得与道德、法律之养成，转为重视、文法、修辞等主智的"七艺"教育，尤其重视雄辩术。

（3）教育场所由以家庭为主转为以学校为主。上古罗马人十分重视家庭教育，到古典时期，学校教育十分发达，计有初、中、高三级教育体系，家庭教育逐步被取代。

古罗马的教育文化与古希腊的教育文化相比较，前者长于实际及其政治运作、法律及雄辩，拙于想象；后者长于审美、哲学思辨，而拙于实行，故古罗马对现代西方文化的贡献在于政治、军事、法律与工艺方面，而古希腊的贡献在于文学、哲学、美学等方面。两者相互补充，共同构成西方教育文化的传统。

二　宗教的世界：中世纪的教育文化

对于中世纪，既有政治史上的划分，也有文化史上的划分。雷通群则从教育史的角度另辟蹊径，认为中世纪教育从 529 年雅典大学被关闭开始，到 15 世纪欧洲人文主义运动初兴，由神本教育变为人本教育。[1] 本书采用此种划分。

---

[1]　雷通群：《西洋教育通史》，东方出版社，2007，第 63 页。

（一）中世纪教育文化形成的社会缘由

4 世纪中期，日耳曼人开始蚕食罗马帝国。476 年，西罗马帝国灭亡，日耳曼人在其境内建立了多个王国，对外继续侵略和扩张，王国内部也相互征伐，人们一直生活在动荡不安之中。在此情势之下，欧洲诸国无论在统治方式、阶级结构还是在宗教信仰、教育文化等方面，与古希腊古罗马时期相比，都发生了重大的变化。其社会呈现出以下几点特征。

1. 宗教的地位迅速上升，国家地位有赖于神权的支持

古希腊古罗马时期，人们遵循自然的、世俗的、现实的生活原则，视国家为拥有最高权威的组织，并愿意为国家效命，服从国家的安排。罗马进入古典时代后，国家主义被削弱，个人主义、享乐主义抬头，社会进一步腐败与堕落，此时世风已变。日耳曼人入侵后，战争频繁，文明被毁，人命如蝼蚁，民众的安全无法获得国家的保障，人们转而从宗教中寻求心灵的慰藉。罗马教皇也趁日耳曼王国林立之际，开始在欧洲社会中发挥作用，并逐步取得统治地位，使神权高于世俗政权。查理大帝等则企图借助基督教的力量，加强其统治地位。整体而言，中世纪是神权的时代，僧侣们掌握并控制了知识，教育从内容到形式上都渗透着神学，教育文化呈现出强烈的神本主义倾向。

2. 开放与自由的生存方式不复存在，取而代之的是人身依附与等级化的生存方式

古希腊古罗马时期，尤其是在雅典社会，由于民主政治和共和政体的实行，社会呈现出开放的特征，无论是政治、经济还是人们的内心生活，都拥有较高的自由度。而在中世纪，残酷的战争导致经济文化的交流被阻断，各王国之间相互防备，人们为了获得安全感而寻求强有力的保护伞，于是"农奴听命于地主，地主听命于大庄园主，庄园主听命于国王，国王听命于皇帝，皇帝由教皇加冕，教皇听命于圣彼得。从宇宙的统治者到最卑微的农奴，门第的链子算是完成了"。① 世俗社会如此，

---

① 霍布豪斯：《自由主义》，朱曾汶译，商务印书馆，1996，第 5 页。

神权社会也是如此。教皇、高级教士（大主教、主教、修道院院长）、祭司、普通修士形成了等级森严的阶层。这种人身依附和等级化的生存方式，禁锢着人们的心灵，导致个人的独立性得不到尊重，生命力得不到应有的张扬，最终形成以禁欲、他律为特征的中世纪教育文化。中世纪前期，教育纯粹为基督教所统领，至中世纪后期，宗教教育、市民教育与骑士教育各占一隅。整体而言，中世纪的教育文化尤其是中世纪前期的教育文化，是一种神本主义的、宗教价值主导的、禁欲的、宣扬性恶论的教育文化，教师即僧侣。由于教权的至高无上，中世纪最缺乏的是自由主义教育家及丰富多彩的教育思想。

3. 市民阶层的兴起和东西方文化交流的加强

11~12 世纪的十字军东征，打通了欧洲与亚洲诸国的交流通道，东方国家的风俗、习惯、制度、法律、教育等逐渐为欧洲人民所了解。与此同时，东西方的经济贸易来往频繁，商品日渐丰富，经济更加繁荣，以城市为中心的市民阶层逐渐兴起，并成为社会的一支新兴力量，影响着当时政治、经济和文化的发展。就文化、教育而言，阿拉伯国家和犹太人的数学、天文、法律，希腊的科学、哲学等对欧洲的文化和教育产生了重大的影响，也促进了经院哲学的兴起和近代大学的产生。

（二）中世纪教育文化的主要特征

丁念金认为，中世纪的教育文化本质上是一种人性控制型文化。教会通过政治与法律、宗教信仰、宗教戒律、司法裁决、道德教义、经院哲学、文学艺术、教育教学等措施，加强对人性的控制。[①] 这是从人性的角度来分析中世纪的教育文化，有其独特的视角和价值。如果从教育学的角度来看，中世纪的教育文化则呈现出神本主义的特征，具体体现在以下几个方面。

1. 教育目标以培养宗教信仰为主，到后期稍有变化

在中世纪前半期，教育主要是"基督教的教育"，无论是家族教育还是学校

---

① 丁念金：《人性的力量——中西教育文化变迁》，福建教育出版社，2011，第 209~213 页。

教育，均以培养神职人员或俗人对基督教的信仰为主，其中僧院学校为之更甚，其品格修养的目标——"服从、贞洁、安贫"，亦体现出宗教神性的一面。世俗学校也脱离不了宗教的基调，俨然以培养教徒为主要目标。中世纪后半期，一方面，教育目标虽由于社会情势的变迁而稍做调整，但其主体目标仍然是以信仰为核心，教会学校仍然维持不变，骑士教育除以养成高尚勇敢、惩恶扶弱等品格外，也注重虔诚教育，如要求信仰上帝、忠于教会、为宗教甚至君主、贵妇人献身，均包含宗教出世的色彩。大学教育普设神学，各教团活跃于教育活动之中。另一方面，随着十字军东征，各种外来文化涌入，都市生活兴起，世俗教育的地位进一步上升，教育的目标除引导人们皈依上帝之外，还包括对知识和德行的追求，人的主体意识被部分唤醒。

2. 道德教育以宗教道德为内容

古希腊古罗马时期的道德，主要是指健康、勇气、正义、智慧等，是现世的积极的道德。而到了中世纪，宗教将个体引入主观修为，以神性为制高点，要求人们放弃现世生活中的快乐，以服从、禁欲、博爱等为操守，过一种谦逊、安静、默念、贫困且专业事神的宗教道德生活，修道的主要方式就是在修道院过僧侣生活。

3. 教育内容以神学为主，辅之以"七艺"教育

从教会教育体系中的修道院学校、大主教学校、教区学校到世俗教育体系中的宫廷学校、语言法律文学等市民学校，从骑士教育到大学教育，神学都教育的核心内容。早期的修道院以《圣经》中的信条和诫命为主要教育内容，后期则逐渐加入古希腊古罗马时代的知识，把"七艺"（文法、修辞、辩证法、算术、几何、天文学、音乐）纳入课程之中。在文法学校中，要求熟记基督教教义和《圣经》的内容，学习其中的道德规则，同时精通"七艺"。大学教育要求学生"根据他们的天性及教会和国家的需要，或学神学，或学政治、或学医学"。[①] 宗教教义和知识始终被置于教育内容的首位。当然，愈到后期，随着普通民众眼界的开阔、理性主义的抬头，世俗知

---

① 夸美纽斯：《大教学论》，傅任敢译，人民教育出版社，1984，第244页。

识和实用技术愈受到重视，后来演变为启蒙运动。

4. 教会支配学校，僧侣主持教务

古希腊古罗马时期，国家掌控着教育权力，其实际任事者皆是当时贤人、学者。到中世纪，学校大多由教会主办，教学亦由僧侣主持，教师大多享有神职人员待遇。即使是创办市民学校或一般大学，也须经教皇认可。在教育过程中，教师拥有绝对的权威，学生必须完全服从教师。在学术上，则以基督教的神学体系来统治学术界。早期以奥古斯丁的教父哲学为核心，后期以经院哲学为权威，其中托马斯·阿奎那的《神学大全》是经院哲学集大成者。在这种情况下，凡认为与神的意志相悖的学术或思想，均不允许在教育教学中出现，学术自由的传统从此中断。古希腊古罗马重视平等辩论的教育传统，也被宗教的训诫甚至体罚的教学方法取代。然而，到中世纪后期，教育世俗化的趋势日益明显，大学拥有相对的独立性，学术也较前期自由许多，这些变化为日后的文艺复兴和宗教改革准备了条件。

（三）中世纪大学对西方现代教育文化的贡献

11 世纪以后，随着城市的兴起和市民阶层的形成，单纯的教会教育体系所提供的知识已不能满足社会的需要，世俗教育有进一步扩大的需求。到 12 世纪初，在都市化程度较高的国家和地区，如意大利、法国和英国，产生了近代大学。这一时期较为著名的有博洛尼亚大学、帕多瓦大学、萨拉诺大学、巴黎大学、海德堡大学、牛津大学、剑桥大学等。至 14 世纪，西欧已创办 40 多所大学。这些大学所培育的教育文化，为现代大学的形成提供丰富的养分。

1. 大学自治传统

其一，中世纪大学的出现，打破了宗教及僧侣垄断知识的局面，使教育的主体性得以彰显。近代大学本身就是热心学术的市民和学者一起交流探讨学问，并依此形成学会组织而逐步形成的，虽不能完全摆脱宗教的控制与影响，但一开始就彰显了教育与学术脱离神学而独立的趋势。其二，中世纪大学由学生或教师组成行会管理学校内部事务，实行自治，博洛尼亚和巴黎大学就是其中的典型。中世纪大学还享有一些其他特权，如免纳捐税、免受征召服兵役、不受普通司法机关管辖、可以自己裁判和处罚而不必仰仗教会组织等。① 这些大学自治的传统，被欧洲现代大学部分继承下来。

2. 学术自由的传统

中世纪的经院哲学②被引入大学，并成为当时学术研究的中心，催生了许多讲学和辩论团体，从而激发了人们的怀疑与批判精神，探讨学术的氛围得以形成，直接推动了大学教育的勃兴。中世纪大学对辩论的崇尚，逻辑思维和演讲技术的训练，虽然不能摆脱基督教教义的束缚，但促使人的心智更加成熟，思想更加自由，培养了注重讨论、讲究逻辑推理的学术风气，中世纪的大学成为当时产生学术思想、鼓励自由探索的舞台，为欧洲现代大学的学术自由开了先河。

3. 近代知识分子群体的形成及"神性"的传统

在中世纪，随着教皇统治和教会组织日趋完善，以神权为标准的等级观念把社会分为三个等级，教士是第一特权等级，世俗贵族为第二特权等级，城市和乡村的富有者、手工业者、作坊主、穷人等为第三等级。③ 到中世纪后期，随着城市经济的发展，宗教的权威及其教会学校的地位逐渐下降，市民阶层和世俗教育的地位日益上升。为了重拾宗教之权威，便出现了多种宗教团体，如由意大利高僧圣方济各创办的圣方济各会，致力于幼儿与贫困儿童的教育；圣多明我所创办的圣多明我派，专司中产阶级以上阶级的高等教育，此派中有许多学者致力于科学研究，并为大学开展研究提供资助；由荷兰传教士格鲁特等人组成的共同生活兄弟会则强调人文学科和拉丁文的学习，其成员的手抄本成为现今各图书馆中极其贵重的文化珍宝。加之十字军东征后东西文化交流加强，犹太文化和阿拉伯文化得以广泛传播，其中犹太

---

① 刘玉皎：《论中世纪大学的历史地位和作用》，《辽宁师专学报》（社会科学版）2000 年第 1 期，第 105～106 页。

② 经院哲学起源于 9 世纪，形成于 11～12 世纪，其特征是试图用古希腊哲学尤其是亚里士多德的哲学来说明基督教的教理，从理论上证明基督教合理性的一种哲学，是当时大学的专门学科。

③ 张爽：《西方启蒙知识分子与启蒙的权力》，《贵州大学学报》（社会科学版）2011 年第 11 期，第 8 页。

学者和阿拉伯学者在各处设立学校，专事著述，成绩斐然。这些团体的教育家及其培养的教师、犹太学者、阿拉伯学者一起构成一个相对独立的群体。他们在基督教文化的熏陶下成长，以学校尤其是大学为立身之地，专司文化的传承与社会的批判；他们经济上属于中产阶级，但又不等同于封建贵族，他们思想敏锐，充满求新探索的好奇心和疾恶如仇的批判精神。他们组织了许多团体、学会，口诛笔伐地抨击社会弊端，揭露教会和贵族的贪婪，当然也蔑视嘲笑农民。① 这一阶层的形成，标志着近代知识分子群体的产生。由于这些知识分子信奉基督教，他们在探索现实世界和重视人的主体价值的同时，坚持以基督教中的"爱"为最高法则，从基督教的世界主义和博爱主义中找到解决和消除现世矛盾与痛苦的办法。这一法则后来演变为西方知识分子的人文传统。

三 从人文到功利的世界：近代西方教育文化

所谓近代教育文化，是指 15 世纪文艺复兴始至 20 世纪初第一次世界大战爆发前这一时期的教育文化，又可分为前后两个阶段，前一阶段包括文艺复兴、宗教改革和启蒙时代的教育文化，以人文主义为基调；后一阶段则专指 19 世纪到 20 世纪初，以功利主义为基调。前后两个阶段的教育文化既有相异亦有传承。如果从内容来看，大略可分成主情的人文主义教育文化和主智的功利主义教育文化。这两种文化传统共同构成西方教育文化的基调。

近代教育的前一阶段又可分为三个时期：文艺复兴时期（15 世纪后半叶至 16 世纪初叶）、宗教改革时期（16 世纪）、启蒙时代（17、18 世纪）。与中世纪相比，近代教育思想发生了较大的变化，表现为人本主义教育兴起，人的现世价值被挖掘并得到重视，科学探索精神被推崇，实利主义、自然主义盛行。

---

① 陈明莉：《论欧洲中世纪教育的复兴》，《贵州大学学报》（社会科学版）2004 年第 4 期，第61 页。

1. 以"人文主义"教育为核心的文艺复兴时期

这一时期的教育根植于古希腊古罗马文化，它借人体的自然美弘扬人性之美，重视言语的学习和考究，渐开人文与自然教育融合之风。这一时期最著名的人文教育基地是由维多利诺（Vittorino da Feltre）在孟都亚（也译作"曼图亚"）湖滨设立的学校，其标榜的教育理想是在"精神、身体及道德之调和的发达，他方面更为实际的、社会的方面之准备"，在养成"适于神与国之义务青年"。[①]

2. 以"人本主义"教育为核心的宗教改革时期

宗教改革与文化复兴一样，同属欧洲近代初期的文化改造运动。改革后的基督教称为"新教"。新教主义的教育文化与中世纪"旧教"的教育文化相比，呈现出理性的、个人自由的、世俗的特点，也属于人本主义教育的范畴。它用自律的、理性的、世俗的教育思想稀释了旧教中他律的、神秘的、来世的教育思想。其教育理想在于培养既具有基督信仰又具有人文与科学素养的基督徒。同一时期，与新教教育互成对峙之势的还有唯实主义教育，它重实质不重形式，重实用不重言语。两者之抗争、融合，最终成为近世启蒙主义的滥觞。值得一提的是，这一时期，大学教育呈蓬勃发展的趋势。

3. 以"自然主义"教育思想为主流的启蒙时代

17、18 世纪的教育思想家群星灿烂，教育文化也较为复杂多样，主要表现为两种泾渭分明的流派：一是权威主义流派，以西班牙人罗耀拉（Ignatius Loyola）创办的耶稣会（The Society of Jesus）为代表，强调教师本位、干涉主义；二是自然主义流派，强调遵循儿童发展规律，宽容错误，遵循人的自然成长规律，代表人物是卢梭。前者是循古的、重惩罚的，而后者是近代的、重自然的。自然主义实为启蒙时代的主流，并为后世所继承。在教育制度方面，义务教育开始施行，师范教育和实科学校随之出现，课程设置日趋完备。

---

① 维多利诺是文艺复兴时期著名的教育学家，他的学校"快乐之家"虽是宫廷学校，但除招收贵族王室子弟外，还招收一些有才华的贫困学生。学生不分贫富贵贱，共同学习，共同生活。参见雷通群《西洋教育通史》，东方出版社，2007，第 124～125 页。

近代教育的后一阶段，主要是指 19 世纪的教育，派系更多，但主要以科学的功利主义教育为主流，这与当时欧洲经济发展与殖民扩张密切相关，更与经过启蒙时代个人意识的觉醒和经济上自由竞争制度的逐步形成相辅相成。故而，近代人文主义和科学的功利主义的教育文化，是随着欧洲社会制度的变迁、专制力量的解除，经济自由发展，进而使个人从宗教礼俗的桎梏中解放出来而产生的。哈耶克在回顾自由主义在欧洲的成长时说："自 18、19 世纪以来，社会制度逐渐从严格的阶层组织转化而成各个人至少可以自定其生活方式的制度。在这种制度中，个人得有机会认识不同的生活方式，并且有机会选择其生活方式。这种转变，是与商业发达有密切关联的。从意大利北部的商业城市开始，新的生活随着商业向西部与北部发展，经过法国和德国西南部向低地国家和英伦三岛扩张。这种由商业而引起的新生活观，在没有专制的政治力量来阻抑它的地方，便根深蒂固起来。在欧洲历史的整个近代阶段里，社会发展之一般方向，是把个人从种种桎梏之中解放出来，这些桎梏曾依风俗习惯或预先制定的种种规律，来捆锁人的日常生活。在这个阶段，大家逐渐认识个人须自发地和无拘无束地努力工作。这种认识使大家能够建立复杂的经济活动秩序。不过，只有个人解放运动获有进展时，这种对个人才能的认识方能产生。其后，经济学家们建立首尾一贯的论证来证明经济自由。这是经济自由活动的结果。经济自由则是政治自由之始料所不及的产品。解放个人能力之最大结果，也许就是产生了科学"。[①] 哈耶克这段有关经济自由与政治自由产生的论述，也是近代教育文化孕育和成长的背景写照。教育的自由，也源于商业经济的繁荣、个人意识的觉醒，由此人们逐步将自己从宗教的枷锁中解放出来，不再过千人一面的生活，在一个充满可能性的社会里，可以自由地选择符合自己志趣的生活方式。人文和人本主义的教育，也进一步促进了这样一种社会的形成和发展。

（一）人文主义教育文化传统的形成

近代以后，欧洲神本主义的文化逐步被人本的思想取代，宗教虽然仍是

---

① 海耶克：《到奴役之路》，殷海光译，台北：桂冠图书股份有限公司，1990，第 12～13 页。

人们生活中重要的一部分，但在文化教育上，人性日益受到重视，人们对彼岸的世界固然保留着美好的想象，但现实世界更为人们所真切地感受。随着世俗学校的普及、大学的昌盛，人们研究和探索自然世界的愿望更加强烈。同时，旧的社会阶层结构也逐渐瓦解，新兴的资产阶级正在崛起。在这种背景下，宗教对教育的控制越来越弱，人文主义、自然主义、现世主义的教育文化得以勃兴，与中世纪的宗教主义、禁欲主义、来世主义的教育文化形成鲜明对比。人文主义教育思潮，从 14 世纪的文艺复兴一直延续至 19 世纪初理性的新人文主义。

1. 早期人文主义教育文化的兴起

发生于 14 世纪初的文艺复兴，到 15 世纪已影响到教育领域。其主要表现就是人文主义教育思潮的兴起。人文主义教育家认为，教育的目的在于养成"精神与身体调和发达，长于言语的技能，富于美的陶冶之文化人"，或曰养成"希腊罗马式的文化人"。[①] 中世纪的宗教视肉体为罪恶，只重视人的神性，而古希腊古罗马则不然，视人的肉体是自然的、美的，重视人的体格训练。人文主义教育家如韦尔杰里奥、皮科洛米尼、法尔福、伊拉斯谟等认为教育的目的在于培养知识、德行、体格协调发达的人，而且特别重视身体的训练与游戏，也关注人的兴趣。当时学校倡导学习拉丁语、雄辩术、文法修辞，使用文学、舞蹈等陶冶手段，其目的也在于从古希腊古罗马的文化中吸取养分，复兴古希腊古罗马教育理想，以应现实之需要。人文主义教育文化发端于大学，盛行于中学，尤其以维多利诺学校最为著名。直至 16 世纪出现以养成具有实学教育的平凡人为目的的人文唯实主义教育，并向 17 世纪的唯实主义、自然主义、理性主义过渡，人文主义教育思潮才告一段落。

2. 人文主义教育对新教伦理的影响

宗教改革运动在欧洲风起云涌，形成了韦伯所称的影响资本主义社会形成的新教伦理。此一时期的教育是基于马丁·路德、茨温利、加尔文等人的

---

① 雷通群：《西洋教育通史》，东方出版社，2007，第 123 页。

新教思想实施的教育，是 16 世纪欧洲具有代表性的教育。它赋予基督教以理性化、自由化、世俗化的特征，对旧教进行改造，使其由中世纪的他律的、盲目的信仰向良心自律的、基于理性思考的信仰转变。在实际操作上，极重视《圣经》教育，除此之外，在教育中加强数学、历史、格物、体操、语言等学科的教学，教育方法上则注重学生的兴趣与感受，反对体罚。可见，此一时期的教育文化吸收了人文主义精神。宗教改革以后，新教伦理成为资本主义社会的伦理之一。

3. 新人文主义教育文化的形成

18 世纪末 19 世纪初，以歌德、赫尔德、洪堡、席勒等为代表的新人文主义思潮兴起。该派人物富于浪漫主义，反对以理性压抑感性，以机械压制艺术，所以也称为浪漫主义学派。该思潮以挖掘和复兴古希腊古罗马古典时代的文学、世界观和人生观为手段，为当下世界和人性寻找文化皈依。其着眼点与 16 世纪的人文主义一样，主张个人主义、自由主义、世俗主义、审美主义，反对神性至上，反对宗教对人的压迫。它以一种诗化的、艺术的、审美的、陶冶的浪漫主义情怀对抗和超越同时期机械的、主知的、实利的教育哲学。这一学派最主要的观点有赫尔德的"精神与身体调和论"、席勒的"善即美论""教育即美育论"。洪堡则以新人文主义思想为指导，制定了从学制、课程、教法、考试到学校管理等一系列教育改革方针，成为新人文主义教育思想的实行者。新人文主义教育，在某种程度上弥补了近代理性主义和科学主义的不足，也成为二战后非理性主义的滥觞。

4. 理性的新人文主义教育文化的发展

与新人文主义不同的是，理性的新人文主义教育思潮认为理性主义是教育的根基，同时认为道德的完善是教育的理想，并尊重文化的陶冶和个人的身心健全。其代表人物是里希特尔、康德及赫尔巴特，其中赫尔巴特的教育思想最为系统。赫尔巴特的《普通教育学》《教育学纲要》被视为教育科学的开山之作。他认为，教育的目标在于"道德的品性之确立"，这些道德品性包括：（1）内心自由；（2）意志完善；（3）善意；（4）正义；（5）报偿。与这五种道德品性相对应的五种社会或组织依次是宗教社会、教化组织、行政组织、法律社会和报酬组织。他认为，知识与感情均为道德意志之陶冶手段。为了达到这一教育目的，须通过管理来抑制儿童的不良天性，通过训育来引导学生自律，以教学来传授知识和技能。要让教学成为教育，就必须引起儿童的兴趣。[1] 赫尔巴特说："兴趣意味着自我活动。兴趣是多方面的，因此，要求多方面的活动。"[2] 他据此提出了六种兴趣，以兴趣来促进教学。他提出的四个阶段（即明了、联合、系统、方法）教学法[3]，也对后世影响颇大。19 世纪最后一位新人文主义教育家罗森克朗茨（Karl Rosenkranz）提出，教育理想在于理性的自由获得，他认为精神的本质在于理性，而理性的本质又在于自由；发挥理性之自由，就是教育的目的。

5. 社会本位的教育文化

社会本位的教育文化建立在新人文主义的基础之上，以培养具有完整人格的国民为目的，持人道主义的立场。其代表人物是裴斯泰洛齐[4]。他认为教育的一般目的是使人的内在力量提升为纯洁的人类智慧。在他看来，教育乃人类本质的改造，没有教育就没有文化。因此，教育应重视个人本质的和谐发展，应依照儿童心理发展的顺序，使儿童获得适当的发展机会，并重视文化的客观价值，引导儿童向着确定的目标发展。他主张的以语、形、数三者为要素的直观主义教学法，被后世继承并传播至各国，其陶冶主义的思想和启发主义的主张，也为教育实践所常用。他是一名实际的教育家，以极大的热情和牺牲精神从事贫困儿童和孤儿的教育活动，为世人所敬仰，他的教育精神和教育风范也作为一种文化被传承。

（二）功利主义教育文化的传统

18、19 世纪以后，宗教的权力愈加衰弱，西方各国致力于发展经济，扩充军备，开疆拓土，帝国主义国家逐步形成。近代机械的发明和自然科学

---

[1] 参见雷通群《西洋教育通史》，东方出版社，2007，第 263～267 页。

[2] 张焕庭主编《西方资产阶级教育论著选》，人民教育出版社，1979，第 296 页。

[3] 赫尔巴特的弟子齐勒尔将其教学的四个阶段中的第一阶段拆分为"分解"和"综合"，与联合、系统、方法一起，构成"五阶教学法"。

[4] 裴斯泰洛齐（Johan Heinrich Pestalozzi, 1746－1827），19 世纪瑞士著名的民主主义教育家。

的进步，使人们的物质生活极大丰富；交通的便利、市场的开拓，经济与文化的交流日趋频繁，人们眼界大开。在思想上，国家主义、社会本位主义、实证主义、实业强国的思想在这一时期先后出现。在教育方面亦有长足的进步，其表现是在教育研究、教育思想、教育制度、学校设施、教学方法等方面均有创见。这一时期与人文主义教育文化相并行的是以实证为主基调的功利主义教育文化。这与当时西方诸国欲富国强兵、称霸世界、注重实利的情势相呼应。

1. 启蒙运动时期自然的唯实主义教育文化。

启蒙运动发生在 17、18 世纪的欧洲，是一场反封建、反教会的资产阶级思想文化解放运动，为资产阶级革命做了思想准备和舆论宣传，是继文艺复兴运动之后近代欧洲第二次思想解放运动。启蒙思想家从理论上证明封建制度的不合理，从而提出一整套哲学理论、政治纲领和社会改革方案，要求建立一个以"理性"为基础的社会。启蒙主义与理性主义实际上是殊途同归的。它用政治自由对抗专制暴政，用信仰自由对抗宗教压迫，用自然神论和无神论来摧毁天主教的权威和宗教偶像，用"天赋人权"的口号来反对"君权神授"的观点，用"法律面前人人平等"来反对贵族的等级特权，进而建立资产阶级的新政权。这一时期的教育以英国洛克的绅士教育、法国卢梭的儿童本位教育、捷克夸美纽斯的自然教育为代表。前两位亦以政治哲学见长，夸美纽斯则是一位大教育家。他的《大教学论》（又译作《教学宏论》《大教授学》）对后世的教育影响至深。其中所言教育之目的，在于知识之养成、德性之陶冶、宗教信仰之培植。他提出教育均等的思想，其设计的班级授课制和学年制最为系统，并为后世效仿和传承。其教育方法强调教师中心和纪律约束，所以仍是中世纪教育的延伸。[①] 启蒙时期的教育思想可谓精彩纷呈，为后世的教育提供了丰富的思想养分。譬如洛克的绅士教育为英国的人才培养提供了标本，他提出的工作学校，为后来的苏俄教育所实践。另外，近代的中学教育科目也在这一时期逐步完备，并延续至今。

---

① 参见夸美纽斯《大教学论》，傅任敢译，人民教育出版社，1984。

2. 科学的功利主义教育文化

19 世纪初，随着自然科学的进步和实证主义研究方法的兴起，尤其是生物遗传学、进化论的传播与发展，盛行于 18 世纪的浪漫的、想象的、思辨的、理想的新人文主义逐渐衰落。实证主义以知识为武器，以自然科学的方法为准绳，以客观世界为研究对象，认为一切事实只有以实证的方法加以证明方可信，单凭想象、思辨所做出的判断不足为凭。实证主义教育视教育现象可以以实证方法处置，且可以建立实际的教育规则，其中以斯宾塞①的功利主义教育为代表。此种教育思潮延续至 20 世纪，并催生了现代的实验教育学。斯宾塞的教育目的论，是完全科学的、功利的。他在《教育论》一书中的第一篇《什么知识最有价值》，论述了教育的目的与任务。他首先批评了旧教育中的"装饰主义"，认为旧教育注重虚饰身份、点缀生活，"为了花而忽略了植物，为了美丽就忘了实质"，学校教育"所考虑的不是什么知识最有真正的价值，而是什么能获得最多的称赞、荣誉和尊敬，什么最能取得社会地位和影响，怎样表现得最神气"。他认为真正的教育应该满足实际需要，教育的真正目的在于为完满的生活做准备。在此基础上他提出"完满生活"的五项内容，并按它们的重要程度自然地排列如下：（1）直接保全自己的活动；（2）从获得生活必需品而间接保全自己的活动；（3）目的在抚养教育子女的活动；（4）与维持正常社会政治关系有关的活动；（5）在生活中的闲暇时间满足爱好和感情的各种活动。为满足上述生活需要做准备就是教育的真正目的与任务。教育应该以什么知识作为内容呢？斯宾塞认为，要看什么知识最有价值，他的结论是科学知识。②斯宾塞的教育思想目的明确，功利实用，适应了时代的需要，在英美两国深受欢迎。他在教育上的德、智、体全面发展论，也为世界各国所采纳。这种科学的、实证的教育学也演变为西方教育文化的传统之一。

①　赫伯特·斯宾塞（Herbert Spencer，1820–1903），英国哲学家、社会学家、教育家，有"社会达尔文之父"之称。其有关教育学的著述有《教育记》《心理学原理》等。

②　参见斯宾塞《斯宾塞教育论著选》，胡毅、王承绪译，人民教育出版社，2005。

3. 国家主义教育文化

国家主义教育以国家的进步和发展为教育的最高目的，个人和社会处于从属地位，唯有国家的利益才是最大和最高的利益。国家主义教育是为适应当时欧洲各国民族独立和国家强大的需要，或为帝国主义富国强兵、开疆拓土、实现霸权而提出的一种教育主张。实施最为得力的当数德意志共和国。其代表人物是费希特、福耶等。其目的在于养成"具有自由意志，肯为国家社会服务，捐弃私欲与私利，促成宇宙之道德的秩序之人"，唯借此种目的，才能使个人完成道德的生活，同时尽救国之任务。而国家则应当普及义务教育。[①] 国家主义教育文化，对后世也产生了相当的影响。譬如德国、俄国、日本以及近代的中国都曾在把国家主义教育视为富国强兵、培养国民的手段。

（三）两种传统的演变和影响

近代的西方教育文化，形成了两个传统。一是人文传统，二是功利传统。前者是个人主义的、浪漫主义的、人道主义的，注重人的主体价值和内心感受，方法上具有艺术的、审美的、直观的、启发式的特征，它以文艺复兴时期的人文主义为基调，宗教改革时期被新教伦理吸收，后来又发展为新人文主义、理性的人文主义等教育文化，这种教育文化的优点是人性化、人道化，浪漫化；缺点是主观性过强，不可计量和缺乏实证。这与19世纪的科学主义与实证主义的教育风尚不适应，故逐渐趋于衰落。后者是团体主义的、实证主义的、功利主义的，注重教育的实际目的和功用，方法上具有实证的、可验的、客观的特征，它以唯实的理性主义为基调，以实证主义为方法论，发展为功利主义教育观、国家主义教育观。

在教育实践上，人文传统传承了古希腊古罗马的人文精神。人文主义和人道主义在西方教育史上一直占据着重要的地位，由它们衍生出的直观主义和启发主义的教育方法也颇受重视，甚至没有因为科学主义地位的隆兴而被贬抑。功利传统则促成了西方国家实业教育、职业教育、国民教育的发达，

---

① 雷通群：《西洋教育通史》，东方出版社，2007，第300页。

其中科学主义和实证主义极大地推动了西方诸国科技和自然科学的进步。此后两种教育文化传统一直并存于西方社会，此消彼长，共同构成西方教育文化的基石。

四　公民的世界：现代西方教育文化

对于现代，不同的学者有不同的看法，丁念金认为，西方现代始于1640 年英国资产阶级革命并延续到现在。[①] 澳大利亚教育家康纳尔在其所著的《二十世纪世界教育史》中认为，现代应从 19 世纪末后半叶算起。而法国教育家米亚拉雷与维亚尔在合著的《现代教育史》中，认为"现代"是从 1945 年之后算起。[②] 本书以 20 世纪初作为"现代"的起点，其理由主要是人类进入 20 世纪后文化发生了巨大的变化，亦即本书所称的现代教育文化是指从 20 世纪初开始直至现在这一段时间西方的教育文化，涵盖了"后现代"这一时期。

这一阶段的教育文化，经历了国民教育文化向公民教育文化的转变。其中的起因是公民个人地位和权利的上升，公民社会在欧美诸国逐步形成。

（一）社会背景及教育文化的变迁

19 世纪教育文化的多元化，源于当时政治、经济迅速发展所带来的思想多元化，其中倡导美育的新人文主义、推崇理性的道德主义、国家本位的国家主义、实证方法的功利主义均在这一时期成型。教育的实践、教师的地位、课程的设置也较之前有长足的进步，为 20 世纪的教育大发展奠定了思想和物质基础。20 世纪初，英、法、德、意、俄等帝国主义国家在全球范围内的扩张势头呈不可遏制之势，富国强兵成为当时帝国主义的首要任务，故教育上的国家本位主义风靡一时。在国内，一方面，随着资本主义经济的发展，资产阶级的力量日益壮大，传统的社会阶层日益受到强大的资本集团的冲击，资本家的影响力深入政治、道德、教育等社会诸多领域。人们对科

---

① 丁念金：《人性的力量——中西教育文化变迁》，福建教育出版社，2011，第 31 页。
② 转引自詹栋樑《现代教育思潮》，台北："国立"编译馆，2002，"绪论"，第 2～3 页。

技进步和探究物质世界的欲望进一步推动了社会本位和实证主义的发展。另一方面，由于人文主义传统的惯性，且为对抗物质世界对精神世界的侵蚀，一部分持人文立场的教育家则在坚守理性主义的同时，亦不放弃人的主体地位和精神价值，由此派生出新理想主义。

在此情势下，20 世纪初的教育思想分成两大相对峙的组团：实证主义与新理想主义、社会本位主义与新个人主义。实证主义以唯物主义为世界观和人生观，在教育形式上表现为实验教育；新理想主义推崇精神高于物质，呈现出主意的、超现实的特征，在教育形式上表现为人格教育、艺术教育。社会本位主义以国家或社会为本位，在教育上表现为"社会的教育学"，个人主义则反对社会本位，主张儿童本位，力倡实施自由教育，是对国家主义教育观的反动。

一战以后，世界民众认识到帝国主义和弱肉强食哲学给人类带来的劫难，渴望和平，民主、自由、平等、尊重人的生命价值等观念随之深入人心；同时，资本主义社会存在的一系列社会问题，引发了工人阶级运动。主张教育平等、机会均等的进步主义教育思潮随之兴起，主张尊重生命与体验的欲以历史的文化立场解决教育问题的文化教育学派以及空想社会主义教育思想也应运而生。到 20 世纪 30 年代，产生了与进步主义相对峙的要素主义教育思潮。随着第二次世界大战的结束、欧洲殖民体系的瓦解和亚非拉国家的独立，以及共产主义国家的扩张，现代化理论于 1945～1955 年在西方出现并形成，西方国家开始向"第三世界""发展中国家"等非西方阵营的国家输入其文化及价值观。在教育领域，这一时期欧美国家出现了存在主义教育思潮、结构主义教育思潮、新行为主义教育思潮和人本主义教育思潮等。在社会主义国家阵营，则出现了苏联的社会主义教育思想。20 世纪 80 年代末，随着东欧国家民主化以及现代科技的飞速进步，教育全球化时代随之到来，各国教育文化交流较以往任何时代都广泛和深入。

（二）教育文化的对峙与发展趋势

20 世纪以来，西方教育文化在不同阶段呈现出相互对峙又共生共存、此消彼长的特征。

1. 社会本位主义的教育文化与新个人主义教育文化的对峙

社会本位主义教育也称为"社会的教育学"。社会本位主义在 19 世纪社会科学和自然科学研究成果的基础上，认为社会是一个有机的集合体，人不是单纯的个人，而是社会的存在，因而教育应当以国家、民族和全体社会的进步为目的。其代表人物是德国的柏尔格曼和纳托塞尔多夫，后者侧重于教育哲学。与社会本位主义教育相对应的是新个人主义教育。它既沿袭了启蒙时代尊重个体价值的传统，又兼容了新人文主义中的主情的、自由的、自然的特征。新个人主义教育主张以个人的自由发展和培养卓越的个人为目的，反对整齐划一和国家干涉主义的教育，是对国家本位和社会本位的教育文化的反动。其代表人物是德国的尼采和爱伦·凯。值得一提的是这一时期"国民公民教育"的提出和兴起。它综合了国家或社会本位主义教育思想和新自由主义教育思想，既反对以国家名义压制个人自由，也反对以个人自由之名义行祸害社会之实，既承认个体人格之尊严，亦强调个体为国家服务之义务，达到二者之致者，为真正之公民教育。其代表人物为德国的凯兴斯泰纳（Georg Kerschensteiner），他规定公民所应具之资格为："其一，对于国家及国家的任务，有相当之理解与识见；其二，经济的职业的能率优越；其三，道德上的堪能，此可认为公民陶冶之主要方面。"[1] 从本质上看，国家公民教育也属于广义上的国家本位主义的教育文化，但也渗透有个人主义和自由主义的教育因素。从此"公民教育"成为西方诸国力倡的教育文化之一。

2. 新理想主义人格、艺术教育文化和实证主义的实验教育文化的对峙

人格、艺术的教育立场，皆受新理想主义或新人文主义的影响，反对国家或社会本位教育对个人的压制和对个性的扼杀，同时亦反对无节制的个人主义教育和实证主义中的"无人"立场。人格主义教育旨在造就有品格的、卓越的个人及有文化光辉的理想社会，带有浪漫主义色彩。其主要代表人物

---

① 雷通群：《西洋教育通史》，东方出版社，2007，第 397 页。

是德国的倭铿（Rudorf Eucken，亦译作"奥伊肯"）和布德。艺术主义教育认为教育应当以艺术为目的，或以艺术为手段，以提高美育在教育中的地位，或把教育学构建为美的教育学。艺术教育学极力反对主智主义、功利主义、机械主义的教育学。在这种思潮的推动下，欧洲诸国开始重视学校及社会的艺术教育，艺术改良运动由英国蔓延至其他诸国，美育在学校再度受到重视。其主要代表人物有良格、韦伯。与人格、艺术教育文化相对的是受实证主义影响的实验教育学。实验教育学是随着实验心理学和医学的发展而逐步形成的。它认为教育学的理论与方法只有经过实验方能被证实。实验教育学由德国的拉伊和梅伊曼倡导，后由德国传入美国，并在美国风行一时。实验教育学以儿童为研究对象，把自然科学的方法和心理学引入教育领域，弥补了纯粹以感悟和思辨为方法的传统教育学的不足，开创了教育学的新领域，无疑是一个巨大的进步。

3. 进步主义教育文化和要素主义教育文化的对峙

进步主义教育文化也被称为民本主义教育文化、实用主义教育文化，在教育上表现为"机会均等的教育"，是美国最具有代表性的教育思潮之一。它在教育上主张以民主生活为基础，一是承认人们已经无法以任何手段阻止各种真理彼此间的冲突；二是坚持各种真理之间必须永远保持沟通的畅通，并且尊重各家的歧异。其代表人物是美国的杜威。杜威在方法上主张实验主义，在教育目标上则兼有理想主义和自由主义的成分。杜威的主要教育思想如下：（1）教育即成长。所谓"成长"，是指一种丰富且与生俱来即具有重要性的生命的发展。（2）教育即生活。生活即发展，发展、生长即生活。这个理念强调人能从生活中学习，从学习中学会生活。学校教育最好的结果就是学生学会学习和生活。（3）教育是对经验的继续改造或重组。（4）教育要强调兴趣，因为兴趣是动机的原动力。（5）教育必须是活动的。教育是自我活动与社会活动的配合，它包括良好习惯的养成、道德教育与自由教育。其中良好习惯的养成尤为重要。（6）儿童具有依赖性和可塑性，可塑性意味着儿童处在"未成熟状态"，蕴含着一种积极向前发展的能力。杜威主张教育应采用民主的方式，就是允许并鼓励各种观念的沟通以及人格的自由交互作用，这是生长所需的条件，民主是一种价值与艺术，值得学生去学习。① 进步主义的教育文化，对现代教育影响至为深远，德国凯兴斯泰纳的"公民教育"也受其启发，道尔顿实验制、工作学校、实验教育、学校社会化运动等都或多或少地受其影响，民国时期的中国教育就深深地打上了进步主义教育的烙印。

与进步主义教育文化对立的是要素主义教育文化，也称为传统主义教育文化或保守主义教育文化。它出现在 20 世纪 30 年代的美国，50 年代成为主流，代表人物有巴格莱、坎德尔、芬尼、霍恩等。要素主义教育文化对美国的进步教育持批判态度，认为进步教育运动不仅导致了教育无效率，而且引发了诸如青少年犯罪等一些社会问题；在教育领域，由于进步教育运动的影响，注重"兴趣、自由、当前需要、个人经验、心理组织和学生主动性"的理论致使美国教育放弃了严格的学业标准，轻视学习的系统性和循序性，导致美国教育"软弱、无效率"，从而主张教育要传授人类文化遗产中的共同要素，倡导教师中心和严格的学术训练等，并于 1938 在新泽西州大西洋城成立了"要素主义者促进美国教育委员会"。随着美苏争霸的加剧，以提高教育质量为核心思想的要素主义教育文化主张再次受到关注和欢迎。科南特、贝斯特、里科弗等人提出一系列改革设想，要素主义教育文化达到巅峰，直至 60 年代后才趋于衰落。要素主义教育文化属于新传统派教育思想，对美国 20 世纪 50 年代和 60 年代的教育改革产生了重要影响。1958 年《国防教育法》中的教育改革主张和 60 年代初的课程改革与要素主义教育思想有着一定的联系，尤其是在强调基础知识教学和天才教育方面。②

4. 行为主义教育文化与人本主义教育文化的对峙

早期行为主义产生于 20 世纪初，以美国的华生（J. B. Watson）为代表；新行为主义产生于 20 世纪 30 年代的美国，60 年代盛行于美国以及其他一些国家，主要代表人物是美国的斯金纳（B. F. Skinner）和加涅（R. M. Gagne）。行为主义教育文化认为人是不自由的，人受到环境的塑造，因而

① 詹栋樑：《现代教育思潮》，台北："国立"编译馆，2002，第 40 ~ 45 页。
② 参见华东师范大学、杭州大学编译《现代西方教育思想流派论著选》，人民教育出版社，1981。

教育就是通过改变环境来加强对行为的控制及促进行为的改变。行为主义应用到教育上，便是认为教师的职责便是为学生设计环境，以激励学生主动学习；教育工作必须符合学生利益，在行为控制和改变方面更应如此；通过设计和改变环境来影响学生的行为，使学生养成良好的习惯；从婴儿阶段要增加其正当行为，以期文化得以更新；好的行为可以促进文化与种族的延续。行为主义者认为教育是一种行为控制，通过行为控制可以使教育按其设计进行。这样一来，如果从小就开始控制儿童的行为，并加以有计划的训练，便可以达到改造未来社会、促进社会进步的目标。20世纪60年代，新行为主义教育文化在美国和其他一些国家产生了很大的影响。首先，它促进了教学技术和手段的发展。斯金纳的机器教学和程序教学理论引起了人们的广泛兴趣，有关研究不断深入。程序教学与现代化教学技术的结合使教学手段得以现代化。后来计算机辅助教学的兴起，可以说是程序教学的延续。因此，西方有的学者把新行为主义教育文化和程序教学视作运用现代化教学手段的开端。其次，新行为主义推动了第二次世界大战后对学习理论的研究，丰富了人类对学习行为的认识，促进了一些国家的教学改革运动。尤其是斯金纳的操作性条件反应和强化理论由于具有一定的合理性和较强的操作性，对战后教学技术和方法的影响是明显的。

然而，新行为主义教育文化也存在严重不足。它在重视研究人的外显的学习行为的同时，把人的行为视为对外在环境的简单的机械性反应，后来虽有所修正，但总体而言，行为主义否定了人的意识、情感和内部心理在学习中的作用。斯金纳强调人类的学习过程与动物相似，抹杀了人类学习和动物学习的本质差别。有些心理学家说："斯金纳是冷血动物，他不了解什么是感情。除此之外，他还说人类没有自由、尊严，假使依循他的文化设计，我们将像傀儡一样地受到指挥者的控制！"①

人本主义教育文化是20世纪70年代后在美国盛行的一种现代教育思

---

① 王大延：《斯肯纳的行为主义人格学说》，郭为藩主编《人格心理学理论大纲》，台北：正中书局，1984，第233页。

潮。它以人本主义心理学为理论基础，把人本主义心理学直接应用于教育领域。人本主义教育试图通过挖掘人类理智与情感诸方面的整体潜力来确立人的价值。它的兴起直接起因于对 50 年代中期以后的"主知主义"教育的批判。从理论上来看，人本主义教育思想不仅在某些方面继承了西方的人文主义教育传统，受到了 20 世纪兴起的各种人本主义思潮特别是人本主义心理学的影响，而且与实用主义教育、存在主义教育有着一定的联系。人本主义教育的主要代表人物是美国人本主义心理学家马斯洛（A. H. Maslow）、罗杰斯（C. Rogers）、弗罗姆（E. Fromm）、奥尔波特（G. W. Allport）等。人本主义教育文化的要点如下：（1）强调以人为本的教育理念，主张把人作为教育的起点、中点和终点，教育的目的和过程应以人性的彰显、人的自由发展为宗旨，人的自由、价值、尊严应受到充分尊重；（2）把人的潜能的充分释放和人的价值的自我实现作为教育的终极目的，凸显学生的主体地位，注重人性的完满和人格的完整，反对把学生当作任意模塑的工具；（3）反对单纯的知识教学，强调以情感、意志等非理性因素为基础来开发学生的潜能与促进学生的精神发展，主张课程的设置与教学的目标应从知识的授受转为人性的优化、人生的设计上来，将道德教育、情感教育、艺术教育、宗教信仰教育作为教育的重要内容；其课程观体现出重人生意义、轻职业或实利教育，知识的选择倾向于人文学科，课程内容具有崇古色彩，课程组织缺乏严密的逻辑性等特点；（4）在教学方法上，反对强制性的方法，注重教育过程的人性化，将自我选择、自我判断作为学生自由发展的基石，侧重学生情意的发展、创造力的培养、经验的学习及感受性的训练，主张采用价值澄清法、自我教育法、陶冶教育法、活动教育法、对话法、讨论法等保障学生自由发展的教育方法；（5）在师生关系上，倡导教学过程中民主、平等、人道的师生关系的重要性，将师生关系视为一种能体现人性色彩、真诚对话、心灵交流、思想共鸣的"我—你关系"，教师的作用在于帮助学生更好地成为他自己，使其自己决定自我发展的道路。[1] 人本主义教育文化力图纠

---

[1] 参见唐爱民《当代西方教育思潮》，山东人民出版社，2010。

正 20 世纪以来教育领域"主知主义"和"主情主义"两种偏向，从多方面来考虑人的整体发展，无疑给教育理论带来了观念上的革新。正因为如此，人本主义教育思想在整个 70 年代曾对美国的学校教育产生了很大的影响，有些国家还把它作为教育改革的重要理论基础之一。虽然 80 年代后人们对人本主义教育思想的热情有所减弱，但它所提出的那些问题仍受到教育工作者的普遍关注。然而，人本主义教育过分强调个人的价值观和个人的"自我实现"，忽视了社会环境和学校教育对个体发展的重要影响，因此在一定程度上也存在瑕疵。当然，如何把人本主义教育思想中的积极因素应用到教育工作实践中去，也还有待于进一步研究。

5. 新保守主义教育文化与激进主义教育文化的对峙①

在战后的美国，政治、经济、文化领域都兴起了保守主义浪潮，并波及教育领域，持新保守主义立场的教育学者有赫希、切斯特·费恩和戴安娜·拉维奇等，他们继承了新传统教育思潮②的主张，认为教育的目标是通过教育来变革社会，实现社会公平与民主。为实现这一目标，教育就要在新教伦理和传统白人文化的基石上，继承古典学科与宗教道德对人的理性与道德的熏陶。在学校教育中构建建立在多元化基础上的"共同文化"和"核心知识"，并通过官方以课程的方式在全国推广。由国家来制定统一的课程标准、考试标准和教学标准，保证学校经费投入、教学内容和学生评价、教师评价方面的统一标准。同时，针对学校效能低下的情况，新保守主义还提出要将市场机制引入学校，实现公立学校市场化，以遏制政府对教育权力的滥用。

教育文化可以分为传统的和反传统的两种类型，一般情况下，教育的保守意味会浓一些。但 20 世纪 60 年代以来，西方国家掀起了一场"非学校化运动"，它站在人文主义的立场，对形成非人文化、疏离以及主体意识受到

---

① 陈露茜：《20 世纪 80 年代以来美国三大教育思潮概述》，《上海教育科研》2009 年第 9 期，第 26～32 页。

② 新传统教育思潮是对 20 世纪 30 年代以来在西方兴起的社会改造主义、要素主义、永恒主义、新托马斯主义等教育思潮的总称。

压抑的学校教育加以批判、反省，逐渐发展为激进主义教育文化。其代表人物是琼·斯普林。他们认为，学校与社会一样，都已经成为机构化、制度化、官僚化、商品化、特权性、垄断性、异化人性的"分类机器"。现在的学校既无法满足学生必修技能的需要，也无法满足"自由教育"或"人性教育"的需要。激进主义者认为，公共学校无法实现人与社会的解放与正义，相反，它是社会奴役的工具。因此，为了最终实现社会的公平与正义，就要消灭这种机构化与制度化的公共学校，实现社会的"非学校化"。激进主义教育文化具有人文主义和浪漫主义色彩，主要是作为一种批判现实的武器出现的，缺乏具体的可操作的思路与方法，因而只是在思想上具有某种价值，在教育实际领域影响力有限。但它在某种程度上是对新保守主义过分重视教育的整齐划一的一种纠偏。

（三）现代西方教育文化的转向

20 世纪中期以来，科学技术的日益进步，尤其是互联网的广泛使用，给世界经济和文化交流带来了巨大的便利。西方国家的教育文化已不再拘囿于某一思潮或某一主义，而是开始放眼全球，以推动全人类的共同进步为目标。在这种背景下，教育文化发生了四大转变。

1. 教育宗旨由"学会生存"向"学会关心"转变

1972 年，以法国前总理埃德加·富尔为首的国际教育发展委员会发表了题为《学会生存——教育世界的今天和明天》①的报告。报告提出战后国际教育的新潮流是"学会生存"，以力图解决二战后教育与日新月异的科学技术、飞速发展的社会生产力不相适应的矛盾。"学会生存"的教育思想的基本宗旨是：重视现代科学技术的学习，强调早期教育，以适应知识增长的需要；确定终身教育的地位，以适应生产发展的需要；注重学生能力的培养，以适应激烈的国际竞争；要求教育担负起传授年轻一代在当代社会激烈变化的条件下求得"生存"的各种知识和能力。"学会生存"的教育宗旨，

---

① 参见联合国教科文组织国际教育发展委员会《学会生存——教育世界的今天和明天》，华东师范大学比较教育研究所译，教育科学出版社，1996 年。

是针对 20 世纪 50 年代至 70 年代在社会领域和精神生产领域存在的物质文明高度发达与精神文明相对薄弱、社会的迅速进步与个人个性全面发展不相适应、学校智育与人的素质教育严重脱节、严重的竞争对立和生态失衡四大问题提出来的，"学会生存"把注意力投向了如何构建教育和社会物质文明的关系。

1989 年 11 月 27 日～12 月 2 日联合国教科文组织在北京召开的"面向二十一世纪教育国际研讨会"会议报告的主题为《学会关心：21 世纪的教育》，这标志着教育世界的发展进入一个新的历史阶段。[①]"学会关心"教育思想的根本宗旨是：学会关心，力图弥补学会生存的缺陷，试图解决现代高科技给人类带来的精神危机、道德危机及生态危机，改善人类社会的精神生活环境，同时努力培养能适应未来生活的个性全面发展的人。其主要内容如下：（1）从宏观上提出"学会关心的新构想"。在教育哲学观上，提出 21 世纪的教育学要强调全球合作精神，这种精神需要发展"以关心为特征的各种文化成果"；在学习观上，提出 21 世纪教育"最重要的方面将是社会更多地参与学校和学校更多地参与社会，并学会合作"；在社会观上，提出 21 世纪的教育要强调"全球合作"精神，倡导"国际合作"和"国际文化"，唤起人们关心和保护地球的生态环境，以推进全球社会的发展。（2）推行一种新的教育体系，即"从促进教育的统一性转变为促进教育的创造性和革新精神；从促进竞争转变到促进合作；从狭隘的民族观点和忠诚转变为全球的观点和忠诚；从强调为私人利益而学习转变到强调为公众利益而学习"。（3）重新提出教育为全体人而不是为部分人服务的目标；认为事业心和开拓技能教育应当与学术性和职业性教育享有同等地位；强调自知、自尊和信心，以面对迅速变化的世界；促进发展人际关系，支持年轻人

---

① 《学会关心：21 世纪的教育》（*Learning To Care For Others*：*The Aim for the Education in the 21ˢᵗ－Century*）是 1989 年 11 月 27 日～12 月 2 日联合国教科文组织在北京召开的"面向 21 世纪教育国际研讨会"会议报告的总标题。"学会关心"是 21 世纪教育所致力的目标。这个口号的提出是继 70 年代初提出"学会生存"之后教育观念、伦理观念和教育发展方向的又一次重大变革与更新，它标志着世界教育发展进入一个新的历史阶段。参见王恩发《学会关心：迎接 21 世纪的挑战》，《外国中小学教育》1995 年第 1 期，第 35～41 页。

发展与他人关系的能力。（4）号召建设一个全球社会，提出在 21 世纪人们应该把他们的第一忠诚奉献给地球的生态环境，解决人类问题不应该以牺牲其他物种为代价。

2. 教育价值取向由教育的科学主义、经济主义向教育的社会价值转变

科学主义是对立于人本主义的一种哲学思潮，它关注教育的科学价值和科学教育的价值。赞科夫的"教学促发展"实验教学论、布鲁纳的结构主义课程论都服务于教育的科技取向。教育的经济取向思潮起源于 20 世纪 60 年代形成的人力资本理论，包括两方面：对教育与经济关系的认识；对教育的经济性质的认识。其带来的后果是教育产业化和教育为经济发展服务论。其主要代表人物是美国经济学家舒尔茨，[①] 代表作有《人力资本投资》《教育的经济价值》。

教育的社会价值取向，根植于二战后西方社会教育学中的功能论学派和冲突论学派。功能论学派代表人物是美国的帕森斯。他认为制约教育行动系统的有社会系统、文化系统、人格系统。其中，社会系统的四功能要素分别是适应功能、目标达成功能、整合功能、模式维持功能。从维护资本主义制度出发，依此提出教育的社会价值取向：（1）教育的功能之一在于使个体社会化，使社会的共同价值内化于学生个体，使学生具备社会责任义务感及相应能力；（2）学校是选择人才的合理机构；（3）学校制度的终极目的是使社会的功能协调，促进价值统合和体制稳定。冲突论学派分为新韦伯主义冲突论和新马克思主义冲突论两个派别。它们从批判资本主义社会制度出发，认为资本主义学校教育的作用不仅在于劳动力的再生产，而且在于资本主义劳动分工关系、阶级关系以及资产阶级政治思想、意识形态、文化价值的再生产。不论是功能论学派还是冲突论学派，都承认教育的社会价值功能。只不过前者从维护现存制度出发，后者从批判的角度出发。但两者对西方各国教育改革的启示客观上是一致的。前者从正面推动，后者从反面刺激着各国教育改革。

---

① 西奥多·W. 舒尔茨（Thodore W. Schultl）是公认的人力资本理论的构建者。

3. 教育本位从国家或民族主义教育向国际化教育转变

国家主义教育强调本民族和国家的利益，把本民族、本国的利益放在个体和他族他国利益之上，强调教育在促进国家和社会发展中的作用。国家主义教育源于柏拉图，伴随着近代欧美民族国家的出现而出现。其代表人物是法国的孔多塞、德国的费希特等。国家主义教育的基本观点是：教育权属于民族国家而不是教会，国家应当承担起教育民众的责任，进行教育立法；教育是造成民族国家的利器，教育的目的是培养合格的国民，由国家建立国民教育制度。国家主义教育文化对近代欧美国民教育制度的建立和普及教育的发展起到了重要作用，不足之处是使教育过分依赖于某一时期的国家政权，成为一些反动政权或极权国家的工具，如纳粹德国。随着二战后全球化趋势的到来，国家主义教育文化逐步减弱。

20 世纪 90 年代以来，在经济全球化的推动下，世界范围内兴起了新一轮的教育国际化浪潮，互惠型和跨国界的交流合作日益密切。当前许多发达国家的教育尤其是高等教育已具有国际通用性、开放性和交流性的国际化特征，国际化已成为未来教育发展的趋势之一。教育国际化包括两方面含义：一是教育为社会的国际化发展培养人才；二是教育本身对外开放，加强国际交流。教育国际化思潮包括如下内容：（1）了解和尊重各民族及其文化、文明、社会准则和生活方式，包括国内民族的文化和其他国家的文化；（2）认识到各国和各民族之间甚至全球范围内的相互依赖；（3）理解国际团结与合作的必要性；（4）既认识到个人、社会集团和国家各自的权利，亦认识到相互承担的义务；（5）各级各类教育应具有国际的内容和全球的视野；（6）个人愿意参与解决所属社区、国家和整个世界的问题。

4. 教育体系从阶段性教育向终身教育转变

在传统教育中，人的一生只在某一个阶段尤其是儿童至青年阶段接受系统的学校教育，学校教育结束后，教育也基本终止。自 20 世纪 60 年代中期以来，现代终身教育理论在联合国教科文组织及其他国际机构积极提倡、大力推广和普及下，现已作为极其重要的教育理念在世界各国广泛传

播并深入人心。许多国家在制定本国教育方针、政策或构建本国国民教育
体系的框架时，均以终身教育理论为依据，并以终身教育提出的各项基本
原则为基点，以实现这些原则为主要目标。还有更多的国家在全面致力于
提高国民素质、促进本国经济发展的同时，把终身教育视为最重要的战略
手段。① 联合国教科文组织汉堡教育研究所前所长戴维（R. H. Dave）曾对
终身教育的概念做过如下定义："终身教育是每个个人或集团，为了提高
其自身的生活质量而通过每个个人的一生所经历的一种人性的、社会的、
职业的发展过程，这是在人生的各种阶段及生活领域以带来启发及向上为
目的的，并包括全部正规的、非正规的及不正规的学习课程在内的，综合
和统一的理念。"② 可见，终身教育的基本原则或原理就是保持学习的连续
性和整体性，以及学校学习、职业培训和社会学习的一体化。学习的主体
是个人、小组而不是课程和教师，要求教育遵循兴趣原理。终身学习能够
推动社会持续高速发展，能够保证人的真正个性的发展和自我实现，能够
真正地实现教育机会均等，使教育成为实现社会平等和民主的一种强有力
的手段。

西方教育文化历史变迁及其不同时期的特征如表4-1所示。

表4-1　西方教育文化变迁

类型	历史时代	主要特点
从自然教育到个人教育	古希腊时期	雅典:人文的、自由的、生活的教育文化
		斯巴达:国家本位主义教育文化
	古罗马时期	早期:国家主义、自然的教育文化
		后期:个人主义、感观主义的教育文化
从宗教教育到人文教育	中世纪	早期:神本主义、经院主义的教育文化
		晚期:人文主义教育文化萌芽、大学的出现

---

① 吴遵民:《关于现代国际终身教育理论发展现状的研究》,《华东师范大学学报》（教科版）2002
年第9期，第38、40页。
② 吴遵民:《关于现代国际终身教育理论发展现状的研究》,《华东师范大学学报》（教科版）2002
年第9期，第38、40页。

续表

类型	历史时代	主要特点
从人文教育 到实利教育	近代	文艺复兴时期:人文主义教育文化
		宗教改革时期:新教主义教育文化
		启蒙运动时期:理性主义教育文化
		工业革命时期:新人文主义与科学的功利主义并存 理性的新人文主义与国家本位主义并存
从国民教育 到公民教育	现代	一战前后:实证主义与新理想主义对峙 国家(社会)本位主义与新个人主义对峙
		二战前后:进步主义与要素主义对峙 行为主义与人本主义对峙 新保守主义与激进主义对峙
		全球化时代:从学会生存到学会关心 从科学、经济取向到社会取向; 从国家主义教育到公民教育、国际化教育; 从阶段性教育到终身教育

第三节　西方教育文化的精神内核

欧洲从古希腊古罗马文明开始,一直发展到现代,历经几千年,其间政治与社会变革频繁,但文化和教育的传统却一直没有中断,甚少有颠覆性的变革。这些传统随着历史的变迁沉积为西方文明的精神内核。

一　反奴役:教育的自由主义传统

自由主义是对整个西方文明影响最大、最直接、最深远的主流意识形态。西方社会建构原则主要基于自由主义。它经历了古典自由主义、新自由主义和保守自由主义三个阶段。每个阶段的自由主义观点都有相异的地方,但又无一例外地把反对来自国家、组织、社会以及物质世界对人的奴役和宰制,保障个人的自由权视为一切活动最基本甚至是唯一的目的。美国著名思想家贝尔(Daniel Bell)把现代主义等同于自由主义,他说:"现代主义精神像一根主线,从十六世纪开始贯穿了整个西方文明。它的根本含义在于:

社会的基本单位不再是群体、行会、部落或城邦，它们都逐渐让位给个人。这是西方人理想中的独立个人，他拥有自决权力，并将获得完全自由。"① 这一根主线深深地影响着西方教育的改革和发展历程，也成为 20 世纪西方教育文化的主基调。

自由主义者认为，人对客观世界有着天然的超越性，人远高于其他物种。普罗泰戈拉有句名言："人是万物的尺度。"雅典人曾这样认为，他们创造的最伟大的艺术品是人，这种人是内在美和外在美的统一，是体力和脑力的均衡和谐。希腊神话中蕴含着希腊人关于"人"所具有特质的理念，这成为古希腊时代的灵魂标志，也对整个西方教育文化产生了深远影响。然而，由于人性自身的缺陷，人容易被物质、偶像、权力、名誉奴役，从而丧失自身的主体性价值。比如，在中世纪，人们普遍被教会及其所代表的神控制，于是有了后来的宗教改革和启蒙运动，以避免"人为神役"；人们为摆脱自然的限制，为改造自然为我所用，就出现了科学与机械，以避免"身为物役"。正如自由主义学者哈耶克所说："工业技术进步之呈现于吾人之前，亦若为吾人身外之事。实则其所关吾人者至大。当科学上的发明给予吾人的力量时，如果说我们必须使用这种力量来摧毁我们最珍贵的遗产——自由，而且我们必须准备为自由而牺牲。"② 为反对公权力对个人的奴役与侵害，就设计出相应的政治制度，把权力关进笼子，民主制度和人权保障组织应运而生，从而避免了"我为权役"。这些基本的教育理念，在西方教育文化中已成为一种常识。

发源于 17 世纪和 18 世纪的古典自由主义，倡导言论自由、信仰自由、思想自由、自我负责，反对君权神授说、世袭制度和国教制度，强调个人的自由、理性、正义和宽容。美国革命和法国大革命都受到了古典自由主义的影响。新自由主义萌芽于 20 世纪二三十年代，在七八十年代得到发展、成熟并风行于资本主义世界，成为资本主义国家的主流意识形态，引发了西方

---

① 丹尼尔·贝尔：《资本主义文化矛盾》，赵一凡等译，三联书店，1989，第 61 页。
② 海耶克：《到奴役之路》，殷海光译，台北：桂冠图书股份有限公司，1990，第 68 页。

社会在政治、经济、文化等领域的剧烈变革。新自由主义反映在教育领域为新自由主义教育思潮。为了防止国家对个人自由权的干预和对市场的过度干涉，保守自由主义以反极权主义为要义，再度高举古典自由主义的大旗，捍卫自由主义的传统理念。自由主义在演变过程中，形成了自身独特的教育文化传统。

1. 教育的根本目的在于促进学生内心的觉醒，进而真实地实现个人的自由选择

自由主义允许且鼓励社会价值的多元化，通过教育让学生在各种不同的价值中实现自由的、充分的、完全的自我选择。而且，每个人都必须勇于承担自主选择行动的成本和风险，并且对选择可能带来的代价加以承受。学校教育要使学生实现自由选择，一个基本前提就是遵循"无支配原则"，这对破除与改变传统教育所秉持的"教师中心论"及教育过程中充斥的家长作风、规训、宰制、压制、灌输的教育方式，具有积极而现实的意义。

2. 公平的教育环境是保障教育自由的基本前提

自由是人的一种自主活动的状态，而要达到活动的自主、自立，就必须有合理的外在条件作为保障和支持，这种合理的外部条件就是公平公正的社会环境。缺乏平等前提的自由是不真实的自由，"把平等与自由统一起来的民主理想就是承认：实际具体在机会和行动上的自由依赖于政治和经济条件平等化程度，因为只有在这种平等化的状态下，个人才有在事实上而不是在某种抽象的，形而上学的方式上自由"。① 缺乏公平环境，自由的全民性就会丧失，自由就会沦为少数人的特权，就会导致社会的不公平竞争，加剧社会秩序与社会结构的分裂，残存的自由也转变成个人态度的放纵和个人行为的放肆。1947 年 6 月，由法国物理学家朗之万及委员会副主席瓦隆起草的教育改革方案［又称"朗之万 - 瓦隆计划"（Langevin-Wallon Plan）］认为教育结构应该配合社会结构发展。该计划最重要的原则是公平原则，认为所有的儿童不论其家庭、社会和种族出身，均享有平等的权利，这使个性得到

---

① 杜威：《人的问题》，傅统先、邱椿译，上海人民出版社，2006，第 96～97 页。

最大限度的发展，除了能力上的原因，不应受到任何限制。因此，教育应当为所有人提供发展的均等机会，应让所有人接触到文化教育，以不断提升全民文化水准来促进教育的民主化。而教育民主化与公正是一致的，能确保较合理地分配社会工作。① 这一文件成为法国新教育运动的纲领性文件，其教育公平和机会均等的精神在"法兰西新教育团体"（G.F.E.N.）的推进下得以贯彻。

3. 学校的道德教育应成为学校教育活动的核心

自由的出发点与落脚点都是使人的价值得以充分实现，使人的潜能得以充分释放。所以，教育与自由有着天然的统一关系。落实自由精神的教育与以提升人的精神境界、塑造人的精神品格为核心的道德教育的旨趣是一致的、统一的。道德教育是自由精神在教育领域得以贯彻的一个主要媒介、主要途径，自由与教育是互相包含的关系，剥离了自由精神的道德教育，是失却灵魂的道德教育；抽去道德内核的自由教育，是缺乏规约和方向的教育。

4. 教育应允许学生选择并形成自己的价值观

世界存在多种不同的价值体系，它们构成多样的思想世界。这些价值无法用某种绝对的标准或永恒不变的等级体系来加以评判或裁定。在一个价值日益多元化的时代，让学生只遵守某一所谓主流价值观念，是不符合自由的真义的。真正的民主应当宽容对待多元价值，承认价值的差异，尊重异见。自由在一定程度上就是选择的自由。自由是不可让渡、不可剥夺的基本权利，自由的丧失就意味着作为人的个体尊严的丧失，反映在教育上，就是没有自由就没有精神的活力、思想的创新和智慧的飞扬。

教育的自由主义传统，在不同的阶段不同的国家都曾受到冲击甚至被迫中断。正如托克维尔所说："谁如果要求过大的独立与自由，谁就是在寻求过大的奴役。"② 在法国大革命时期，法国人民受浪漫主义的影响，在革命中追求绝对的自由，结果导致了更大专制与奴役。另一位自由主义代表人物

---

① 詹栋樑：《现代教育思潮》，台北："国立"编译馆，2002，第264页。
② 托克维尔：《旧制度与大革命》，宋易译，江苏文艺出版社，2013，第196页。

哈耶克认为，国家对经济生活的管制，必然会导致个体自由的丧失。所以，民主国家认为压制愈少愈好，极权国家认为压制愈多愈好。① 二战时期的纳粹国家和战后的部分国家，过分迷信国家统制的力量，希图建立整齐划一的理想国，结果导致了民众自由的丧失和奴役的到来，教育的自由主义更不可能实现。但是西方争取自由的努力从来没有中断。正如弗罗姆所说，争取自由的道路"尽管充满着曲折和反复，自由还是通过战争而获得进展。在这些战争中，许多人抱着不自由毋宁死的信念，舍生取义，这是对他们人格的最好维护。历史似乎正在说明，人类能够自治自决。能够自由地思想和感知，使人的潜力充分地发挥出来，似乎已成为社会发展所要迅速达到的目标。经济自由主义、政治民主、宗教自由以及私人生活的个人主义等原理，表述了人对自由的向往，与此同时，似乎已使人类想念自由即将实现。束缚一个接一个地被解除，人已推翻了大自然的统治，使自己成为自己的主人；人已推翻了教会的控制，摆脱了专制国家的宰制。消除外在的统治似乎不仅是必要的，而且也是达到梦寐以求的目标——个人自由的充分条件"。②

二 去蒙昧：教育的理性主义传统

理性主义是建立在承认人的推理可以作为知识来源的理论基础上的一种哲学方法。历史上西方一直特别重视人的理性，在古希腊尤其如此，在希腊人看来，理性是可以通过教育培养的，为了求得人的理性，从孩童时期就要对他们进行多方面的训练。即使到了中世纪，虽然强调理性必须服从信仰，但仍然没有否定理性本身，也没有从根本上超越理性。进入现代社会以后，西方又将理性置于最高地位。理性观念强调，人之所以成为万物之灵，成为世界主宰，是由于人具有理性的能力。人要发挥理性能力，就需要得到自由。经过历史的沉积，理性诉求最终成为西

---

① 海耶克：《到奴役之路》，殷海光译，台北：桂冠图书股份有限公司，1990，第46页。
② 埃里希·弗罗姆：《逃避自由》，陈学明译，工人出版社，1987，第14~15页。

方教育文化的重要特征。

理性主义在现代西方教育文化中具体表现为重视人的智力开发和创造性思维的培养，也表现为重视培养学生和公民的科学素养、逻辑思维能力和独立思考的能力。理性主义是文艺复兴时期人本主义的发展和延伸，人本主义本身就带有理性主义的成分。它肯定人，注重人性，要求把人、人性从宗教束缚中解放出来，反对中世纪的蒙昧主义，推崇人的经验和理性，提倡认识自然、造福人生。理性主义是启蒙运动的一面旗帜。它崇尚理性，肯定客观世界的规律性，提倡科学，重视知识，反对愚昧，向往自由平等的理想社会，承认人的价值，追求个人的自由和解放。哲学上的理性主义则盛行于16世纪末至18世纪初，以笛卡儿、斯宾诺莎、莱布尼茨等人为代表的哲学流派，认为理性是神的属性和人的本性，理性就是合乎自然和合乎人性，它是衡量一切现存事物的唯一标准，提倡建立理性和永恒主义的王国。19世纪，以康德为代表的理性主义哲学更是影响西方教育长达几个世纪，产生了裴斯泰洛齐、赫尔巴特、那笃尔普（Paul Natorp）等当时一流的教育思想家，直接推动了教育思想中科学主义与实证主义的发展。

康德提出，人的理性能力是一种先天的逻辑基础和条件，知识的形成离不开理性的活动和加工。他提出了教学认识活动中理性与感性相结合的问题，要求发展人的道德理性，由审美走向真、善、美统一的自由境界，这成为当时先进的教育思想，对后来欧洲教育发展具有深刻影响。裴斯泰洛齐将康德的理性主义认识论用于教学，提出理性认识与感性认识相联系的问题；将康德的"统觉说"发展为"要素教育论"，认为人生来具有各种能力的萌芽，教育在于激发儿童的天赋才能；由感觉物体的外形、数量和表示事物的词开始，发展心智能力，形成西方教育中的"形式训练"说。赫尔巴特在康德理性主义认识论和费希特社会观的基础上提出"心理学和伦理学的教育学"。受康德主义影响的教育学和心理学思想，是近代教育向现代教育发展的必要过渡。现当代理性主义教育思想的发展，主要是以皮亚杰的发生认识论为代表，使教育科学深入人的思维过程和道德形成过程的研究，大大地提高了教育目标的实现水平。①

　　传承理性主义传统的还有现象学，将现象学的方法用于教育学，便形成了"现象学的教育"或"描述的教育学"。现象学反对怀疑主义与相对主义，维护理性主义，肯定真理的客观性与确定性，认为理性主义是欧洲文化的基本精神，而非理性主义是欧洲文化危机的由来。其中深受柏拉图思想影响的现象学大师胡塞尔，其理性主义色彩浓厚，他在《欧洲科学的危机与超验现象学》一书中说："理性是一切关于知识的训练，正确与真实的评价与伦理行动中明显的论题。在这里，理性一词是一切绝对的、永恒的、超时间的、无条件的观念群与理想群的总标签。"② 他在此书中提出"生活世界"的理论。他认为教育在于培养有目的性的人，每一个人来到这个世界，都应有所追求的目的，如果没有目的，人生就没有意义，失去了价值。教育也在培育文化，因为每一个人都出生于一个历史情境已确定的世界，这同时包含了自然及社会文化的情境。教育追求的是精神与意义，尤其是文化精神与文化意义，层次越高的教育越是如此。自然科学如果遗忘了"生活世界"，也就遗忘了"一切意义的基础"。胡塞尔认为，存而不论回归教育的本质就是"理性"，他认为理性可以用心理学、数学、逻辑、哲学等去研究，他努力追求理性启蒙的理想，同时建构在意识方面有组织的统一性。基于此，发挥人的经验能力。人有了经验能力才能重获"自我启蒙的能力"；科学的理性把它当成人的能力，必须做历史和实际的培养，它的结果就在于使人能够具有责任感。现象学研究对教育的作用在儿童的学习方面，有助于建立现象指导的教育学，在探讨儿童学习时讲求方法的应用，控制对各方面的了解。在教育施为过程中，在方法上要向精密科学看齐，将教育学视为与精密科学同一的

---

① 宋宁娜：《西欧理性主义教育思想》，《南通师范学院学报》（哲学社会科学版）2002年第9期，第123～127页。

② 转引自蔡美丽《胡塞尔之"生命世界"问题初探》，《国立编译馆馆刊》第16卷第2期，1987年，第155页。

方法。[1]

　　理性主义思想在现代高等教育改革和发展时期发挥了巨大作用。二战后世界高等教育化民主化、60 年代风行世界的学生民主运动、高等教育在由精英化向大众化阶段发展过程中所产生的问题等，使人们对大学的培养目标、办学模式与质量、大学自治与学术自由、科学研究的机制等做出深入思考，认识到大学应该保持自己独特的品性，按自身发展规律安排大学的一切活动，保持自身的独立与自尊，传承文化，培养人才，发展科学，探求真理。[2]

三　树信仰：教育的宗教主义传统

　　早期的古希腊人能够把宗教与科学分开，他们极有兴趣去了解宇宙的真相。希腊人有三种特异的品质：第一，他们有强烈的好奇心；第二，他们完全信赖理智；第三，他们的认知活动不被风俗妨碍。古希腊人将理智与宗教分离，这有利于他们创造一个纯理智的世界。[3] 这也说明古希腊人是重视内心的精神生活的，这种精神生活表现为追求真理和审美，后来成为西方文化传统中理性主义和人文主义的滥觞。到了中世纪，由于宗教势力壮大，教会控制了人们的思想，人们的精神生活转为对彼岸的信仰。所有的学校教育中摆在首位的无一不是神学，任何知识、任何学术都不能超越信仰。上帝是绝对的，是不容世俗置疑的。即使是帝国或世俗政权灭亡，信仰帝国也永存。君士坦丁堡的希腊正教总主教乔吉奥斯（Georgios Kourtesios）曾说："东罗马的称呼是错误的，君士坦丁大帝在此创建的，是一个在建筑、法律、文学等各个方面始终保持独立的精神帝国。对于拜占庭人而言，宗教和政治的完全一体化，是他们的政治信念和思考方式的必然前程。"[4] 可见，中世纪人们心中已构筑起一个独立的宗教信仰的帝国。经过文艺复兴、宗教改革和启

---

[1]　詹栋樑：《现代教育思潮》，台北："国立"编译馆，2002，第 583 ~ 588 页。
[2]　柯佑祥：《理性主义、功利主义对现代高等教育发展的影响》，《高等教育研究》2008 年第 3 期，第 13 ~ 18 页。
[3]　殷海光：《中国文化的展望》，上海三联书店，2009，第 295 页。
[4]　转引自卢建荣、江政宽编《世界文化史》，台北：五南图书出版股份有限公司，2009，第 81 页。

蒙运动，欧洲社会虽然逐渐摆脱宗教的控制向世俗主义方向发展，从而渐渐远离基督教教育中的宗教礼仪和信念，但由于宗教所触及的是人类灵魂最深处的东西，它超越了国家的法律、习俗和传统而根植于人性本身，而且在基督教与天主教中并没有与民主社会精神完全对立的因素，其中一些因素譬如基督教中所蕴含的人道主义甚至有益于民主社会。所以宗教作为一种精神传统与人类的终极关怀，始终没有被西方社会完全抛弃，而且起着抚慰人们心灵、寄托人们不安的灵魂的作用。

时至近代，在欧洲大陆，尽管基督教的势力日益衰落，但这仅指教会机构特权的逐步丧失，而非宗教信仰本身被信徒质疑，因为引起人们对基督教强烈仇恨的，并不是宗教教义，而是基于基督教所建立的一种束缚人性发展的政治制度。在大部分国家，基督教和上帝仍然是普罗大众的心灵皈依，而在少数知识阶层中流传的无神论或非宗教思想，并没有在一般民众中流行。宗教改革之后，人们对新教的信仰反而更加坚定。因为经过长时间宗教的洗礼，在欧洲大陆，一般民众心中早就认为，如果没有信仰，心灵将无所皈依，人的灵魂必将陷于无家可归的痛苦状态。所以，尽管有些国家的革命运动譬如法国大革命将矛头对准基督教，但革命之后，人们很快就意识到自己的错误，并重新回归对基督的信仰。他们逐渐认识到，革命要扫除的并不是宗教信仰，而是特权制度。托克维尔 1866 年在其著作《旧制度与大革命》中说："在 20 世纪末期，一切宗教信仰都普遍失去了其权威性，这对整个法国的影响无疑是巨大的，它构成了法国革命的特点。人们在看待法国革命时，认为其成面目可憎，这一印象就来自此。"而在革命前（1789）对宗教反对最为激烈的阶级——旧贵族阶级，在革命后（1793）却变成了对宗教表现得最虔诚的阶级。他们最先受到冲击，也最先皈依宗教。"当资产阶级在取得胜利的同时也感到自己受到了打击时，他们也走向了宗教信仰。逐渐地，对宗教的尊崇与信奉便深入于那些在民众混乱中感到会有所失的人们之中，随着对革命的恐惧心理的涌现，非宗教突然间销声匿迹，或者说，它至少隐藏起来。"法国大革命前后，从贵族阶级对宗教态度的转变就可以看出宗教在人们心中的位置，即任何革命都不能摧毁宗教以及它所建构起来的信仰世界，因为在西方人眼里，"如果没有宗教，文明社会，特别是自由社会，就没有生存的可能。对宗教的尊重是国家稳定与个人安全最重要的保障"。[①] 基督教在欧洲民众中的坚实地位，实际上也是中世纪宗教与教育合力之功。

另一方面，从中世纪的教育状况更可以看到宗教在教育领域的重大作用，这表现在以下五个方面。

（1）许多著名的教育家本身就是虔诚的基督徒。做过大主教副主祭、曾任图尔圣马丁修道院院长的阿尔岑，被教会誉为"天使博士"的托马斯·阿奎那在教育方面无疑是当之无愧的大师；宗教改革领袖加尔文、捷克兄弟会的领导者夸美纽斯也都是教育家。其中宗教改革领袖马丁·路德，对德国近代教育的形成和发展有开拓性的作用。他把文化教育当作国家的职责，因而在德国出现了最早的国家教育，也出现了最早的强制教育。他推崇理性、崇尚个人和思想自由的精神不仅成为近代思想解放和科学研究的动力，而且促进了教育理论的发展。德国近代史上产生了为数众多的教育思想家、教育实践家，如第斯多惠、福禄培尔、康德、巴泽多、赫尔巴特等，这与马丁·路德在教育上的影响是分不开的。

（2）由于当时印刷术还没有普及，文化的传承主要依靠基督教的修隐士、牧师、主教乃至大主教的手抄，他们做了大量的默默无闻的誊抄、整理、研习古代科学文化的工作，由此前代的文化得以传承，并为以后的文化传播提供了条件。

（3）基督教对中世纪大学的产生起着不可忽视、不能替代的作用。中世纪大学的形成，基本上经由两条途径，一条是由主教学校脱胎而成，如巴黎大学等；另一条是以学生团体为中心，吸引名流学者前来讲学，逐步发展为大学，如博洛尼亚大学等。许多大学本身就是由教会学校演变而来，或者是得到教会组织的资助而成立。[②]

---

① 三段引文均引自托克维尔《旧制度与大革命》，宋易译，江苏文艺出版社，2013，第209～211页。
② 徐辉：《基督教在西方教育发展中的历史作用——兼论宗教与教育的关系》（《教育史研究》创刊二十周年暨中国教育史研究六十年学术研讨会，北京），《纪念〈教育史研究〉创刊二十周年论文集（17）——外国教育政策与制度改革史研究》，2009，第1307～1314页。

（4）教育学的内容与神学不可分。作为"规则教育学"代表人物之一的艾尔林哈根（Karl Erlinghasen）神父就主张教育学与神学建立密切关系，并养成学生的道德行为。他认为，教育与宗教一样，具有规范和启示的作用。神学是教育的辅助，它可以成为人与环境关系的促成者。他把教育学分为两个方面：一是宗教方面，二是世俗方面。今天所谓"人文的人"，即经过文化陶冶的人，是由世俗决定的一种方式。宗教的教育理想为：所有的教育都是使人根据神的图像来形成自己，即根据《新约圣经》和《旧约圣经》中有关人的陈述形象与本质作用图像，并以其作为典范来形成自己。世俗的教育理想为：提出教育的引导图像，把教育实际当作规范，做生活的安排。他比较偏向于"权威的教育"而不太赞成"反权威的教育"。他提出，其一，教育的实施应该根据历史传统，不要激进，应该保守；其二，教育的施为应重视教育实际，不要有乌托邦的思想，因为那样无法达到教育的目的。① 这也是保守主义教育对进步主义教育的一种纠偏，同时也是宗教在教育思想中的一种传承。

（5）宗教课程在西方教育中很受重视。早期人文主义者的课程体系中有宗教课程，在启蒙时期德国的施莱尔马赫以及更晚的福禄培尔的课程体系中，宗教课程都占有重要的地位。② 在西方教育家的眼中，宗教课程不仅仅是传授教义，而且是追寻一种历史感悟与人性的超越。

上述五点可以看到，从中世纪开始，教育即与宗教有着千丝万缕的关系。事实上，经过文艺复兴、宗教改革和启蒙运动，欧洲中世纪建构的以宗教为中心的制度已消解，宗教与道德已逐渐走上理智化、人文化、社会化的道路。

---

① 詹栋樑：《现代教育思潮》，台北："国立"编译馆，2002，第 514～522 页。
② 石中英：《教育学的文化性格》，山西教育出版社，2007，第 223 页。

第五章
中西方教育文化比较

从整体上看，中国的传统教育文化大致经历了这么一个演变过程：由先秦时期的"化民成俗"到秦汉时期的"定于一尊"，再到唐宋时期的多元并存，最后演化成明清两代的思想钳制。清末以降至民国时期，由于西学东渐，国人一度高举民主科学的大旗，西方先进的教育理念与中国传统的教育文化并存于神州大地，但最终抵不过救亡图存的现实需要。1949 年以后，苏联的教育体制和教育文化植入，与中国红色革命教育文化传统相融合，产生了社会主义改造和探索时期的教育文化。就中国教育文化传统的整体而言，"控制"无疑是一个显性特征。

西方的教育文化是多元的，从古希腊古罗马的人文主义、国家主义到中世纪的宗教主义，再到近现代学说众多的流派，各种教育文化既有对抗也有融合，此消彼长，共同促进西方国家的教育改革与发展。西方教育文化流派虽多，但进入现代以来，其中心主旨最后可归结为一个，那就是培养自由公民。正是这种一以贯之的教育文化，使西方国家较早地进入现代化国家行列。就西方教育文化传统而言，追求"自由"是其最主要的特征。

第一节　中国传统教育文化的控制之道

美国著名汉学家白鲁恂（Lucian W. Pye）认为，中国文化有强烈的集权和专制倾向，不能容忍多个权力中心并存且存在竞争；在中国人看来，分权会导致帮派之争（factionalism），破坏和谐秩序。根据他的分析，中国人重视集权，恰恰是因为分裂、离心的倾向根深蒂固。① 要克服国人对政权的离心倾向，就必须借助于教育文化的控制力量。

教育文化的控制，有"硬"控制与"软"控制之别。前者表现为教育制度、教育内容和方式等有形的控制；后者表现为教育精神、教育习俗和风尚以及积淀在国民心中的思维定式等无形的控制。教育文化的"硬"控制，可以通过官方颁布的教育政策、厘定的教育内容、制定的人才培养目标和人才选拔机制等得以实现，而教育文化的"软"控制则更多地通过统治者推崇的社会风尚和树立的模范国民来实现，它是一种隐形的力量，这类似于萨德勒所言的教育的"无形力量"或"精神力量"。② 而且，"软"控制会强化"硬"控制的力量。

一 将教育理想纳入现实政治，实现对士人的控制

所谓教育理想，就是一定时代、一定社会的教育在人的培养上所追求的理想境界，亦即人们希望通过教育使人达到的一种理想的身心发展状况。③ 教育理想是理想化的教育目标，教育目标是具体化的教育理想。从人类文明史来看，教育理想的形成需要一定的文化积累。一般认为，先秦时代是中国学术思想的总源头，而西方文明的源头则产生于差不多同时期的古希腊时代。在被后人称为"轴心时代"的公元前6世纪，中西方都产生了一大批充满创见的教育思想家。在中国传统社会，虽然朝代更替频繁，但其教育理想仍以先秦诸子百家的学说为基础。而西方教育学说虽然派别众多，但同样

---

① 方朝晖：《重建"王道"——中国改革的根本出路》，http：//www. rmlt. com. cn/2014/0729/298610. shtml。

② 萨德勒在1990年的一次演讲中说："力求发现什么是无形的、难以捉摸的精神力量。这种精神力量，在任何成功的教育制度中，都是实际存在的，它支撑着学校制度，并且使它具有当前的效率。"M. E. Sadler, "How Far Can We Learn Anything of Practical Value from the Study of Foreign Systerms of Education?" Guildford, 1990, p. 11, 转引自艾萨克·康德尔《教育的新时代——比较研究》，人民教育出版社，2007，第6~7页。

③ 丁念金：《人性的力量——中西教育文化变迁》，福建教育出版社，2011，第94页。

也可溯源到"轴心时代"的先贤学说。

中国传统社会有不同的教育流派，这些流派的教育理想不尽相同，自汉代以来，儒家的教育理想一直处于统治地位，或者说儒家思想通过教育的制度化在很大程度上支配着传统文化。儒家的教育思想不限于历代儒家经典中的教义，更重要的是在其教义影响下形成的教育理想、教育习俗与教育制度。它强调人在社会中的生存和发展，是一种伦理化的教育。所以，其教育理想也呈现出伦理化的特征，即培养具有良好修养的君子。"君子"人格是社会对个人成才所要达到的期望，由一群"谦谦君子"组成的社会是儒家期望的社会愿景。

作为儒家教育思想经典之作的《学记》开宗明义，点明教育的作用是"君子如欲化民成俗，其必由学乎？"又说："古之王者建国君民，教学为先。"首先把教育的作用定位为治国安民。儒家创始人孔子从"仁者爱人"和"为政以德"等思想出发，提出要培养在人格上具备"智""仁""勇"三大德，在才能上能"修己安人"、治国安邦的"成人"，[①] 从而实现其"天下大同""天下为公"的政治理想；孟子出于实现社会长治久安的理想，提倡"仁政"，倡导"保民而王"，主张培养"富贵不能淫，贫贱不能移，威武不能屈"的"大丈夫"；[②] 荀子想要培养的则是能推行礼法和长于治国理政的人，即"始乎为士，终乎为圣人"（《荀子·劝学》）的"贤能之士"[③]。无论是孔子的"成人"还是孟子所说的"大丈夫"，抑或荀子所言的"圣人"，都是儒家教育理想所追求的，是从人伦关系来定位的，而非以人的自身主体性为视角。虽然在表述上各不相同，但其内涵却是相同或相似的。概言之，儒家的教育理想就是"内圣外王"，即通过教育使人具有良好的德性修养，以达到施仁政和行德治的目的，从而实现其政治理

---

① 《论语·宪问》：子曰："君子之道有三，我无能焉；仁者不忧，知者不惑，勇者不惧。"子贡曰：夫子自道也。卫灵问孔子。子曰："修己以敬。"曰："如斯而已乎？"曰："修己以安人。"曰："如斯而已乎？"曰："修己以安百姓，尧、舜犹病诸！"

② 《孟子·滕文公下》："富贵不能淫，贫贱不能移，威武不能屈，此之谓大丈夫。"

③ 《荀子·性恶》："圣人化性而起伪，伪起而生礼义，礼义生而制法度。然则礼义法度者，是圣人之所生也。"

想。儒家这种"内圣外王"的教育理想，最重要的目的是为社会培养优秀的治国之才。如《大学》开宗明义说："大学之道，在明明德，在亲民，在止于至善。"其中，"亲民"即其政治目的。而为人们所熟悉的"格物、致知、诚意、正心、修身、齐家、治国、平天下"，其政治指向则更为直接。君子"明德""修身"的最后目的，还是治国安民。后世的儒者或政治家都秉承孔孟思想，把培养"内圣外王"的政治人才作为教育理想与宗旨。如西汉董仲舒说："春秋之所治，人与我也。所以治人与我者，仁与义也。以仁安人，以义正我。"① 朱熹言："圣人'赞天地之化育'，盖天下事有不恰好处，被圣人做得好，丹朱不肖，尧则以天下与人，洪水泛滥，舜则得禹而民得安居，桀纣暴虐，汤武起而诛之。"② 这里说到的"圣人"，也同样被赋予了"经时济世"之才与"教化百姓"之责。王安石也言："士所观而习者，皆先生之法言德行治天下之意，其材亦可以为天下国家之用。苟不可以为天下国家之用，则不教也。苟可以为天下国家之用，则无不在于学。此教之道也。"③ 儒家的这种教育理想，与统治者的意图不谋而合，统治者中官僚阶层的主体本身就由儒生构成。无论是两汉的以家法取士、唐代的以诗赋取士，还是宋朝的以经义取士、明清的以八股取士，其最终目的都是选拔治国之才，或者说选拔具有良好操守的官员。从教育本身来说，无论是以读书和记诵为主的汉学还是以修身和实践为主的宋学，教育内容都离不开儒家经典，其教育活动都是围绕这一教育理想进行的。所以，在儒家思想统治的两千余年里，社会虽几经变革，儒家思想也屡次经受冲击，但直至近代社会到来前，统治者基本上坚持了这一教育理想。

正因为中国传统社会的这一教育理想，所以在古代的学校，除早期的教育还传授"六艺"（礼、乐、射、御、书、数）和一些技术性的知识外，绝大多数时期，尤其是科举制度创建以来，教育基本上只传授学生道德知识和

---

① 董仲舒：《春秋繁露·仁义法》。
② 黎靖德：《朱子语类》，中华书局，1986，第157页。
③ 王安石：《上仁宗皇帝事书》。

治国之术，教育内容就是儒家经典，至于生产知识和技术，则不登大雅之堂，完全仰赖于民间的传承与创造。那些所谓的饱学之士、硕学鸿儒，在"天下有道时"一门心思地做官和考据，在"天下无道时"则退而求其次，做个隐士，伺机东山再起。学校、官方的图书馆也较少编纂、保存有关生产和科技方面的图书，导致中国生产技术文献缺乏。科举取士制度的产生，其原意是选拔具有德行的治国安邦之才，在实践中，科举制度一方面确实为统治者选拔了许多德才兼备的治国之才，另一方面却束缚了中国读书人的心灵，与儒家的教育理想渐行渐远。到明清后，参加科举就意味着能享受种种特权，如免除差役；地方政府以宾礼相待；在社会常居于优越的地位；有进入官场掌握权力的希望；如已做了官，被视为正流清流，否则为杂流浊流。到了明清专制社会后期，儒家的教育理想实际上只在少数人中得以践行，如明之王阳明、清之曾国藩等，在一般士人眼中，读书只是挤入上流社会、谋取个人地位的一种手段。

总体上看，中国儒家的教育理想强调通过个人的学习和修养提升自身的德性修养，从而跻身统治阶层治邦安民，其最终立场是国家本位或社会本位的。这一教育理想在产生之初尚有其实现的可能，如孔子说："君子有三畏：畏天命，畏大人，畏圣人之言。"[1] 孟子曾说："君视臣如草芥，臣视君如寇仇。"[2] "王如施仁政于民，省刑罚，薄税敛"，则"天下之民皆引领而望之矣。"[3] 这均在一定程度上表达了民贵君轻的思想。东汉、两宋时期，太子生和士人敢于任事言事，保留着读书人应有的锐气。但到了明代，朱元璋推崇程朱理学，删节《孟子》，并严格管理学校，禁止学生议论朝政，士人阶层逐步丧失了对个体自由的追求和对君权的质疑，受教育的读书人不能对儒家经典存疑，更不用说批判，偶尔有个别"狂人"，如明之李贽，

① 见《论语·季氏》。狄百瑞认为，此处的天命应首先是天命所代表的良知和理想标准发出的声音，其次才是在评定人间事务时所依据的终极判断标准和范围。参见狄百瑞《儒家的困境》，黄水婴译，北京大学出版社，2009。
② 《孟子·离娄下》。
③ 《孟子·梁惠王上》。

则也成众矢之的。在儒家经典教育下，自愿为朝廷牺牲的官员被视为"忠臣烈士"，为历代统治者所表彰，也为民间所敬仰。几千年的专制社会所形成的对统治者的权力崇拜，使儒家教育逐渐演变为效忠于统治者的教育，培养贤人君子的教育理想也被实践中培养驯服工具和奴才的目的取代，教育成为一种谋取现实利益的手段，甚至成为谋生的一种手段。正如龚自珍在《咏史》中所感叹的那样："避席畏闻文字狱，著书只为稻粱谋。"[①] 受教育的主体——学生则成为藩篱牢笼中的木偶，固守着儒家准则与规训，甘心做一名顺民以换取自己的前途。这种依附政权、依附官场的心态，与中国社会盛行的社会本位教育观和读书做官论，可以说是相辅相成的。

因此，可以说，中国几千年的专制社会中，教育培养的只有臣民，没有自由民，更没有公民，"三纲五常""三从四德"等伦理纲常、"存天理、灭人欲"等理学教条，把人性牢牢地控制在"礼教"之中，自由的思想、独立的人格、公民的精神都无法在这样的土壤中生根发芽。当西方的坚船利炮打破"天朝大国梦"的时候，一批先进的知识分子才开始睁开眼睛看世界，试图从西方文化的民主、科学、平等、自由的理念中寻找一条改进中国教育、改造中国国民性，进而救亡图存、发奋图强的道路。

二 将私学纳入官学，实现对学术的控制

中国传统社会的教育，一直以官学为主导。西周时期就有"学在官府"之说（"惟官有书，而民无书；惟官有器，而民无器；惟官有学，而民无学"）。春秋战国时期，由于战乱相循，中枢无力，私学反而得以兴盛，这也是中国唯一一个私学昌盛的时代。秦汉以后，官方始终占据着绝对优势的地位。只有在新旧政权交替之际，私学才能得以喘息生存。但总体而言，历代统治者自始至终未能让私学的地位超越官学，官学始终是中国教育的主要力

---

① 龚自珍《咏史》全文："金粉东南十五州，万重恩怨属名流。牢盆狎客操全算，团扇才人踞上游。避席畏闻文字狱，著书都为稻粱谋。田横五百人安在，难道归来尽列侯？"

量。统治者通过控制官学的教育内容达到控制思想的目的。官学的教学内容由早期的"六艺"到后来的儒家经典，无一不是以明人伦、习礼教为主，几千年来，虽有变更，也不离其宗。统治者自始至终未能让官学走上思想独立、学术自由的道路。相反，愈到专制社会后期，控制愈加严格。官学以各种课考、岁考来让学生致力于对经典的学习，更以科举取士制度来选拔和笼络青年才俊，为其所用。虽偶尔也成立一些专科学校，如医科、算科等，但始终处于边缘地带，不为一般读书人所看重，因而官学始终未能发展为现代意义上的大学。

除官学完全由朝廷控制外，私学也不同程度地受到政府的控制。中国传统社会的私学主要包括书院和书塾，其中成规模的是书院。书院发轫于唐末乱世之时，兴盛于宋元明清，初为修书、校书、藏书之所，供朝廷读书、顾问应对之用，后遂成学者避难讲学聚集之地。宋初书院力倡"为己之学"，以别于官学的科举之用，故以私人讲学为主，张栻于岳麓、朱熹于白鹿、吕祖谦于丽正、陆九渊于象山，兴盛一时。朱、陆的"鹅湖之会"，成一时美谈。但自元代开始，书院逐步官学化，朝廷出资兴建或修复书院，委派山长，选任主讲，或授予讲学者以官职，多方笼络，[①] 一方面，以示朝廷重视教育和人才；另一方面，借此控制书院，防范其借讲学之机不利于朝廷。明代由于官学兴盛，书院沉寂近百年，至成化年间方有起色。明代书院赓续宋代精神，意图摆脱官学的影响，避免沦落为科举的附庸，但屡遭朝廷的焚毁，万历年间焚毁书院64所，天启年间则更多。延至明中叶以后，东林党人以书院为场所，"讽议朝政，裁量人物"，终究招致党狱。清代书院虽得到前所未有的扩建，据商衍鎏著《清代科举制度述录》估计，全国书院接近"二三千之数"。可见其规模之大。但除少数仍以讲学为主外，大多数都以研究经史辞章，尤其以时文考课为科举主业。到同治年间，由于西学东渐，也有书院开始介绍西学，如上海的格致书院。清代是有史以来书院官学化现象最为严重的时期，其控制手段有三：

---

① 顾明远：《中国教育的文化基础》，山西教育出版社，2008，第127～129页。

一是通过官方主要是地方政府出资或用拨学田收田租的方式抵作经费，从经济上加以控制。二是由官方聘请书院执掌人与主讲人，甚至直接让督抚学政参与其中。三是生徒的入学资格由官方统一考录。招生人数、学员的学籍、住宿等都由官方规定，不由书院做主。① 至此，大多数书院已同官学一样，只是科举的附庸，不复有宋明书院之威望与清名。

书院虽有短暂相对宽松的时期，如宋代，也拥有一定的学术自由，但整体来说，基本上处于官府的控制之下。自产生以来，无论是其教育目标还是教育内容、教育形式，均没有实质性的突破。教育目标无非修身治人、穷究天理；教育内容不外是诠释和讲解儒家经典，或专事辞章考据；教学方式虽较官学灵活，但仍以讲授为主，循规蹈矩，并没有对官学教育体系产生冲击，反而成为官学的一种补充。统治者一旦发现书院有所逾越，言行危及其统治，则毫不手软，即行停办。像明代东林书院的读书人那样，欲以天下之事为己任，指谪朝政，意气相投，声息相通，触犯了专制朝廷的大忌，招致以魏忠贤为首的当权派的血腥镇压。可见朝廷对书院始终是防范的。清初更复如此，清人初入关，对汉人尚未完全征服，许多反清义士也是当时的宿学名儒，所以清初近40年，朝廷对书院严格钳制，直至大局已定，雍正才借尊孔之名，重新允许开设书院，其目的不外是笼络当时的读书人为其所用。造成这一现象的原因，是中国几千年的专制社会的结构与统治方式并没有发生根本的变化，书院在中国不可能像欧洲的教会学校一样，随着经济社会的发展，拥有较大的办学自主权和学术自由的权利，从而演变为具有现代性质的大学。

中国传统社会对学校教育实行严厉控制的原因，丁念金认为有五个方面。其一，中国整个文化总体上是一种人性防范型文化，学校教育是被作为人性防范的一个重要领域和措施体系来设计和实施的。其二，中国传统社会最高的价值是追求崇高，为了让学校实施并完成这一任务，故要加强对学校制度

---

① 刘宗棠：《简论清代书院制度的特点及其兴衰》，《中国石油大学学报》（社会科学版）2009年第1期，第64~67页。

的控制。其三，中国传统的社会秩序是一种典型的等级化的秩序，为了维护这种等级化的秩序，就需要加强控制。其四，对学校教育的控制是权力者追求权力最大化的一种表现。其五，对学校的控制体现了官场上的一种权力分配，政治上的失势方所主办或倚重的书院往往被毁。① 这些分析有一定的道理。但更重要的是，秦代以后中国形成的政治和法律制度只规定统治者拥有无限制的法定权力，却不用承担相应的法定义务，"普天之下，莫非王土；率土之滨，莫非王臣"。相反，被统治者承担无限制的法定义务却不拥有相应的权利。在这样的一种政治－法律制度设计中，双方都没有安全感，统治者怕有朝一日被统治者夺权谋反、取而代之，故处处设防，唯恐天下变色，而被统治者因自身的权利没有法律的保障，也变得不敢对抗，放弃了个人对权利和自由的诉求，加上中国儒家思想强调的伦理规范和尊卑秩序，国人在这种文化中耳濡目染，久而久之，也习惯于被控制、被奴役，不到活不下去便不会起来反抗。由是之故，在漫长的中央集权统治时期，中国传统社会的学校只能沦为一般儒学的研究场所和学子入仕前的培训基地，始终没有发展为具有独立地位的大学，也没能培养出除鸿学硕儒外的某一学科的卓越人才。

三　将师生关系纳入伦理规范，实现对学生心智的控制

中国传统社会中，师生关系是家庭关系的一种延伸，老师与学生在一起学习生活，就像一家人相处一样。既讲"尊师"，也讲"爱生"，"师生关系"也是一种家庭伦理关系，在这种关系中，没有谁是处于绝对地位的，一切都视伦理行为而定。从这个角度而言，中国人学术上所谓的"家"，是一个学术集团。而师生或同门之间的亲情，甚至超过私人家庭。学问也是人生的主题之一，二者不可分。这一点从孔子和他学生的关系中就可以看到。这种尊师重教、师生无间的关系当然是小农社会下教育模式的一种理想状态。对于这一点，钱穆先生曾说过："中国人讲学术，又必牵连到师生间的情感上，一门讲学犹如在一个家庭中过生活。……而学生之从师，亦必懂得要尊师亲师，

---

① 丁念金：《人性的力量——中西教育文化变迁》，福建教育出版社，2011，第91页。

如一家中子弟之对其父兄般。学问与人生仍必和合为一，只从人生中分别划出，但并非脱离了人生的大范围大圈套。"① 正是基于这么一种关系，当真理与尊师发生矛盾时，中西方的态度是不一样的，西方人信奉亚里士多德所说的"吾爱我师，吾更爱真理"，把真理放在尊师前面。而中国人则先讲尊师，其次才讲真理。钱穆先生说："中国如儒家思想，是孔子以下两千五百年，朱子以下八百年，他们都说'尊师重道'，似乎'尊师'与'重道'站在同一地位，是同一意义的。换言之，由中国观念言，尊师本身亦即是一道。而西方人则从师仅是一手段，求真理始是一目的。倘他只在尊师，其自身即不够一大师资格。故必竞标真理，乃始见其为一学术灿烂时代。"② 在这种尊师重于尊知的情况下，中国的教育与学术总体上呈向后看的趋势，"述而不作，信而好古"成为教育者和读书人的信条。魏晋王弼所讲的"统之有宗，会之有元"，主要阐明的也是学术的出处与师承关系。宋代之前，这种集团式的家庭式的师生关系，在书院中经常出现，不过当时相对的自由气氛，也造就了许多师生佳话，造就了一代学术的繁荣。

但元明以后，随着专制力量的加强，三纲五常、尊卑等级的确定，尤其是科举取士与读书直接挂钩，师生关系逐渐不再纯粹，而是演化为一种利益格局和人际互助的关系。尤其是在官场上，门生故吏、师出同门成为进入官场上升通道的敲门砖。加之中国人真正信得过的从来都是私人关系，而不是官方权威或政府的典章，对这一点，殷海光也曾说过，"在传统中国，我们可说通体社会是原级社会（primary society），联组社会是次级社会（secondary society）。虽然联组社会和通体社会不同，可是在实际上中国的联组社会很少不从背后受通体社会影响的。"③ 也就是说，表面上，社会上有一套规则与制度，但实际运作时，私人关系却无时无刻不在起作用。甚至可以说，中国社会的运作往往基于私自相授的关系。而师生关系就是其中复杂的人伦关系中重要的一环，所以统治者借重"教育"之名，反复强调"一

---

① 钱穆：《从中国历史看中国民族性及中国文化》，九州出版社，2011，第 61、65~66 页。
② 钱穆：《从中国历史看中国民族性及中国文化》，九州出版社，2011，第 61、65~66 页。
③ 殷海光：《中国文化的展望》，上海三联书店，2009，第 74 页。

日为师，终身为父""天地君亲师""师严然后道尊"，把教师放到一个很高的位置，尤其是把孔子抬到一个至高无上的地位，这在世界文明史上是很少见的。这种只认老师不讲真理、只讲师承不问是非的传统，本质上也是一种利用威权形象来控制心智的手段。学生的心智和个人发展往往受控于自己的老师，老师在学生心目中是不容置疑的、权威的，这种权威投射到其他社会关系上，无疑也是一种控制的力量。这种师生关系文化的形成，使学生不自觉地依附于老师（此处的老师不完全等同于现在所说的"老师"，在科场中，官员往往以"恩师"自居和自许），这种身份的依附不是或不完全是基于知识，在科举制度下，甚至是出于利益的考量。除师生关系外，师出同门的学生或同年关系，也会构成一种朋党的利益关系。

德国思想家斯宾格勒在《西方的没落》中，首先提出原形文化与伪形文化的划分。他用这两个概念来描述阿拉伯文化与俄罗斯文化的变形与变质。[①] 中华文化也有原形文化与伪形文化之分。中国私学的出现虽早于孔子时代，但孔子与弟子的关系，无疑是中国教育史上师生关系的典范，可以视为传统社会中师生文化的原形文化，这种精神传统一直延续到宋代，它是一种较为健康的功利性弱、情感性强的家庭式的学术集团。然而元明以后，由于科举做官意识的泛滥、统治者对教育控制的加强，师生关系逐渐变质，变质后的师生文化，成了个人功名角斗场的利器。顾炎武在《生员论》中有一段话："天下之患，莫大乎聚五方不相识之人，而教之使为朋党。生员之在天下，近或数百千里，远或万里，语言不同，姓名不通，而一登科第……朋比胶固，牢不可解。书牍交于道路，请托偏于官曹，其小者足以蠹政害民，而其大者，至于立党倾轧，取人主太阿之柄而颠倒之，皆此之繇也。"[②] 可见明末之时，生员朋比为党，已呈泛滥之势。

只认师承不敢创新的传统，直接导致了中国教育中创造性人才的严重缺乏。中国读书人把精力都用在了"崇古""好古"上，读书人最大

---

① 参见奥斯瓦尔德·斯宾格勒《西方的没落》，齐世荣、田农、吴琼译，上海三联书店，2006。
② 顾炎武：《顾亭林诗文集·亭林文集》卷1，华忱之点校，中华书局，2008。

的乐趣不外就是在注释古书或修身体悟方面有所收获。而明以后，连普通读书人注释经典的权利也被收回，对儒家经典的注解只有朱注。朱熹成为孔子之后第二位全国读书人的钦定老师。这种借国家政权之力量指定教育内容、考试方式的传统，让更多的读书人只信奉权威，只认经典，不敢怀疑，不敢批判，或虽有质疑，但也不敢公示于众，以免被主流社会遗弃。社会剧变，学术所依赖的权力被推翻之时，人们才敢于质疑，敢于批判。所以，在传统文化里，权威代表着真理，权威倾倒之日，也往往是"真理"幻灭之时。文化上的从众心理和对权威的膺服，应是中国文化发展到近代停滞不前的主因之一。

第二节　中国教育文化中的反控制力量

控制作为中国教育文化的一股力量，主要是基于专制的政治环境，这种环境的产生，源于统治者政权的力量与儒家文化中伦理等级观念的合力作用。但是，控制并不是中国教育文化的唯一力量，事实上，在中国社会中，一直都存在反控制的力量与之角力，这股力量试图挣脱来自政权、礼教的压制，实现人性的解放和人的自由。它往往产生于新旧政权或朝代更替之际。在一个政权稳定的大一统的社会中，整个社会秩序往往固化，反控制的力量难以产生与成长，相反，在统治力量相对松散的社会中，人的思想处于活跃状态，人渴望自由的本能被激发，反控制的力量潜滋暗长。正如解放教育学派所认为的那样，"解放"属于动态的社会，人的自由只有解放才有可能。在动态社会里，人是不断奋斗与追求自由的，也就是说，自由是奋斗得来的或追求得来的。人的能力因为生长而成熟，同时人的意识也是可以启蒙的。因此，在动态社会里，人由于具有能力而获得自由，也由于对事物的了解而获得自由。由此可以认定：解放发生在动态的社会里，动态的社会由于常在变动，容易促成解放。① 中国传统社会虽然整体上是一个超稳定结构的社会，但每到新旧

---

① 詹栋樑：《现代教育思潮》，台北："国立"编译馆，2002，第606～607页。

朝代更替之际，就会呈现出部分动态社会的特征。另外，儒家传统一般只教人为了生存而忍耐，林语堂把中国人的这种性格概括为老成温厚、遇事忍耐。他说："这种品质走得太远，以致成了中国人的恶习：中国人已经容忍了许多西方人从来不能容忍的暴政、动荡不安和腐败的统治。"①　正是由于这种国民性，中国人少有对暴政的反抗。同样，在教育领域，学者或学校对来自政权对教育的干涉与镇制，往往不敢直接反抗，而是忍耐或默默接受。中国教育长期处于官方的控制之下，也跟这种国民性有莫大的关系。但尽管如此，儒家思想中也有一些"自由"的传统。②　受这些"自由"力量的影响，部分卓尔不群之士也会因情势的变化对来自统治者的控制进行反抗，这种来自教育领域的反控制的力量主要有三股：一是太学生运动；二是隐士、高士与名流的不合作运动；三是近代以降的教育现代化运动。

一　以道统对抗政统：太学生的反抗运动

中国早期的高等学府往往具有学术和政治的双重功能，如春秋时建于齐国的稷下学宫，当时会集的学者名士达千人之多，凡到稷下学宫的文人学者，无论其学术派别、思想观点、政治倾向、国别、年龄、资历等如何，都可以自由发表自己的学术见解，从而使稷下学宫成为当时各学派荟萃的中心。当时齐国统治者对此采取了十分优礼的态度，封了不少著名学者为"上大夫"，并"受上大夫之禄"，即拥有相应的爵位和俸养，允许他们"不治而议论"③"不任职而论国事"。④　秦汉之后，学校的议政参政功能大大弱化。然而，在西汉哀帝时，出现了"王咸举幡太学下""诸生会者千余人"的学生政治运动，⑤　其锋芒直指朝廷。东汉末年，由于政治黑暗，许多名士

---

① 林语堂：《中国人》，郝志东、沈益洪译，学林出版社，1994，第59页。
② 狄百瑞认为，宋明理学中的"自由"传统并不等于西方的自由主义。他认为，中国自由主义的范围取决于暴君的统治，若不是统治者的暴行激发了儒臣的良知，使之受到极端的考验，那些英勇无畏的抗议行为一般是不会发生的。参见狄百瑞《儒家的困境》，黄水婴译，北京大学出版社，2009，第58页。
③ 《史记·田敬仲完列传》。
④ 《盐铁论·论儒》。
⑤ 王子今：《王咸举幡：舆论史、教育史和士人心态史的考察》，《读书》2009年第6期，第12~19页。

不愿同流合污，以在野之身品鉴人物。在他们的影响下，太学形成了一股批评时政、品藻人物的清议之风。《后汉书》形容当时的情形是："豪俊之夫，屈于鄙生之议"① "自公卿以下，莫不畏其贬议。"② 可见当时舆论所指，当权者也不得不有所忌惮。而后发生的为朱穆"诣阙上书"③ 和为皇甫规"诣阙讼之"④ 的集会请愿运动，也获得成功。但正是这种清议与参政的力量，引起了宦官集团的恐惧与敌视，汉灵帝熹平元年（172），因朱雀阙出现指斥宦官专权的匿名书，主持清查的官员四出逐捕，收系太学生竟多达千余人。太学生的反抗精神更鲜明地表现为窦武之难发生时敢于奋起武装抗争。陈蕃与窦武欲诛杀专权的宦官，但对方先下手杀死窦武并解散其武装力量，在此危难之际，陈蕃带领手下及太学生八十余人，拔刃突入承明门，然事不济最终遇难。吕思勉《秦汉史》就此分析说："则汉世儒生，不徒主持清议，并有能奋身以赴国难者矣。"⑤

两宋时期，由于实施"兴文教，抑武事"的国策，太学得到了前所未有的发展。每当强敌压境，朝臣懦弱、奸佞恣虐之时，⑥ 太学生们便糠秕时政，直陈国事，不避牢狱，不畏权贵，对朝政也产生了一定的影响。宋太学有"无官御史台"之称。⑦ 据王曾瑜考证，宋徽宗时期，奸臣当权，太学生中有敢言之士，如雍孝闻、陈朝老、张寅亮、朱梦说、邓肃等，均以上书或

---

① 《后汉书·儒林列传下》。

② 《后汉书·党锢列传》。

③ 汉桓帝永兴元年（153），冀州刺史朱穆因打击横行州郡的宦官势力被治罪，罚往左校服劳役。"太学书生刘陶等数千人诣阙上书"，指责宦官集团的罪恶，赞扬朱穆出于忧国之心，志在肃清奸恶的立场，表示愿意代替朱穆服刑劳作。汉桓帝于是不得不赦免朱穆（《后汉书·朱穆传》）。

④ 汉桓帝延熹五年（162），一向"恶绝宦官，不与交通"的议郎皇甫规在论功行封时拒绝贿赂当权宦官，受到诬陷，也以严刑治罪，"太学生张凤等三百余人"又发起集会，"诣阙讼之"，使皇甫规得到赦免（《后汉书·皇甫规传》）。

⑤ 王子今：《王咸举幡：舆论史、教育史和士人心态史的考察》，《读书》2009年第6期，第12~19页。

⑥ 历史学家黄现璠著《宋代太学生救国运动》一书，将宋代太学生运动的原因归结为以下三点：强敌之压迫、朝臣之懦弱、小人之恣虐。

⑦ 古谓太学生无职而敢言，称"无官御史台"。《苕溪渔隐丛话后集·本朝杂记上》引（宋）吕荣义《上庠录》："世称太学聚天下士，既知道理，又无持禄固宠之累，故其品藻人物，皆合公议，于是以太学为'无官御史台'。"（宋）罗大经《鹤林玉露》卷二："太学古诗云：'有发头陀寺，无官御史台。'言其清苦而鲠亮也。"

面陈的形式，秉公义之心对当朝权臣如蔡氏兄弟等的所作所为提出强烈评批，被朝廷流放或贬斥。而此后爆发的由太学生陈东领导的伏阙上书运动，则开了宋代太学生由个别人的活动升格为集体性运动的先河。起初因不满朝廷罢李纲相位而用李邦彦为相，陈东"率士数百，伏阙上书"，后演变为京城数万百姓"仰天椎心，祈哀请命"的群众自发运动。在金兵兵临城下之际，又有太学士杨海、丁特、徐撰、黄时偶等人，或上书朝廷反对投降，或只身入敌营以示抗争。南宋建炎年间，开封留守抗金将领宗泽病逝，太学、律学、武学三学之学士三千余人为文以哭，一示哀悼故人，二示不满朝廷昏昧。秦桧当权期间，禁止学生上书言事。秦桧死后，又有太学生黄作、詹渊、王十朋、冯方、胡宪、查籥、李浩、程宏图和宋芑等人上书议政。宋孝宗年间，张观等太学生为匡时济世，伸张正义，又发起了一场学生运动。此后直至宋朝灭亡，太学生（也含律学、宗学、武学等）余古、乔嚞、朱有成、汪安仁、杨宏中、周端朝、张衢、林仲麟、蒋傅、徐范、华岳、陈宜中、黄镛、林则祖、曾唯、刘黼等人，或只身伏阙上书，或联合诸生抨击时政，虽多遭挫败，但也间或有成功者。[①] 宋代频繁激烈的太学生运动，竟然也有成功的，这在中国专制社会中是少见的。与两汉的学生运动相比，它取得的成就大得许多。究其原因，一是得益于宋代对士大夫比较宽松的政策，太学生作为国家统治人才的储备库，朝廷当局也采取了较为宽松的应对策略，对领头者最多也只是流放（陈东被杀并非完全因为学生运动之事）。二是宋代太学生参政议政的力量，也让一些官员心存忌惮，这让朝廷或权臣借助这一力量为己所用，以此来制衡某一派的过于跋扈。

大学生的抗争运动，始于两汉，盛于两宋。太学作为统治者的高等学府和后备人才培养基地，当政者当然不愿意让这股力量过于壮大，以致无法驾驭，所以大多采取抑制和镇压的方式。从制度设计来看，秦代以来，实行的都是专制政治，但有些朝代开明一些，如宋朝；有些朝代则专横一些，如

---

① 王曾瑜：《三学生、京学生与宋朝政治》，四史同堂—中国社会科学研究所辽宋金元史学科，http：//www.lsjyshi.cn/SSYJ/2011/111/111112332473JCI46CGA17ECFIJE73D.html。

明、清。在开明专制的朝代，太学生运动起到了"无官御史台"的作用，它们通过舆论监督权力，尤其是权臣的权力。两汉和两宋太学生的这种不畏权势、敢于抗争的行为，也源于当时太学生们所接受的儒学教育中尚有公义和血性，其中孔子所说的"志士仁人，无求生以害仁，有杀身以成仁"①，孟子所言的"舍生取义""道之所在，虽千万人吾往矣"② 的儒家侠义精神仍旧激励着这些热血青年，不似清代儒学已教条化、乡愿化。"儒家道德实践与涵养工夫的真正考验是在生死交关的极限境况，而不是在日常世界的礼教遵守；因为人存在的终极意义于此境况最能彰显，而此意义的肯认端在生死交关之际良知的彻底醒悟。"③ 太学生在国难之际慷慨赴难，践行儒家的这种道义精神，这也许是执政集团上层官学教育的设计者和推进者起初没有想到的，也在中国教育史上投射下一缕自由之光。

专制社会下的中国，一般是不允许民众表达不同政见的。在暴力和专制面前，民众参加争取某种自由的斗争是要冒很大风险的。古代的太学生明知这种风险的存在，如果仅仅依据个人利益行事，那么他们根本没有必要投入这样的抗争之中。可是，这样的抗争终究还是发生了，而且太学生们前赴后继，尤其是宋代，太学生们屡次聚众上书，以性命相搏。除自身的血性和儒家思想的教化之外，还有就是维护读书人的尊严，用现代的话讲，则理解为"人性的尊严"。正如福山（Francis Fukuyarna）在《历史的终结与最后的人》（*The End of History and the Last Man*）一书中所指出的那样，人类的历史建立在"为了人性的尊严而斗争"的原则之上。④ 人类首要的追求是"把人当人看"，也就是说，要求别人把自己作为一个人来尊重。人之所以为人，在于他有生存的勇气，即有能力去冒生命的风险实现自己，不是别的，而是这种要求承认的欲望，才是驱动人类历史的原动力。

---

① 《论语·卫灵公》。
② 《孟子·公孙丑上》。
③ 傅伟勋：《生死智慧与宗教解脱》，《批判的继续与创造的发展》，台北：东海大学图书馆，1986，第 193 页。
④ 参见弗朗西斯·福山《历史的终结及最后的人》，黄胜强等译，中国社会科学出版社，2003。

二　清流的抗争：知识分子的不合作运动

史载最早的不合作主义的事迹，是商亡周兴之际的伯夷、叔齐，作为商之遗民，他们不愿接受周王朝的官位俸禄，宁愿饿死在首阳山。[①] 他们的行为被后世的孔子高度赞扬，称之为"古之贤人"，"不降其志，不辱其身。"孟子则称之为"圣之清者"。这种坚贞的道德观也成为儒家的思想和灵魂之一，后来的许多儒者都以二人为榜样，他们的事迹为许多读书人所称道。

另一次知识分子不合作运动发生在魏晋三国之时，适逢司马氏篡权，战争相循，名教大坏，原有的儒家主流思想已失去权威，空谈心性的玄学随之兴起，在此大动荡的时代，许多饱学之士看不惯朝廷的腐败与黑暗，为保住身家性命又不敢公开抗争，只好采取消极的不合作态度。其中最著名的就是"竹林七贤"[②]。他们践行道家"取法自然""清静无为"的思想，政治上不愿意入仕，不发表自己的政见，但其态度却是明确的，即宁愿选择"任自然以托身"的朴素主义苟全性命于乱世，也不愿意与污浊的俗世政权为伍。尽管这种不合作主义并不能给现实政治带来改变，却可以以消极的方式表明与专制政权疏离的态度，对维系知识分子"人性的尊严"与自我的人格完整，还是具有积极作用的。冯友兰就认为这是一种远离约束的自由观。狄百瑞在《中国的自由传统》一书中也把这种不合作精神视为中国式的自由主义。对此，殷海光也曾说："在中国文化里，跟自由主义能产生亲和作用的是佛老思想。可是，佛老思想只是一种人生境界和一种人生态度。它不是像孔教那样的制度。佛老思想所造成的境界和态度，可导致人采取退避不争的方式来缓和暴政的迫害以'全生保真'，但不能鼓起人争自由的激情。"[③] 竹林七贤的抗争，是一种反求诸己

---

① 参见《史记·伯夷列传》。

② 参见《世说新语·任诞篇》："陈留阮籍，谯国嵇康，河内山涛，三人年皆相比，康年少亚之。预此契者，沛国刘伶，陈留阮咸，河内向秀，琅邪王戎。七人常集于竹林之下，肆意酣畅，故世谓'竹林七贤'。"

③ 殷海光：《中国文化的展望》，上海三联书店，2009，第255页。

式的抗争，只向内而不向外，所以只是一种消极的自由主义者的态度。

竹林七贤之后，又有陶渊明、谢灵运，这种真率、任情的名士风度一脉相承，绵延不绝。至晚明，社会黑暗，国事日非，文人由抗争转为避世，以此消融个性与社会、理想与现实的矛盾，于是出现了以泰州学派为前锋、以李贽的"童心说"为旗帜、以袁宏道等人的风流自放为示范的名士群体。这些名士文学自负，任自然而不法名教，有的甚至荒诞不经，离经叛道，最终因言贾祸，为当权者所不容，如李贽。明末清初朝代更迭之际，受宋以来理学所倡导的忠孝思想的影响，更有一大批知识分子虽屡次被清廷征召，却终身不愿在清为官，坚守作为一名纯儒的节操。其中，有些人出家为僧，如方以智、吕留良、钱谦益；有的人苦隐著书，如黄宗羲、王夫之、李颙；有的人行走四方或赴海外，如顾炎武、朱之瑜。知识分子与新政权不合作的态度，除了有道德的意义，还身负传承儒家道统与前朝文明之使命。如果把清廷对这些前朝大儒的征召和笼络视为控制的话，他们不接受朝廷的征召就是一种反控制的力量。这种力量来源于儒家文化的道统——忠孝观，他们高举道统的大旗，以反抗政统的力量。更为难能可贵的是，以黄宗羲、顾炎武、吕留良等为代表的明末清初的一批知识分子，因亲历过明王朝的专制与腐败，对理学道统造成的统治困境有着深刻的体验，其中黄宗羲就对儒家所倡导的"修己治人"教育观重新进行审视，并提出只有依赖于法度而非个人的德行力量，方能达到理家所倡导的"义"。[1] 这种质疑理学和君权的声音在同时代的知识分子中实属少见。

时至现代，来自知识界的不合作力量当数民国大学的校长们，他们本身也接受儒家的传统教育，同时又得风气之先，接受了西方教育独立的思想。其中最有名的当数蔡元培先生，后来马寅初先生也有此行为。蔡元培曾有七次辞去校长职务的行为。[2] 1923 年 1 月 19 日，蔡元培第六次提出辞职，他在声明中这样写道："元培为保持人格起见，不能与主张干涉司法独立、蹂

---

[1] Theodore de Bary, *The Liberal Traiton in China* (Hong Kong University Press, 1983), p. 84.

[2] 蔡元培在任北大校长 10 年期间（实际任职不足 5 年），曾有七次辞去校长职务的行动，原因各异。

蹰人权之教育当局再生关系，业已呈请总统辞去国立北京大学校长之职，自本日起，不在到校办事，特此声明。"蔡元培为"保持人格起见"而辞职。关于第二次辞职，蔡元培在"保持人格"之外认识到了当局的昏庸无能，决心不做"帮忙"的角色。他在辞职后第二天（1923 年 1 月 21 日）发表的演说《关于不合作宣言》（发表于《申报》1923 年 1 月 25 日）中说："当局的坏人大抵一无所能的为多，偶有所能，也是不适于时势的。他所以对付时局，全靠着一般胥吏式机械的学者替他在衙署里面，办财政办外交等，替他在文化事业上作装饰品，除了这几项外，他还有什么维持的能力呢？"同时，蔡元培缔造了光荣的北大传统（也是中国大学的光荣传统），其中"兼容并包"与"不合作主义"受到时人与后世的高度评价。清华大学老校长梅贻琦曾对"北大之所以为北大"做过精彩的阐释并意欲追随之："对于校局则以为应追随蔡子民先生兼容并包之态度，以克尽学术自由之使命。昔日之所谓新旧，今日之所谓左右。其在学校应均以自由探讨之机会，情况正同。此昔是北大之所以为北大，而将来清华之为清华正应于此注意也。""不合作主义"精神的继承者当首推后来的北大校长马寅初先生。马寅初在1940 年蔡元培逝世后作《蔡元培思想之宽大》一文表示其追慕之意。他认为"北大主义"即"牺牲主义"。20 世纪 50 年代，马寅初发表《新人口论》，遭到各方反对，甚至马氏的"老朋友"周恩来也劝马寅初避一避，但是马寅初坚持自己的学术见解，他发表声明说："我虽年近八十，明知寡不敌众，自当单枪匹马出来应战投降！"其坚持真理、保持独立人格的精神可以说是与蔡元培一脉相承。傅国涌在《蔡元培：辞职以示不合作》一文中说："蔡元培在他开篇引用了《易经》的话'小人知进而不知退'。他提出，在黑暗恶劣的时局面前，知识分子要懂得进退，退有时候比不进重要，所以提出'不合作'三个字。为了表示自己不合作，他选择了一次次辞职，一方面是以告退的形式维护自己的人格自尊，另一方面也是抗议和示范。"①

　　正如谭嗣同所说，"两千年之政皆秦政也"；毛泽东也说，古代中国

---

① 参见王家声主编《文人的骨气和底气》，世界知识出版社，2011。

"百代都行秦政法"。^① 近代以降，国家主义在世界上被认可，富国强兵成为许多人的梦想，国家这个"利维坦"^② 的力量借机得以进一步壮大。无论是古代还是近代的中国知识分子，用不合作的态度与方式对抗国家这个巨无霸，以个人羸弱的力量对抗整个国家机器，其风险都是极大的。在集权威权的统治下，统治者以"不服从者不得食"相要挟，对民众有生杀予夺之权，个人的力量显得微不足道，然而尽管如此，总是有一些知识分子"铁肩担道义，妙手著文章"，在大道不行、污浊横行之时，以身家性命相搏，或为了维护道统，或为了争取民众之权利，或仅为换取个人良心的安定，成仁赴义，使黑暗的中国历史仍然闪耀着一丝自由的光辉。

三　觉醒后的践行：近代的教育现代化运动

鸦片战争以后，随着中国政治、军事上的一系列失利，从统治者、知识分子到普通民众，无不感受到民族存亡的危机。救亡图存成为整个中国近现代的主旋律。一批知识分子顺应并推动西学东渐的浪潮，从批判僵化的传统文化、传播和颂扬西方文化开始，掀起了一波又一波的文化震荡。这一情势有点类似于法国大革命时期。托克维尔在《旧制度与大革命》前言中论及1789 年的法国大革命，他写道："法国人用这个世界上任何人民都从没有尝试过的最大努力，把自己的命运一分为二，把过去与将来分隔在一道鸿沟的两边。……他们为自己设计了各种各样的限制，要把自己塑造成与父辈完全不同的模样。他们全力以赴地要让自己焕然一新。"然而，托克维尔认为："他们在无意识中，从旧制度继承了大部分感情、习惯、思想，甚至可以说，他们正是使用这一切去领导了这场摧毁旧制度的大革命。他们利用了旧制度的残砾来建造新社会的大厦，即使这并不是他们情愿做的事情。"^③ 他

---

① 毛泽东《读〈封建论〉呈郭老》："劝君少骂秦始皇，焚坑事件要商量。祖龙魂死业犹在，孔学名高实秕糠。百代都行秦政法，十批不是好文章。熟读唐人封建论，莫从子厚返文王。"
② 利维坦是《圣经》中描述的某种类似鳄鱼或鲸鱼的海怪，它拥有坚硬的鳞甲、锋利的牙齿，口鼻喷火，腹下有尖刺，令人生畏。
③ 托克维尔：《旧制度与大革命》，宋易译，江苏文艺出版社，2013，"前言"。

指出，要理解法国大革命，就要考察坟墓中的法国，就要深入旧制度的心脏。同样，近代中国知识分子实际上也是从旧制度中继承了大部分的感情、习惯、思想，并利用这些传统去领导一场反传统的文化运动。

1. 觉醒的知识分子批判传统的奴化教育，渴望与向往自由

严复在《论世变之亟》中说："夫自由一言，真中国历古圣贤之所深畏，而从未尝立以为教也。唯天生民，各具赋畀，得自由者乃为全受。故人人各得自由，国国各得自由，第务令毋相侵损而已。侵入自由者，斯为逆天理，贼人道。……故侵人自由，虽国君不能。……中国理道与西法自由最相似者，曰恕，曰絜矩。然谓之相似则可，谓之真同则大不可也。"[1]

康有为在《大同书》中说："凡人皆天生，不论男女，人人皆有天与之体，即有自立之权，上束于天，人尽平等，无形体之异也。……各为一身，各有自立自主自由之人权则一也。"[2]

梁启超在《新民说》中指出新国民之于新制度、新政府、新国家而言更重要，说："然则苟有新民，何患无新制度？无新政府？无新国家？"[3]

陈独秀以其独有的犀利之笔指出，如欲建设西洋式的新国家，"不可不首先输入西洋式社会国家之基础，所谓平等人权之新信仰，对于此新社会新国家新信仰不可相容之孔教，不可不有彻底之觉悟，猛勇之决心；否则不塞不流，不止不行"。[4]

李大钊、胡适、鲁迅也从不同的角度，运用不同风格的语言，对"孔教"进行抨击，对中国教育的奴化人格进行深刻剖析，同时对自由、平等、民主表现出强烈的追求。作为民国时期的教育家，蔡元培则更进一步论及民国教育与传统教育之差异："民国教育与君主时代之教育，其不同之点何在？君主时代之教育方针，不从受教育者本体上着想，用一个人主

---

[1]　严复：《论世变之亟》，璩鑫圭、童富勇编《中国近代教育史资料汇编·教育思想》，上海教育出版社，1997，第295页。

[2]　康有为：《大同书》，中州古籍出版社，1998，第172～173页。

[3]　梁启超：《新民说——少年中国的国民性改造方案》，中州古籍出版社，1998，第48页。

[4]　璩鑫圭、童富勇编《中国近代教育史资料汇编·教育思想》，上海教育出版社，1997，第889页。

义或用一部分人主义，利用一种方法，驱使受教育者迁就他之主义。民国教育方针，应从受教育者本位上着想，有如何能力，方能尽如何责任；受如何教育，始能具如何能力。"① 他从自由主义的立场出发，主张并践行教育独立、思想自由，以救亡图存为己任，倡导"实业"救国，推行当时西方盛行的"实利"教育，以达到富国强兵的目的。蔡元培的教育理想与同时代的教育家相比高出一筹，他始终认为以独立的教育来培养自由的国民，方为教育之根本。他在《教育独立议》中指出："教育是帮助被教育的人，给他能发展自己的能力，完成他的人格，于人类文化尽一份的责任。而不是把被教育的人，造成一种特别器具，给抱有他种目的的人去应用的。所以，教育事业应当完全交给教育家，保持独立的资格，毫不受各派政党或各派教会的影响。""教育是要个性与群性平均发展的。政党是要制造一种特别的群体，抹杀个性的。……教育事业不可不超然于各派政党以外。""教育是进步的，教会是保守的，……若是把教育权交与教会，便恐不能绝对自由。所以，教育事业不可不超然于各派教会以外。"他认为："教育者，乃养成人格之事业也。若仅仅为灌注知识，练习技能之作用，而贯之以理想，则机械之教育，非所以施以人类也。"② 他的教育实践，对改造当时读书为封妻荫子、光宗耀祖、升官发财的旧习气，起到了至关重要的作用。

翦伯赞在《人类的尊严与教育自由》中说："使教育不再成为一派一党之政治宣传的工具，而成为整个国家或民族文化传播的机关。在学校里，只有真理讨论，没有暴力的威胁；只有科学的研究，没有党义的宣传；只有知识的传播，没有政治的欺骗。没有不准讲的学问，没有禁止看的书报，没有强迫读的圣经。自由讲学，自由研究，各是其是，各非其非。这样教育才能达到神圣而庄严的历史任务。"③ 这些著名学者所持的观点，都产生于西方

---

① 蔡元培：《全国临时教育会议开会词》，《蔡元培教育论集》，湖南教育出版社，1987，第53页。
② 蔡元培：《蔡元培全集》第2卷，中华书局，1984，第412页。
③ 翦伯赞：《人类的尊严与教育自由》，《翦伯赞全集》第7卷，河北教育出版社，2008，第205～206页。

的自由主义理念，他们高举自由平等的大旗，反对国民党的党化教育和思想控制，强调个人的权利与教育的独立，坚决维护教育的主体性和学术自由。

2. 有识之士躬身实践，以图通过教育改造国民，实现理想

近代洋务派认识到借鉴西方实业教育的经验对强国富民的作用，于是兴建兵工厂，开办水师学堂，意图通过学习引进西方的先进技术、培养洋务人才，实现国家富强。而维新派的康有为、梁启超则更进一步，他们一方面通过舆论猛烈抨击专制政体和科举取士制度，以促使朝廷进行教育改革；另一方面试图通过教育开启民智，造就新民，建立西式学堂。康有为说："欲任天下之事，开中国之新世界，莫亟于教育。"① 梁启超指出："变法之本，在育人才；人才之兴，在开学校；学校之立，在变科举。"② 民国成立后，以蔡元培为代表的教育家，建立起中国现代教育制度，同时也涌现出一大批教育家，如晏阳初、陶行知、张伯苓、陈鹤琴、罗家伦、竺可桢、蒋梦麟、梅贻琦、胡适、傅斯年等。他们筚路蓝缕，开创了一个学术自由、教授治校、学生自治的教育时代，他们在新式教育在中国落脚后不久，即开启了博采众长、海纳百川、温文尔雅的治校器局。如陶行知提出关于生活教育的主张："从定义上说，生活教育是给生活以教育，用生活来教育，为生活向前向上的需要而教育。从生活与教育的关系上说，是生活决定教育。从效力上说，教育要通过生活才能发出力量而成为真正的教育。"③ 在他们的推动下，公民教育、平民教育、乡村教育、实业教育都得到了一定发展。即使在国难当头烽火连天的抗战期间，教育文化仍薪火相传，这端赖于他们这一批教育人士的顽强与坚守。

在中国教育现代化过程中，诞生于 20 世纪三四十年代（1937～1946年）川蜀大地上的西南联合大学最为瞩目。西南联大传承了蔡元培时代兼容并包的北大精神，并吸收了"学术自由，大学自治"的现代大学精神，甚至还能从中一窥中国古代太学生、士大夫以道统学统抗衡政统的精神风貌以及书院制度的潜在影响。当时的西南联大无论是管理者还是

① 梁启超：《南海康先生传》，《饮冰室合集·文集之六》，中华书局，1989，第 62 页。
② 舒新城：《中国近代教育史资料》下册，人民教育出版社，1961，第 917～918 页。
③ 陶行知：《陶行知教育文选》，教育科学出版社，1981，第 267 页。

教师，都是当时教育界之翘楚。① 这所外有强敌环伺，内无高楼校舍、实验设备落后的大学，承担了为社会"祛魅"的核心功能，肩负起为守护传统家园和传递普适价值的重任，造就了现代中国最优秀的一代学术大师和知识精英，堪称世界教育史上的奇迹、中国教育的伟大典范。1946 年西南联大在昆明办学结束时，由冯友兰教授撰写的《国立西南联合大学纪念碑》中有一段话："联合大学以其兼容并包之精神，转移社会一时之风气，内树学术自由之规模，外来民主堡垒之称号，违千夫之诺诺，作一士之谔谔。""文人相轻，自古而然，昔人所言，今有同慨。三校有不同之历史，各异之学风，八年之久，合作无间。同无妨异，异不害同，五色交辉，相得益彰，八音合奏，终和且平。"实为名副其实之评价。

民国时期这一批知识分子，打破了上千年来统治者所奉行的外圣内王、道德至上的教育传统，引入了西方现代教育的先进理念与制度，开一代风气之先。在他们身上，既不乏"天下兴亡，匹夫有责""贫贱不能移，富贵不能淫，威武不能屈"的传统道义感，也不缺西方民主、自由、科学之理念。虽然由于各种原因，他们富国强民、塑造新国民的理想没能实现，但这种以"以道义争取自由、以道统对抗政统"教育传统却并没有中断。1949 年以后，胡适、傅斯年、梁实秋、蒋梦麟等一批学者离开了大陆，在白色恐怖与专制色彩依然浓郁的台湾，仍然秉持这一传统，坚持教育的独立与学术的自由，反对国民党对学校教育的干预，表现出民国知识分子群体应有的人格与自尊，为后来台湾政治民主化奠定了思想基础。

第三节　西方教育文化的自由之路

西方教育文化的自由之路起源于古希腊，中断于中世纪，重启于文艺复

---

① 西南联大没有设校长，由北大校长蒋梦麟、清华校长梅贻琦和南开校长张伯苓组成常委会共同管理。教师中云集了陈寅恪、闻一多、张若溪、朱自清、陈序经等一大批知名人学者。参见夏冬红、黎勤《略述西南联大的学术自由和兼容并包》，http://overseasdb.jnu.edu.cn/blog/2012 - 03 - 15/1152.html。

兴时期，经近代各种思潮的冲击与融合，再历经两次世界大战的洗礼得以进一步落实。迄至今日，自由的教育理念业已成为国家、社会与个人的共识，并在教育实践中践行之。

一　西方教育文化的灵魂与主旋律——自由

自由主义思潮是近代西方社会的一种主流思潮。它肇始于 17 世纪，成长于 18 世纪，完型于 19 世纪，成熟于 20 世纪。自由主义思潮在不断修正、完善自身的理论承诺和主动进行适应性调整的境遇下，其生命力日益顽强，在哲学、政治、文化、教育等领域继续发挥着思想统领的时代价值。自由主义尽管经历了古典自由主义、新自由主义、保守自由主义的历史演变与理论变种，但其基本承诺并未发生根本性改变，即强调个人自由的重要性，并把保障个人的自由权利作为一切活动最高的、基本的甚至是唯一的目的。这一基本原则深刻地影响了西方各国教育改革与发展的历史进程，并在一定程度上奠定了 20 世纪教育发展的主基调。[①]"自由"一直是西方教育文化追求的最高价值。

（一）教育文化源头上的自由元素

古希腊文化被公认是西方文化的摇篮。古希腊教育文化中的自由元素也是西方自由思想的发端。"希腊人，在他们出现在历史舞台上的时候，已经站在文化时代的门槛上了。"[②] 雅典的教育理想，乃在养成文雅有教养之公民，即善与美兼备及个性发挥的自由人；斯巴达的教育理想，则在专养成划一之战士或军人。前者较之后者，更接近现代教育理念。整体而言，古希腊时代的教育文化，是国家主义的、团体本位的，同时又是情意的、文雅的、精神主义的。毕达哥拉斯倡导的尊神、敬亲、重法、守序、笃信、制己、果敢等，对斯巴达教育文化的形成影响颇深。苏格拉底认为，教育的任务就是培养美德、探求知识及增进人的健康，就是培养人的智慧、正义、勇敢、节制四种美德，并提出"美德即知识"、智德合一，其教育理想是造就有德之

---

① 唐爱民：《当代西方教育思潮》，山东人民出版社，2010，第 10～11 页。
② 《马克思恩格斯选集》，人民出版社，1972，第 56 页。

人，即对善的概念有明确认识之人，"节制即善"。其弟子柏拉图之教育理想，在于造就"理想的国家之一公民"，所谓理想之国家，是使贤明的哲学家掌国，下有军人捍卫及产业家提供物质资助。而教育以造就能助成此种国家活动之文化人为主。教育上强调精神与肉体的协调发展，即意志与感情均受理想之支配且统一，身体上达到善与美的调和，此可谓文化的、自由的教育理想。尽管柏拉图并不完全认同教育内容中的个人自由，但认同教育方式的自由。① 亚里士多德虽亦承认国家对人生价值之实现有辅助作用，但也认为个人之价值不容忽视。总述之，古典时期希腊的教育文化是人本主义的、民族的、国家的、善美的，是一种人性实现型教育文化。古希腊民族时期，诡辩派兴起，其基调则变为个人主义的、安心立命的、主智的、概念式的教育文化。古罗马因袭古希腊文化，由此上古罗马人健实的、实际的、国家的、勇敢的文化，渐变为个人的、主智的、人文的、唯物的、感性的文化。其教育理想，偏于主智的雄辩家之培养及个人形式主义之完成。古罗马人提出，教育应适应人的天性，应以培养道德高尚、能言善辩且具有多方面良好素养的政治家为最高目的。受此教育文化之影响，以智识教育为主的学校随之兴盛起来。正如雷通群所言："希腊人之所长，在于想象力、审美性与理想性，而其所短在于政治的头脑与实际的手腕。罗马人则拙于想象思索，而长于实行。此两种民性长短相补，乃构成现代欧美之文化，故前者之贡献，在于文学、哲学、美术方面，后者之贡献，却在于法律、政治、军事与工艺方面。由是推之，则两者教育之得失，可概见矣。"② 但我们也必须知道，古希腊古罗马时代的自由只是一部分人的自由，主要是指贵族和自由民，而不包括奴隶，前者的自由是建立在后者的不自由的基础之上的。所以，这一时期的自由与现代社会所言的普遍的自由是有区别的。

在古希腊，自由教育也是一个重要的流派。亚里士多德提出的"自由

---

① 柏拉图认为："对自由人来说，学习中不能有任何奴役的成分。规定的锻炼对身体无害，但强制的学习是不能记在心里的，所以，要避免强制。让你的孩子们用游戏的方式学习功课吧。"参见柏拉图《理想国》，郭斌和、张竹明译，商务印书馆，1986，第107页。

② 雷通群：《西洋教育通史》，东方出版社，2007，第58～60页。

人"所应该享受的以自由发展理性为目标的教育，与职业训练不同，是一种高贵的教育。他认为，单纯以谋生为目的的实用学科，是卑下的，不适合于"自由人"，只有以发展人的理性为目的的自由学科，才是自由教育的主要内容。他说："须有某些科目自发教授和学习操持闲暇的理性活动，凡有关闲暇的科目都出于自主而切合人生的目的，这就适合于教学的宗旨，至于那些使人从事勤劳（业务）的实用科目固然实属必需，而被外物所役，只可视为逐生达命的手段。""父辈对于诸子应该乐意他们受到一种既非必需亦无实用毋宁是性属自由、本身内含美善的教育。"① 他认为，人只有发展理性，才能获得真理与知识，从而达到自由之化境。这一点，与孔子的思想不谋而合。孔子认为君子不应当从事一般的体力劳动，那是"野人"所应当做的，也近似于教育家倡导的"博雅教育"。

　　一方面，在古希腊先贤的眼里，自由是建立在理性基础之上的，所以要获得自由，就要先拥有理性，这种理性就是人具备认识世界、获取知识、掌握真理的能力。其中，苏格拉底最有代表性的名句就是"美德即知识"。他认为个人的道德品质是与他拥有的智慧相匹配的，这与中国道家主张的自由是有本质不同的。老庄眼中的自由之化境，是建立在"绝圣去智"的蒙昧主义之上的。另一方面，古希腊古罗马教育文化中的自由精神，是建立在国家主义或者说城邦利益之上的，尤其是在斯巴达和罗马帝国，个人的自由概念还没有完全形成，每个公民实际上还是国家或城邦的一分子，不能或不敢脱离现有的文化域场而独立存在。这与现代的普遍性的人性自由也不可同日而语。正如贡斯当在《古代人的自由与现代人的自由》中所说的那样："斯巴达政府是一个禁欲主义的贵族政府，而不是代议制政府。国王的权力受到某些限制，但只是五长官团长官的限制，而不是那些肩负使命——类似今天选举赋予我们自由的保卫者的那种使命——的人的限制。诚然，五长官团的长官尽管最初由国王设立，却是由人民选举产生。虽然他们只有五人，但他们的权威既是政治性的，也是宗教性的；他们甚至分享政府的管理权，即行

---

　　① 亚里士多德：《政治学》，吴寿彭译，商务印书馆，1996，第411、412页。

政权力，因此，像古代共和国几乎所有受人拥戴的执政官的权力一样，他们的特权不纯粹仅是阻止暴政的屏障，它本身变成某种不可忍受的暴政。"① 可见古希腊古罗马时代的自由，并不是现代意义上的个人自由。在那个时代，公民拥有参政的自由，却没有个人反抗国家和公权压迫的自由。

古希腊古罗马教育文化中的自由主义传统，在中世纪早期虽然中断，但到中世纪后期，随着个人意识的觉醒，人的主体意识逐渐增强，人文主义开始兴起，古希腊和古罗马文化中的自由元素也开始得到挖掘，神本文化开始转化为人本文化，世俗的新式学校开始出现，后来遂演变为文艺复兴。即使是中世纪的教育，事实上也没有完全抛弃理性的传统，对自然科学的探索即使在教会的压迫下也从未停止过。

另外，中世纪创造了西方的另一个传统，那就是宗教文化传统。它使西方人的灵魂有所皈依。后来经文艺复兴和宗教改革运动，演变为德国社会学家马克斯·韦伯所称的新教伦理传统，成为西方资本主义发展的精神命脉。新教伦理抛弃了原来天主教那种禁欲主义的修行与超越尘世的空洞劝解和训令，而把个人在尘世中完成赋予他的义务当作一种至高无上的天职，这在客观上为证明世俗活动具有道德意义提供了支持，促进了资本主义精神的萌生和发展。

（二）自由是西方教育文化一以贯之的追求

文艺复兴倡导人的解放，而解放与自由是一对孪生兄弟，自由本身就是一种解放，解放意味着解除束缚。文艺复兴时期，思想家们把尘封已久的古希腊文化中的自由元素挖掘出来，从先贤们的著作中找出与时代精神相契合的思想言论，借此来反对人的等级化，反对教育中的强制与压迫。洛克认为，只有给予儿童足够的自由，才能培养出崇高的德性，才能享有真正的自由。卢梭更是强调解放儿童的天性以促进儿童自由发展。卢梭说："我愿意自由地生，自由地死去。"② 19 世纪以来，由于自然学科的发展，在自由教

---

① 贡斯当：《古代人的自由与现代人的自由》，阎克文、刘满贵译，上海人民出版社，2003，第1~2页。
② 卢梭：《论人类不平等的起源和基础》，李常山译，商务印书馆，1962，第51页。

育之外，也增加了知识技能的教育。作为一个完整的人，除了掌握一定的科学知识外，还需要接受能提升人的精神层次的人文教育。譬如，赫胥黎认为自由教育就是培养文理兼通的全面发展的人。赫钦斯主张重返古典主义自由教育，坚持古典教育中的自由主义理念。而进步主义教育家杜威则批评古典自由教育过于高玄，并不适合于当代民主社会。蒙台梭利、罗素和尼布尔力主遵循儿童的天性，给予儿童以最大的自由，主张打破传统对儿童的束缚，让儿童在自由的环境中学习和成长。①

　　德国教育文化中的自由主义，既有古希腊的传统，又深受英、法等欧洲国家自由学说的影响。席勒在《审美教育书简》中提出：自由是精神上的解放，而只有达到完善的人格，才可以达到自由。在他看来，在自由的问题上，审美教育先于政治经济变革。而康德则反对功利主义的主张，认为人能根据道德原理，对自己的行为自觉地进行选择并自由地做出决定；自由就是理性在任何时候都不为感性世界的原因所决定。费希特把自由分为"先验的自由""宇宙的自由""政治的自由"三类。马克思则提出"每个人的自由发展是一切人的自由发展的条件"。在人文主义和自由主义的文化传统下，德国教育家认为教育的基本目的就是形成人、培育人、生成人、完成人、改变人、提升人，其他的教育目的，如民族统一、国家强盛等，都是以它为条件的，人是核心，是基础，是前提，是手段，也是归属和目的。在德国，一切进步的教育主张和理论都是以人为核心来表述的。这一点在福禄培尔的名著《人的教育》中得到了最明确和最集中的体现。早期人主义教育家强调在信仰问题上给人以自由，其教育目的就是造就"热爱上帝的人"。在古典人文主义时期，由于受法国大革命的影响，"把人教育成为有理性的人和有自由决定自己命运的人，正在成为教育的主导思想"。② 康德认为，"人只有靠教育才能成为人，人完全是教育的结果"，教育的目的和任务不在于向学生传授一些具体的知识和技能，而在于把学生培养成能够根据自己

---

① 杨建朝：《自由成"人"：人性视角的教育精神》，中央编译出版社，2013，第189～191页。
② 弗·鲍尔生：《德国教育史》，滕大春、滕大生译，人民教育出版社，1986，第2页。

的自由意志采取正义行动的人、遵循"绝对命令"的人，也就是自由人。人是教育的目的，也是自身的目的。洪堡认为，各级各类学校，其根本目的都应该是培养"有教养的人"，"一切学校……都必须只是把'有教养的人'的教育作为培养目标"。① 所谓有教养的人，就是思想高尚、情感丰富、意志坚强、成熟自由的人，内在的力量得到充分发挥和发展的人。赫尔德也认为，真正的文化就是人性的培育，所以真正的教育必然是青年一代密切地接触自然和历史，启发他们按照自己天赋的能力来谋求自己的发展。他认为，在公式化、抽象化中是没有教育意义的，只有在生命的充分发展中才有教育的意义；教育就是要造就"健全的人类"，也就是精神与身体两方面和谐发展的人，这种人以及这种教育是以古希腊和古希腊教育为范本的。福禄培尔说："我们要把注意力放在人身上，亦即我们孩子们身上的灵性的普遍形成上，放在真正的人性，即作为个别现象和作为这样一种人性的神性的形成发展上，并坚信，这样的话，真正被陶冶为人的每一个人也将被教育为适应公民生活和社会生活中任何个别要求和个别需要的人。"② 第斯多惠对德国教育学在目的问题上的这种人文主义传统做了最明确的说明，他说："德国的教育学首先要求人的教育，然后才是公民的教育和民族成员的教育；首先是人，然后才是德国公民和职业上的同行，而不是反之。"③ 雅斯贝尔斯指出，"教育是人的灵魂的教育"，"所谓教育，不过是人对人的主体间灵肉交流活动，包括知识内容的传授、生命内涵的领悟、意志行为的规范，并通过文化传播功能，将文化遗产教给年轻一代，使他们自由地生成，并启迪其自由天性"。④ 而凯兴斯泰纳则说："通向真正的人的道路，只有越过那些我们内在的素质所能承受的工作领域。"⑤ 他是想从根本上放弃德国教育学古老的人文主义传统，为适应工业和政治的发展提供职业，使人一开始就按类型划分

---

① 赵祥林主编《外国教育家评传·洪堡》第 2 卷，上海教育出版社，1992，第 14 页。
② 福禄培尔：《人的教育》，孙祖复译，人民教育出版社，1991，第 308 页。
③ 张焕庭主编《西方资产阶级教育论著选》，人民教育出版社，1979，第 375 页。
④ 雅斯贝尔斯：《什么是教育》，邹进译，三联书店，1991，第 3～4 页。
⑤ 凯兴斯泰纳：《凯兴斯泰纳教育论著选》，郑惠卿译，人民教育出版社，1993，第 132 页。

接受不同的教育。这种教育学主张看到了人文主义教育目的一定的空洞性和抽象性，想把教育与社会需要紧密地结合起来，以适应当时德国社会发展的需要。但是这种试图以职业教育代替人文教育的主张同样存在缺陷。古典自由主义赋予自由至高无上的地位，并把自由视为生命的意义所在，把自由视为教育所追求的终极目标，反对任何对个人自由的约束，尤其是国家政权对个人自由的剥夺，为自由主义的发展奠定了基调。

产生于 20 世纪的新自由主义反对古典自由主义自由放任的政策，主张国家对社会实行"有限干预"，对杜威的实用主义教育思想产生了重要影响。杜威认为："自由是一个社会问题，而不只是个人自私的要求。""自由是教人自己去想，而不是教人只想自己。"① 他将自由与教育公平联系起来，认为自由是依赖于现有制度的安排所给予的行动权利；自由是平等的自由，若自由而不平等，自由便不存在。

"自由"价值在西方一直有着重大影响力的重要原因之一是文化自觉。所谓文化自觉，按费孝通的说法，指"生活在一定文化中的人对其文化有'自知之明'，明白它的来历，形成过程，所具有的特色和它发展的趋向"。长期以来，西方因其高度的文化自觉，特别是对"自由"价值的研究、倡导和弘扬，实现了以"自由"为核心的文化的持续繁荣。② 在这种文化自觉下，一批知识分子目睹二战之后部分国家演变为极权国家的事实，开始思考如何才能防止国家政权的力量借公共利益之名行控制个人自由之实，如何在国家日益增强的威权之下保持公民个人选择的自由？于是保守自由主义应运而生，其代表人物是 F. A. 哈耶克，他在 1944 年出版了《通往奴役之路》，其主要观点就是反对国家干预经济，维护市场与经济自由，反对国家政权对个人思想与行为的干涉。这一观点契合了二战以后反极权主义的需要。表现在教育方面，就是古典自由主义的观点被重新提出来，强调个人自由和平等，反对权威主义和灌输主义；强调个人的情感健全，反对工业文明对人的

---

① 杜威：《新旧个人主义》，转引自唐爱民《当代西方教育思潮》，山东人民出版社，2008，第 15 页。

② 丁念金：《中国教育文化中的最高价值》，《上海师范大学学报》（哲学社会科学版）2012 年第 2 期，第 118 ~ 124 页。

"异化"；强调价值多元和道德相对主义，反对以国家之名行剥夺个人选择权利之实。

"自由"的价值不但存在于自由主义思潮之中，也存在于存在主义、人本主义等思潮之中。这些流派的思想家都十分重视人的自由，把人的自由当作教育的最高宗旨。自由成为西方教育文化中最核心也是最基本的概念之一，也是西方文化中的基本信仰之一。亚历山德拉·莱涅尔-拉瓦斯汀认为："欧洲人一致认同自由，并且认为自由应该建立在批判性思考的基础之上，而不是单纯的传统延续上。此外这种批判精神也建立了认同本身；这一认同，它首先是一种行为责任，它在对过往历史对错的判别中成熟起来；并且，我们这片大陆的文化遗产也是我们未来的锁匙。这文化遗产，或者说对人类自由的信仰总是有着它的意义，即使这个信仰并不总是卓有成效的。"①

西方教育文化中的自由元素从古希腊开始萌芽，经过中世纪前期的蛰伏，到中世纪后期的文艺复兴得以兴盛，在一批古典自由主义者的鼓吹之下，自由思想深入人心。近现代以来，自由主义虽然几经修正，国家主义亦有所抬头，在教育领域灌输和干预进一步增加，甚至在有些国家借所谓大多数人的"自由"而行极权之实，使个人自由地思考、自由地创作成为不可能，自由因此被蒙上一层厚厚的面纱。② 譬如纳粹德国推行的反自由的教育政策，不仅由于自由观念已深入人心随着二战的结束迅速被抛弃，而且导致了德国民族的深刻反思。两次世界大战，也让西方国家认识到自由的限度与秩序的重要，"既然自由是变革的原则，秩序就是永恒的原则同意；文明生活要求二者兼而有之"。③ 秩序固然重要，但自由才是根本，只有秩序没有自由的国

---

① 〔法〕亚历山德拉·莱涅尔-拉瓦斯汀：《欧洲精神——围绕切斯拉夫·米沃什、雅恩·帕托什卡、伊斯特万·毕波展开》，范炜炜等译，吉林出版集团有限责任公司，2009，第16页。

② C. 拉蒙特认为，苏联政治专政一旦消亡，文化专制也将消失。否则，苏联的艺术、文学和科学终将发现自己处在一个死胡同里，创造性、新颖思想、对权威的疑问，以及取得进步所必需的基本设想，统统都被窒息，有的只是阴郁平庸的官方的教条和规定的口味。参见艾萨克·康德尔《教育的新时代——比较研究》，王承绪等译，人民教育出版社，2001，第26页。

③ C. Delisle Burns, *Political Ideals* (London, Oxford University Press, 1930), p. 52，转引自艾萨克·康德尔《教育的新时代——比较研究》，王承绪等译，人民教育出版社，2001，第29页。

度，在西方文明看来，只是高压统治和暴力的代名词。在当代西方教育中，"自由"仍然有其鲜活的生命力，教育的主体性得以张扬，价值的多元化和选择的自主性仍被尊重，没有一种教育制度能够长久地建立在否定自由的基础之上。经过漫长的历史变迁，自由已成为西方文明和教育文化中最基本的信仰和追求。

二　自由的中断与来自极权国家的挑战

西方教育在追求自由的过程中，也并不是没有遇到过中断或反对力量。除了思想上的争论与观点的冲突外，还有两次受到严峻的挑战，① 分别是中世纪时期来自宗教的控制和 20 世纪来自法西斯主义极权国家的挑战。

（一）中世纪宗教控制对自由的中断

随着查士丁尼大帝关闭雅典的柏拉图哲学院，古希腊古罗马文明中断，西欧进入中世纪的"黑暗时期"。在这一时期，日耳曼人在欧洲四处征伐，欧洲诸国处于战乱状态，罗马教皇趁机建立高于政权的教权，并在与世俗政权相抗衡的过程中，形成强有力的教皇统治。由于日耳曼民族是野蛮未开化的民族，它把古罗马所建立起来的文明一扫而光，由于他们本身并没有形成自身的文明体系，故而必须借助于通晓文字的人来负责日常的行政工作，当时会识文断字的人非教士莫属，他们是文化的占有者，如此一来，教士们自然而然地控制了知识与教育。当时人们的生活状态就像但丁名著《神曲》中所描述的那样②，习惯苦难的生活，相信一切都是上帝的安排，唯有接受它而不是改变它。当时的书籍也仅有亚里士多德的著作，其他书籍都被禁止。对人生的信仰，仅限于基督教，个人对独立思想和幸福的追求是不允许的，甚至会带来杀身之祸，质疑宗教"天

---

① 西方教育思想流派中固然有一些与自由主义相矛盾和冲突的地方，但其本质都不是反自由的，大多只是对自由主义的一些修正和批评，不能列为反自由的力量。

② 但丁的《神曲》叙述了主人公经历地狱、炼狱以及天国的过程。它的主题是彰显基督教的灵魂。

体运行论"的布鲁诺就是一个著名例子。① 教育领域的反自由主要表现为以下几个方面。

1. 通过摧毁罗马文明来扼制人们思考的自由

西欧四大封建帝国（英国、法国、德国、意大利）兴起后，其统治者一度对古希腊古罗马的文化教育采取一概否定的态度和做法，僧侣阶级更是利用其政治、经济上的统治地位，否定古代文明。还在罗马帝国衰落时期，即391年，提阿非罗（Theophilus）主教就下令烧毁了藏书几十万册的亚历山大图书馆。格里高利一世也曾下令烧毁了罗马城一座藏书丰富的图书馆，并且开出列有大量禁书的名单，予以刮削、烧毁，宣扬一切从头开始。当时的文化教育本身带有神学的性质，文化科学的发展被遏制。中世纪从古代接收的只有精神麻醉的基督教和破烂不堪的城市，结果形成僧侣垄断知识教育的局面。教会成为封建意识的权威代表，进步思想被扼杀，一些著名的科学家惨遭迫害。神学家们宣布"科学是宗教的奴仆""肉体是灵魂的监狱"。

2. 以神学教育为唯一内容，压制人们追求知识的自由，

中世纪，罗马帝国时期的文法学校和修辞学校在西欧已不复存在，古希腊罗马时期的文化遗产丧失殆尽，残存的一切都被用来为宗教神学服务。教会学校几乎就是这一时期唯一的教育机构，僧侣是主要的教育者。一般的世俗封建主对文化学习和道德品质的陶冶不甚重视，仅注重武艺与社交活动。世俗封建主的这种教育在教育史上通称为骑士教育。这两种教育，即僧侣教育与骑士教育，不仅具有明显的阶级性和等级性，而且具有浓厚的宗教性。其教育目的就是发展人通往上帝神性的理智，教育是使不朽的灵魂与上帝沟通的途径。在这一时期，由教会主办管理的学校有初等教区学校、唱歌学校和经院学校、大主教学校，教学内容以"七艺"为主，但贯穿着神学精神，

---

① 除一般人所熟悉的布鲁诺外，还有许多宗教迫害的例子。14世纪在法国南部山上一座百余人的村庄，居民因改信新的福音宗教而被认定是异端，被判终身监禁。16世纪，意大利一位磨坊主人由于宣扬罗马时代农民宇宙观，说宇宙像乳酪，其中寄生的虫子就是天使，也在宗教法庭迫使下俯首认罪。法国南部一位骗子冒称是一名弃妇的丈夫，在同居三年后被人揭发犯了重婚罪，结果被法庭处以极刑。参见卢建荣、江政宽《世界文化史》，台北：五南图书出版股份有限公司，2009，第128页。

教育目的是培养对上帝虔诚、忠于教权的教士。骑士们则在宫廷和贵族家里接受有关军事战术和"骑士七技"（包括骑马、击剑、打猎、游泳、唱歌、吟诗、弈棋）的训练和礼法教育，以成为能够维护封建主利益、满足其各种需要的强悍军人。教堂的钟声和骑士的马蹄声共同构成了中世纪教育的主旋律。

3. 加强对世俗大学的控制，抑制大学自治

自治性大学的产生和发展，威胁到教会对学校教育的独占权。因此，教会千方百计地企图控制大学。它一方面给予大学以经济援助，派僧侣进入大学；另一方面自己设立大学，培养高级僧侣，以加强教会的影响。从此，教会势力逐渐渗入大学，大学的自治性日益式微。教会势力侵入大学后，大学教育便弥漫着为教会服务的经院哲学的气息。经院哲学主要解决的基本问题是调和哲学和神学、理性与信仰之间的矛盾。为了真正解决这个问题，经院哲学家所做的工作之一就是使神学哲学化。教学内容以研究、解释《圣经》为主，脱离生活实际，教学方法为呆读死记，盛行体罚。宗教教条、形式主义、"繁琐哲学"构成中世纪后期大学的特征。

教会对教育的控制是严密的，学校由教会主办并由教会管理，教师大多由教士充任，教育内容也以神学为主。但到中世纪后期，随着资产阶级的兴起和城市自治运动的开展，这种控制力量逐渐减弱，近代意义上的大学出现，人的价值和理性主义重新得到确认，文艺复兴和宗教改革之后，自由的力量再次超越控制的力量，西欧诸国开始进入近代社会。

（二）极权国家教育对"自由"迫害

西方国家追求"自由"的道路并非一帆风顺，最大的威胁来自极权国家。二战前和二战期间纳粹德国实行的极权统治，就严重地威胁到欧洲建立起来的民主制度和自由传统。一直以来，西方民主国家都视教育为保护民主制度和公民自由的武器之一。1940 年 7 月，美国教育协会教育政策委员会起草并发表了名为《教育与保卫美国民主制度》的声明，其中说道："教育有助于明确民主制度的性质和目标。它能够体现从国家缔造者的时代起，几个世纪以来美国对自由、公平和平等的国家的向往。它能够增进对公民自由和民主理想借以表现的政治制度的理解。它能够把对自由的追求和对建设的

探索集中到经济和社会问题上面来，这些问题如果老是不解决，那就有从内部瓦解民主制度的危险。它能够肯定对个人改良能力及其价值的信任，乃是民主制度的基本原则。"① 在民主国家，教育是促进社会公平和民主的手段，因为要充分尊重个人的价值选择，其过程要复杂，方法要多元，以确保个体在教育过程中的权利和选择的自由。而在极权国家中，教育是国家培养特定类型的人的一种武器，通过简单或直接的灌输，让教育者心甘情愿地为某一政党或领袖所驱使。在这种教育下，个性被扼杀，思想被禁闭，制服、口号、仪式以及各种政治宣传充斥着学校的每一个角落，意识形态渗透到教育的每一个过程。二战时期纳粹德国所实施的教育政策就是典型的极权国家教育政策，它对自由的践踏主要表现在以下几个方面。

1. 宣扬极权主义的教育宗旨，从根本上反对自由主义传统

纳粹政府法令规定："全体德国青年在家庭和学校之外都要本着国家社会主义精神，在'希特勒青年'中接受体格、精神和道德教育，以便为民族和共同体服务。"② 纳粹政府把个人看成是为民族和国家服务的工具。希特勒在《我的奋斗》中反复强调："教育是政治的，政治是教育的。"③ 在纳粹党人看来，公民的一切生活都应纳入政治生活之中，除了睡觉以外，公民是不能有私人生活的。学校也如此，学生必须过集体生活，尤其不能拥有私人空间。纳粹德国宣传部长戈培尔说道："既然我们国家社会党人深信我们是正确的，我们就不能够容忍任何人说他是正确的。因为如果他也是正确的，他就必须是个国家社会党人，或者，如果他不是一个国家社会党人，那么他就根本不是正确的。"希特勒也说："哪一个集团反对我们，我们就干脆从他们头上跨过去。他们或者服从我们，或者被粉碎。这里只能有一个权威。这一点也适用于教会。"④ 在这种强调思想上

---

① 艾萨克·康德尔：《教育的新时代——比较研究》，王承绪等译，人民教育出版社，2001，第32页。

② 陈旸：《论德国纳粹统治时期的教育》，《漳州师范学院学报》（哲学社会科学版）2006年第3期，第125～127页。

③ 希特勒：《我的奋斗》1936年英文版，转引自滕大春主编《外国教育通史》第5卷，山东教育出版社，1993。

④ 艾萨克·康德尔：《教育的新时代——比较研究》，王承绪等译，人民教育出版社，2001，第24页。

高度一致的论调下，任何自由思想都是不被允许的。这样的教育只能被视为一种强制性的灌输和洗脑的工具，个人也只能成为国家和政党的傀儡。

2. 建立高度集权的教育管理体制，推毁大学自治和学术自由传统

德国是大学学术自由的发源地。自 1809 年洪堡创立柏林大学以来，学术自由与大学自治的原则就逐渐演变为大学精神与大学传统，这是德国高等教育的骄傲。洪堡在 1792 年写道："人的真正目的……在于最圆满、最协调地陶养其各种潜能，使之融为一个整体。而自由是这一修养的首要、必备的条件。"[①] 著名的美国教育家弗莱克斯纳（Abraham Flexner）在 1930 年出版的《美国、英国和德国大学》一书中，称一战前的德国大学制度为"帝国王冠上的一颗宝石"。[②] 这也足可以证明当时德国大学的盛况。然而，希特勒上台以后，在政治上一改魏玛共和国的邦联制，建立了中央集权的德意志国家，各邦教育权也转移到了中央。他还任命其亲信兼纳粹党徒伯恩哈德·鲁斯特（Bernhard Rust）为第一任教育部长，负责全国的教育事宜，全面接管德国中央机关的教育职能。德国大学几乎成了国家的一个行政机构。至此，原来各大学自治的传统被迫中断。另一方面，纳粹党加强了对学术自由的控制。首先，大学校长由教育部长任命，校长的言行必须符合纳粹党的要求，以便让纳粹的意识形态和教育政策在大学中得以畅行无阻；其次，不服从纳粹的教师和犹太教师将被清洗，1933 年德国大学被驱逐的教师人数在 1100 人至 1700 余人之间。[③] 再次，安插纳粹亲信担任学术职位，一切与国家社会主义相违背的教学和科研都被禁止，学术自由的原则被废除。纳粹文化教育政策的指导思想就是使自然科学研究为经济计划和军备计划服务，从人文科学中寻找为纳粹主义辩护的论点。实行一党、一个领袖和一套思想的法西斯统治，使学术沦为纳粹党实行专制统治的奴仆。

---

① 梅内克：《德国的浩劫》，何兆武译，生活·读书·新知三联书店，2002，第 87 页。

② 韩艳：《试论德国大学传统在纳粹统治时期的断裂》，《广西师范大学学报》2010 年第 6 期，第 20 页。

③ 黎晓玲：《纳粹统治时期德国高等教育研究（1933～1945）》，硕士学位论文，湖南师范大学，2012，第 49 页。

3. 实行思想统制，剥夺公民个人的自由权利

纳粹政府对学校实行军事化管理，强化学生的军国主义思想。希特勒及其党徒不愿意看到大学培养有独立思想的知识分子，这样有碍于他们实施独裁统治，他们充分利用"一战"后退伍士官在大学的力量，煽动民族主义的仇恨情绪，大力推进军事化管理，开设行军、地图识别、射击、间谍等课程，鼓吹战争、复仇、决斗等思想，甚至允许学生持有小型武器。1935 年，有近 20 万名大学生参加了军事化劳动。① 在这种军事化管理的大学之中，任何个人的思想和主见都被视为危险的，忠诚与服从成为仅有的"美德"，每个人都变成国家机器的一部分。在校园里，大力灌输种族主义和宣扬世界性的侵略政策，重用那些狭隘民族主义者或狂妄的沙文主义者，为传播纳粹的意识形态铺平道路。1933 年开始建立的民族政治教育学校，是纳粹德国培养专业技术干部的特种学校。起初由教育部创办，1936 年起转归党卫队主管。学生每天要学习讨论纳粹党党报《人民观察家报》的社论。增设军事化课程，实行军事化演练。同时，还建立直接隶属于纳粹党组织的全国性的国家社会主义教师联盟，作为控制中小学教师的工具。加入国家社会主义教师联盟几乎成为获得教师资格的必要条件，全国 97% 的中小学教师都参加了该联盟。② 这样一来，纳粹政府把教育全部控制在自己手中。

康德尔说："在人类面前，仍和整个历史上一样，只有两条道路可以选择，就是：（1）他必须作为国家的工具，国家要他怎样想，他就怎样想，国家命令他怎样做，他就怎样做，像一个纳粹领袖所主张的那样，除了睡觉以外，不能有私人生活；（2）他必须授受自由民主精神的教育，做一个自由的人：自由地支配自己的生活，作为一个自由的公民，受到约束的只是对同胞公民的责任感，除此之外，他可以享受作为一个自由人的所有特权。"③

---

① 黎晓玲：《纳粹统治时期德国高等教育研究（1933～1945）》，硕士学位论文，湖南师范大学，2012，第 22 页。
② 陈旸：《论德国纳粹统治时期的教育》，《漳州师范学院学报》（哲学社会科学版）2006 年第 3 期，第 125～127 页。
③ 艾萨克·康德尔：《教育的新时代——比较研究》，王承绪等译，人民教育出版社，2001，第 17 页。

纳粹德国在 1933~1945 年的所作所为，违背了西方的自由精神，是对西方教育自由的严重践踏！纳粹党徒利用德国民众复仇心切和传统的军国主义思想，在教育尤其是高等教育领域大力推行其党化教育，以统一的意识形态粗暴地干预学术自由，迫害政治异己，推行军事化政策，最终导致了教育的全面倒退。这种以控制人的身心、让个人无条件为国家和政党服务的教育文化，最终必被热爱自由的人们抛弃。

第四节　中西教育文化比较

中国传统文化铸造了中国传统教育，中国传统教育铸造了中国教育文化传统。中国传统教育以儒家文化为主体，从教育价值观到教育内容和方法，无不渗透着儒家精神。可以这么说，中国传统教育就是传承儒家文化的教育，中国教育文化的传统也就是儒家的教育文化。作为一个具有几千年文化沉淀的民族，中国的传统教育文化博大精深，影响甚广。中国传统教育中的人文主义理想、综合的思维方式、有教无类的教育理念、因材施教和注重启发引导的教育方法，即使在当今社会，也仍有其积极意义。[①] 然而，由于其成长于专制社会，处在古老帝国相对封闭的环境中，以现代文明眼光审视之，也不乏落后陈腐的成分。

中西教育文化的形成在社会基础、文化传统和教育社会心理上有着显著的差异，具体表现为教育精神与价值、教育宗旨、教育风尚、教育制度、教育内容与方式等呈现出不同的特征。

一　社会基础不同导致总体差异

其一，中国社会是一个自足系统的社会，由自足系统派生出封闭、内向、重农抑商的社会特征，表现在教育文化上为超稳定性，即虽经历朝代更迭，但总体特征仍能延续不变。西方社会是一个开放系统的社会，由开放系统派

---

① 参见楼宇烈《中国的品格》，香港：中和出版有限公司，2016。

生出进取、外向、商业贸易发达的社会特征。表现在教育文化上为自我更新性，即随着社会进步而不断自我裂变和完善，或虽有中断，却也仍能赓续。

其二，中国社会是一个伦理社会，由伦理派生出重人际关系、面子哲学、讲义气重情感、民族（家族）中心、心理契约等特征，表现在教育文化方面，则呈现出教育内容的人文主义、泛道德主义、伦理本位等特征；西方社会是一个法理社会，由法理派生出重规则法律、讲理智、重功利、个人中心、社会契约等特征，表现在教育文化上，则呈现出理性主义、科学主义、功利主义和个人主义的传统。

其三，中国社会是一个等级化生存的社会，由等级化派生出尊卑有序、三纲五常、臣民心态等社会特征，表现在教育文化方面，则呈现出追求崇高（思想、权力和地位），万般皆下品、唯有读书高，学而优则仕的教育风尚；西方社会是一个民主化生存的社会，由民主化派生出平等、自由、公民心态等社会特征，在教育文化方面则呈现出追求自由、讲究平等、反对特权、知识即德性的教育风尚。

其四，中国社会是一个人治社会，由人治社会派生出乱治交替、专制、集权的特征。表现在教育文化上，呈现出颂圣、好古、膜拜权威、"邦有道则显、邦无道则隐"的犬儒①与乡愿②心态；西方社会是一个法治社会，由法治社会派生出规则、民主、分权、宽容的特征，表现在教育文化方面，呈现出怀疑、批判、学术自由和平等的特征。

其五，中国社会是一个政教（此处指"教育"）合一的社会，由此派生出儒家一家独尊以及造圣运动（如孔子、朱子）的行为，在教育文化上表现为政治高于教育、教育与统治术高度合一、教育为政权服务；西方社会是一个政教（在此既指"教育"也指"宗教"）分离的社会，由此派生出宗教

---

① 犬儒原指古希腊抱有玩世不恭思想的一派哲学家，他们坚持内在的美德和价值，鄙视外在的世俗的功利。可是到现代，"犬儒"一词正好变成它的反面，指那些只认外在的世俗的功利，否认内在的德性与价值，玩世不恭的人，尤其是知识分子。王尔德（Oscar Wilde）说："犬儒主义者对各种事物的价钱（price）一清二楚，但是对它们的价值（value）一无所知。"

② 出自《论语·阳货》。子曰："乡愿，德之贼也。"现在专指社会上不分是非、同于流俗，言行不一、伪善欺世、处处讨好，不得罪的乡里，以"谨厚老实"为人称道的"老好人"。

与世俗各司其职、宗教与世俗分庭抗礼、知识与权力分离的特征，在教育文化上则表现为教育独立和学术自由、宗教与科学并存、学校与政府相对独立。

中西方教育文化形成的社会基础与层次特征如图 5 - 1、图 5 - 2 所示。

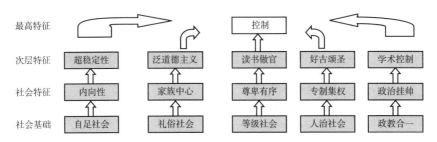

图 5 - 1　中国教育文化形成的社会基础与层次结构

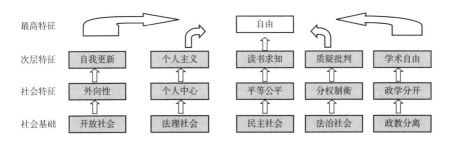

图 5 - 2　西方教育文化形成的社会基础与层次结构

二　中西教育精神比较

教育精神是教育的灵魂和本质，是教育的核心要旨、教育的终极价值理想。[①] 教育精神决定着教育现象，因而中西在教育精神方面的差异决定了其教育制度、教育内容与教育方式的不同。

（一）中西教育宗旨比较：成"才"与成"人"

在教育宗旨方面，中国教育以"成才"为目标，即将受教育者按固定要求培养成具有某一用途或某一才具的人才。由于中国文化传统的特质以及中国传统教育的人生伦理价值取向，所以中国古代教育的目的是不像西方那

---

① 杨建朝：《自由成"人"：人性视角的教育精神》，中央编译出版社，2013，第 25 ~ 26 页。

样强调培养"智者",也不像中世纪那样培养"牧师"和"骑士",亦不像近代那样强调传递科学知识、培养熟练劳动力和科学家,而是强调以培养贤人、士、君子、圣人等具有高尚人格的人为主。在传统中国社会,士大夫以养成"外圣内王"的"君子"人格为目标,这一目标并非完全"才具"化的,但明清以降,"读书做官"成为大多数士人的梦想,也成为当时教育的主要目标。在近现代中国,由于国家积贫积弱,教育的主要目标是培养对国家、对社会有用之才。1949 年以后,则以培养无产阶级事业(社会主义事业或共产主义事业)建设者和接班人为目标。塑造某一"才具"的教育宗旨在于挖掘人的外在功用,为统治者或国家、社会所用,其最终落脚点在于外在而非内在。

西方教育整体上以"成人"为目标。所谓"成人"教育,即通过教育使受教育者成为一个人格完整、具有主体性,能自我发展、自我完善、自我抉择和自我负责的"大写"的"人"。其宗旨在于促进人的内在成长。古希腊时期的教育强调培养人的心身健全和自由;近代教育则强调人的理性与个性发展;现代教育则强调人的自由与责任并存、德性与身体健全的"全人"教育。[①]

可见,中西方教育宗旨的形成,非一时之功,也非一成不变。在中国,在科举创建并盛行之前,教育没有完全官办化,许多私学或书院也以培养有德性的"君子"为教育目标,其教育目标并非功利化的。在近代西方,国家本位或社会本位的教育也曾盛行一时,但整体而言,尤其是在现代教育思潮和实践中,更多地把教育视为个人自我成长和发展的内在需求。因而,从整体上看,中国传统教育宗旨由"成人"逐步向"成才"转变;而西方教育宗旨则由"成才"向"成人"转变。

(二) 中西教育价值观比较:读书做官与读书求知

中国传统教育文化属于伦理型教育文化,侧重于德性的培养和人际关系

---

① "全人教育"由德国教育家第斯多惠(Friedrich Adolf Wilhelm Diesterweg)提出,他认为"全人"是独立、自由的,以追求真、善、美为使命,以人性为本,充满博爱精神,德性高尚,充满智慧,身体健康。参见滕大春主编《外国教育通史》第 3 卷,山东教育出版社,1989,第 324 ~ 325 页。

的建构；西方传统教育文化则属于宗教型教育文化，侧重于智性、求真。中国传统教育文化的基本价值取向是伦理的，这种伦理性渗透于教育活动的各个方面。因为伦理问题在中国传统社会即是人生问题，所以中国古代教育对人生问题灌注了极大的热情，可以说中国古代教育都是围绕着怎样做人和做一个怎样的人进行的，教育考虑的是如何启发人的道德自觉，提升人的道德境界。然而，其最终归宿仍然是外在的，即"修身齐家治国平天下"或"立德、立功、立言"。也许可以这样理解，在传统中国，个人的德性修养和为国家、社会服务不像西方那样非此即彼，而是一回事或一件事情的两面："教育"不仅是个人德性修养问题，而且是为社会国家民族培养可用之才的问题。

然而，随着专制力量的加强，加上儒家思想本身的缺陷，中国教育逐渐形成了以"学而优则仕"为导向的教育价值观，教育的最终价值表现为获得世俗的权力与荣光。一个读书人如果饱读诗书，却不能出将入相，不能登庙堂之高，只徒有清名而已，往往不能赢得普通民众的仰慕与社会普遍的尊重。只有通过科举考试，跻身社会上流，才能体现"寒窗苦读"的最终价值。这种价值观，愈到传统社会后期愈得以强化。即使到了现代社会，这种教育价值观也仍然深刻地影响着国人的思想和判断。至于通过教育习得生活技艺，在部分国人看来，竟是末流。西方教育以探求知识本身为最高价值，即以追求知识主要是客观世界的知识为乐趣，从古希腊开始，就有知识即德性之说，后来更有科学家为追求知识与真理而献身的事例。西方知识分子以追求真知、批判社会、质疑权威、防范政府权力扩张为责任，教育在他们眼中，读书是为追求事实和真理，或者为获得生存技能和手段，即使是后者，也并不为耻，这也是西方社会职业教育发达的原因之一。

丁念金认为，中国教育文化传统把追求"崇高"作为教育的最高价值。[①] 这种价值观以圣人君子的理想人格培养为教育的目标，强调道德修养应

---

① 丁念金：《中国教育文化中的最高价值》，《上海师范大学学报》（哲学社会科学版）2012 年第 2 期，第 118～124 页。

成为每个社会成员自觉的选择和实践，追求人在道德上的完美。在这种目标的感召下，中国传统教育培养了不少德行高尚、忧国忧民、具有家国情怀的君子。然而，随着科举制日臻完善，在一般读书人和普通民众眼中，更多地把读书视为谋取个人功名的阶梯与手段，"万般皆下品，唯有读书高"的"人上人"的人才价值论，就是普通民众心态的体现。其实质是读书本身并不高，其之所以高，是因为通过"读书""劳心"可以"入仕"而"治人"，一旦做官，就可以成为"人上人"。在这种人才价值观影响下，人格教育、道德教育、情感教育、技能教育和素质教育只能退而求其次。

另一方面，中国教育文化十分重视道德教育，把伦理道德作为教育的核心内容。古代中国教育，只教育学生做人，很少或根本不教学生做事，只教学生从善，不教学生求真。其积极方面是使学生重视自身道德修养和情操；消极方面是把人束缚在社会伦理之中，个体的独立人格难以形成。教育内容上重视典籍轻视自然科学，易使学生养成一种脱离实际、崇尚虚荣、不敢求真、妄自尊大的心理，以及不讲实证、不重视逻辑推理的思维方式，不利于培养在自然科学和生产工艺方面有创新发明的人才。

（三）中西教育风尚比较：知识圣化与知识批判

在教育风尚方面，中国人在给予传授知识的教师以尊贵地位的同时，也把知识圣化。这可以追溯到自西周以来形成的宗法制度，它把个人囿于家族或宗族之中，长老在其中居于尊位，知识主要依靠长辈传承，后来经过历代统治者和儒家学者的宣讲阐释，尊老演变成对长辈知识的无条件接受，一些道德教条和儒家信条被奉为金科玉律，不但出现在科举考试之中，也蕴含在乡村规约里面。这种知识圣化的现象，被视为平常。另外，为确立儒家信条的地位，统治者和儒家一起，将知识缔造者神化，如孔子被奉为"至圣大师""万世师表"；孟子被封为"亚圣"；朱子也享祀孔庙，接受一般人的膜拜。这种风尚所及之处，人们对先贤的知识不敢质疑，更不敢推翻，只是一味诵记，最多加以释义、扩充、考据、修正，导致千百年来许多读书人只在故纸堆中寻求知识，知识更新变得十分缓慢。直到西方文明东渐之际，国人才意识到自己的落后与愚昧。在"文革"期间，人们对"领袖语录"的狂热与信奉，也是此种理论的延续。

西方教育风尚以质疑和批判为荣，对知识与真理的追求不为尊者讳。"吾爱吾师，吾更爱真理"成为一种精神风尚，虽然在轴心时代，大哲大贤辈出，但始终没有统治者或民众把某一种学说（不含宗教）奉为不可违逆的信条，学生可以质疑老师，新知识可以替代旧知识，仅自由主义流派，就有古典自由主义、新自由主义和保守自由主义三种，人们并不会因为否定或修正前人的知识而被人斥为离经叛道或目无尊长，当然宗教迫害和极权时期除外。在这种相对宽松的教育环境下，知识更新迅速，探究的精神被鼓励，批判被视为创新和改进的必备武器，这也是西方文化得以不断自我完善、自我修正的原因。

（四）中西教育民众心理比较：个人事业与公共事业

在民众教育心理方面，随着科举制度的僵化和专制主义的进一步加强，中国社会一般视教育为个人上升之通道，尤其是下层民众流动至社会上层的捷径，把读圣贤书考取功名视为光宗耀祖的事业。有些家族为供族人或子弟读书，甚至不惜变卖家产、举债度日；也有由亲友乡党资助，完成举业，衣锦还乡回报亲人或乡党的。国家视读书为个人之事，即使兴办学堂或书院，学费也多由学生自付，政府虽偶有资助，也多为田地或实物，至近代学堂举办之前，是没有国家助学金或奖学金之说的。至于整体社会的教育公平、教育机会均等，更是遥不可及。直至近代西方教育思潮涌入，人们才意识到教育既是个人之权利也是个人之义务，国家应承担应有责任，社会也负有济困助学之义务。但教育为个人之事业仍是大多数国人的认知。随着国力的增强和人们观念的变化，义务教育逐渐深入人心并得到普及。

西方国家较早就把教育视为国家之本分而非仅是公民个人晋升之道。在古希腊古罗马时期，公民教育与训练即被列为国策之一，培养有修养、有知识、身心健康之公民被视为一国一邦之荣耀。及至近代，西欧诸国更是把教育视作富国强民的必由之路。政法、医学、师范等专修学校和职业学校兴盛，国家与教育行会对学校和学生的资助制度也随之建立。即使在19世纪教育发展较迟的英国，其初等教育也由私人慈善团体兴办，如主日学校协会、大英帝国及海外学校协会、贫民教育国民协会等，这些团体给予有需要的学生长期资助,而英国政府也曾多次出资设立学校、修缮校舍等。① 可见当时欧洲诸国视教育为国家和社会之共同义务,而非一人一族之义务。及至现代,教育公平、教育平等之声更是不绝于耳,在社会的整体推动下,西方诸国较早地普及了义务教育,并将其写进了国家法律。至此,受教育不再是某一阶层的特权,而是每一位普通公民的权利。

三 中西教育现象比较

教育现象是教育精神的内化和外在表现,包括教育制度、教育内容和教育方法等。

(一) 中西教育制度比较:政府主导与学校自主

中国历来以官学为主,以书院、私学为辅。官学包括中央官学、地方官学两个层级,私学包括私塾、讲经馆等。官学还呈现出多样化的特征,除了传统的国子学、太学、经学等外,还有医学、天文、历数、音乐、律学、书画等专门学校。另外,唐末以后还有具有部分学术研究性质的书院,与同时期的欧洲相比,中国的学校教育还是走在时代前列的。明末清初,由于西欧工业革命兴起,中国教育尤其是实业教育渐趋落后。清末至民国,方开始仿欧制建立本国的国民教育体系,虽历经战乱,却也渐趋规模,日臻完善。20世纪50年代初,中央政府又仿苏制加以改造,尤其是对高等院校进行了调整合并,建立起以单科性院校为主的高校群。

古希腊雅典的学校呈现出多级化的特征,分为初等学校、中等学校和高等学校。按种类分,有方法学校、音乐学校、体操学校,还有私人办的以探究知识为宗旨的学园,如阿卡德米学园、吕克昂学园、伊壁鸠鲁学园等。到中世纪又有教会学校、世俗学校,中世纪后期则出现了近代大学。而近现代以来,教育制度则更趋完备,建立起包括幼儿园教育、中小学教育、大学教育、研究生教育、成人教育等体系完善的教育制度。进入20世纪后,欧美国家基本上都实行了义务教育制度。

---

① 雷通群:《西洋教育通史》,东方出版社,2007,第344~345页。

从中西教育制度比较来看，官方对学校的控制程度不一样。在中国传统社会，规模较大的官学，其教育内容、办学规模、师资配备都受官府控制。书院创建之初，如唐宋时期，虽然控制少，但后来随着科举制度日趋完善，书院几乎沦为科考场所。私学因规模小，影响更小，且多以识字或讲经为主，不可与官学同日而语。清末科举制度废除以后，新式学堂建立，但仍旧以官办为主。民国时期虽有一段大学发展的黄金时期，学术自由和大学自治得以部分实现，但时局动荡，政治局势严重地干扰了正常的教学和研究，较为完善的国民教育体系尚未建立。20 世纪 50 年代后期至"文革"结束前，学校教育的泛政治化日趋严重，教育受到政治运动的严重干扰，教育独立与学术自由几无可能。

在古希腊，由于雅典实行民主政治，政府对学校控制很少，雅典几乎所有学校都是私人创办的，著名学者开设的学园是自由开放的。斯巴达实行的是军事主义教育，对学校的控制也较为严格。古罗马时期，对学校的控制也并不严格，尤其是私立学校，拥有相对的自主权。进入中世纪后，教会对学校的干预与控制加强，神学成为所有学校的必设科目，教师也大多由僧侣担任。中世纪后期，近代大学出现，教会的控制日呈颓势，学校的自主权相应增加。而现代的西方教育，基本上实现了学术自由与大学自治，教育的主体性获得了应有的尊重。尤其是在美国，私立学校的地位与公立学校相比，完全不分伯仲，甚至更胜一筹。

（二）中西教育内容比较：阐释经典与知识更新

中国传统社会的教育内容在秦汉之前较为多元丰富，如西周的"六艺"教育、春秋战国时期诸子百家各自的学说与主张，造就了中国学术的黄金时代。但自汉武帝起，定儒学于一尊，教育即以儒家经学为主，尤其是科举制度创建以来，中国学校的教育内容几乎都以记诵"四书五经"为主，即使有所损益，也只是细枝末节式的释义。唐、宋学校中开设的一些专门学科，如律学、医学、书学、画学等，虽属创举，却不具规模，只是经学的旁支。唐代颜师古、孔颖达等编撰的《五经正义》、北宋王安石编著的《三经新义》、南宋朱熹注释的《四书章句集注》都曾被官方指定为统一教材。一千多年的教育内容，都是在儒家几部经典中展开，可见教育内容之凝固不变、创新之乏力。近代以降，由于西学东渐，民国时期的教材呈现多样化的特征，近代的科学知识、实用技能也列入教学范畴，教育内容不再局限于道德伦理，开始与现代教育接轨，传统的儒家思想也得到一定的保留。中华人民共和国成立后至改革开放前，依据教育与劳动生产相结合的教育方针，把科学与生产知识列为教学的内容之一，传统的儒家思想受到批判，不再在教材中出现，取而代之的是无产阶级革命导师的经典著作选读、领袖语录和革命口号。在某些特定阶段，教育教学成为政治宣传工具，连自然科学也未能幸免。此种情形在拨乱反正后得到改正。

雅典人热爱知识，酷爱智慧，无论在哲学上还是在科学上，都取得了杰出的成就。在哲学方面，可以发现，西方主要思想流派几乎都可以从中找到源头，而自然科学譬如天文学、数学、地理学、动物学、植物学、心理学、医学、物理学等，也可以追溯其一般原理。教育内容十分丰富，既有倾听心灵的音乐教育，也有壮其体魄的体育训练；既有陶冶德性的道德与美学教育，也有增进心智的人文与数理教育。到中世纪，教育内容收窄，神学一统天下，后亦有"七艺"教育。到文艺复兴时期又进一步扩展和分化。17~18世纪，文法分化为文法、文学和历史；辩证法分化为逻辑学和伦理学；算术分化为算术和代数；几何学分化为三角、几何、地理、植物、动物；天文学分化为天文、力学、物理、化学。① 近代学校学科教育已初步形成。近现代以来，西方的教育内容更趋多样化，教育内容涉及科学、道德、艺术、宗教、日常生活技能等，高等学校的学科专业也趋于精细化，整体上呈现出科学与人文相融合的学科整合特征。西方的教育内容重视创新，各种流派相互砥砺，较好地适应了时代变迁的需要。

（三）中西教育方法比较：个体感悟与系统传授

中国古代的教育方法以个体感悟为主，强调学生的内省、自求、自觉、自悟，既主知又主意。"中国传统教育追求价值之源的努力是向内，向自身而不是

---

① 丁念金：《人性的力量——中西教育文化变迁》，福建教育出版社，2011，第245页。

向外，向上，不是听上帝的召唤，亦不是等外在的指令，重视其内在的力量，重内过于重外，这是一个很值得我们注意的教育特色。"① 春秋时期以孔子的对话教学为代表，《论语》本身就是一部师生对话录，通过孔子的言传、学生的自我体悟，来达到教育的目的。在官学的教学体系中，虽然也重视教师的讲授，但更多的是学生的体"悟"，因而学生的悟性在学习中起到十分重要的作用。西汉大儒扬雄认为，学习步骤分五步，第一步，学习材料整理；第二步，用思考的工夫去芜存精；第三步，与同学彼此磋磨，正其是非；第四步，用奖励的方法；第五步，达到学而不倦的境界，学而有所成，所谓"多闻则守之以约，多见则守之以卓"。北宋宿儒胡瑗的教授方法为分组教育法，注意考查学生个性，分为经义斋与治事斋，前者培养治术人才，后者培养治事人才，造就实学，为当时一创举。在教授过程中，以时事讨论激发兴趣；训练则取严格的感化主义；以人生日用之事教导学生，与教育即生活主义相同；以严毅率众，以至诚感人。朱熹的学习法在《朱子语录》中分为六条，即"居敬持志，循序渐进，熟读深思，虚心涵咏，切己体察，着紧用力"，并认为为学最要紧的有三条：其一，须放开胸次，从大处着力；其二，须如酷吏用法，要深刻缜密，不留丝毫人情；其三，须用一番苦功，全力去做。总之一句话，"小立课程，大做工夫"。② 其后的王阳明、曾国藩等，均讲究学习中的悟道。因为中国传统教育以道德教育为主，而非科学主义教育，所以个体体悟与德行实践备受重视，但知识的系统性也仅局限于对儒家经典的诠释，不能形成学科体系，逻辑推理与实证方法未受重视。近代以降，西方的教育方法渐次被引进，其中赫尔巴特的五段教学法、道尔顿教学法风行一时。20 世纪 50 年代和 60 年代，苏联教育家凯洛夫的教育方法在中国盛行，其主要特征是以教为中心，以教师主导课堂，以课堂讲授为主，重视知识传授的系统性和连续性，重视教学的直观性，其中亦留有赫尔巴特教学法的痕迹。

受中国传统文化的影响，中国传统的教育研究方法带有很强的直觉经验

---

① 郭家齐：《论中国传统教育的基本特征及其现代价值》，《北京师范大学学报》（社会科学版）1995 年第 5 期，第 26 页。
② 陈青之：《中国教育史》（上），岳麓书社，2012，第 114～118、266～316 页。

色彩，缺乏理论概括和严格的逻辑推理，也缺乏实证科学方法的运用，对价值与意义的阐释多于对事实和问题的客观分析。传统文化中伦理性的天人合一关系既阻碍了思想家们用自然的眼光来看待人的成长问题，又阻碍了人们用宗教的眼光来看待人的终极价值，导致传统教育大都呈现为一种道德格言，很难在人生道德之外获得一个坚实的理论基础。可以说，中国传统教育在一开始所依据的基础、选择的路向和追求的目标就与西方的教育有所不同。这主要是因为中国传统文化并不把教育知识作为一类独立的知识来看，而是从人生观、历史观、宇宙观等方面来讨论教育问题。中国文化的伦理本质，在教育学领域表现为对教育的研究缺乏一种科学的精神，即穷究教育现象的精神，或者说缺乏以客观冷静的心态来认识教育现象的精神。在这样的情况下，教育方法自然难以形成科学化的知识体系。

雅典时期的教学与中国先秦时一样，重视对话和启发，最著名的就是苏格拉底创建的"精神助产术"——对话教学。教师只是知识的助产婆，教师负责引导学生发现问题，与学生处于平等地位。另外，雅典人还重视研究性学习，在学园中，师生可以就一问题共同研讨。可以说与中国先秦时期的教育方法有许多类似的地方。中世纪，西方的教育方法开始转向以教为中心，整个教学过程由教师主导，最著名的就是赫尔巴特的五段教学法。它讲究齐一性、纪律性和知识的系统化，重视制约和规范。到了近代和现代，各教育流派蜂起，人本主义、进步主义等主张以学为中心，以促进学生的自由选择与自由成长，教师只是起引导作用。道尔顿教学法、设计教学法、程序教学法等也产生过一定的影响。产生于现代的规范教育学在教学方法上主张重申纪律、恢复知识的系统性和规范性，认为过于放任不利于知识的掌握，教育的实施应该根据历史传统，不要激进，应该保守；教育的施为应重视教育实际，不要有乌托邦思想，因为那样无法达到教育的目的。而解放教育学作为一种反传统的学派则认为：在教学过程中不应对学生采取严格的要求，使学生能自由地发展进而慢慢地成熟，尤其以学生的意识能获得启蒙为优先。整体而言，现代西方的教学法重视学生的主体地位，以激发学生自主学习和讨究精神为主线，并逐步形成了模式化、多样化的教学方法。

第六章

当代中国教育文化反思与重构

梁启超在总结戊戌变法失败原因时曾说："变法不变本源，而变枝叶，不变全体，而变一端，非徒无效，只增弊耳。"[①] 一百多年前，日本现代教育之父——福泽谕吉[②]也指出，一个民族要崛起，第一是人心改变，第二是政治制度的改革，第三是器物与经济的改变。中华民族要崛起于世界之林，中国教育要实现现代化，就不能仅仅革新表层的器物或有形的制度，而是要深入文化层面，触及教育之"灵魂"，方能取得改革之成功。而20世纪70年代末以来的中国教育改革的历程，也证明了这一点。

改革开放以来，中国教育的变革经历了三个不同阶段：[③] 第一阶段是始于20世纪80年代末的"素质教育"改革时期。20世纪70年代后期，全国恢复了高考制度，这一方面极大地激发了人们对知识的追求，另一方面也唤醒了延续在中国人身上一千多年来的"科举"文化的情愫，教育逐渐陷入"应试"的桎梏之中。针对此弊端，教育界掀起"素质教育"的改革浪潮，试图以"素质教育"冲淡愈演愈烈的"应试教育"。其中最具符号性的特征是"减负"，教育主管部门出台了许多文件和刚性规定并要求中小学实施，

---

① 转引自刘道玉《中国教育需要一场真正的变革》，《中国青年报》2008年10月19日，"教育科学版"。

② 福泽谕吉（1835~1901），日本近代著名的启蒙思想家，明治时期杰出的教育家，日本著名私立大学庆应义塾大学的创立者。著有《劝学篇》十七篇。

③ 参见鲁林岳《变革教育文化——教育改革的必由路径》，《中国高等教育》2010年第11期，第23~25页。

素质教育虽然得到了一定的重视，应试教育却并未因此而减弱，甚至被进一步强化。第二阶段是兴起于 20 世纪末的新课程改革时期。新课程改革致力于从教育的核心层面——课程体系进行变革，这一阶段历时十年，虽然在推动中国基础教育的课程变革与发展方面发挥了重要的作用，但也没有产生人们一开始所期待的效果，应试教育仍然盛行不衰。进入 21 世纪后，中国教育的改革亟须进入教育的"本源"——文化变革阶段。教育文化的变革，首先要对当代中国教育文化进行深刻的反思，并以进步的教育价值观检视当代的教育理念与教育施为，在此基础上方能重构中国教育文化模式，展望中国教育的未来。

第一节　当代中国教育文化反思

当代中国教育文化从时间上来说，是指 1978 年改革开放以来所形成的教育文化。当代中国教育文化有三个来源：一是中国古代教育文化传统；二是延安时期及中华人民共和国成立后形成的红色革命和社会主义探索时期的教育文化传统；三是改革开放后西方的各种教育思潮。这三个来源，与当代中国的政治、经济和文化相结合，共同生成了当代中国教育文化。以批判的眼光观之，中国古代教育文化传统在当代衍生出激烈的应试主义；延安及苏联教育文化传统在当代衍生出泛政治化[①]和行政化；而西方教育文化中的实用主义则蜕变为当代教育文化中的功利教育主义。这三方面的结合，导致中国当代教育文化出现了严重的危机。

一　泛政治化的教育文化侵蚀着当代中国教育的主体地位

中国教育中的"泛政治化"倾向有着悠久的历史渊源。秦汉以后建立的中央集权制度和儒家文化一起，催生出泛政治化的教育文化，政治中心意

---

① 泛政治化是政治学的一个概念，意指害了政治过敏症的民众，把社会生活的各个领域人为地引入政治生活中，以政治逻辑和政治框架来包涵社会现象。参见倪春纳《当代中国社会泛政治化现象分析》，《安徽广播电视大学学报》2010 年第 2 期，第 5～7 页。

识和政治万能观念作为民族文化心理沉淀下来。近代以降，在救亡图存的旗帜下，政治改革和革命迅速取代文化启蒙。教育成为救国救民的一种手段，"实业救国""教育救国"成为"政治救国"的补充。中华人民共和国成立后，频繁的政治运动使泛政治化的教育文化得以进一步强化，整个 20 世纪中后期，泛政治化贯穿中国教育的始终。尽管改革开放以来有所减弱，但教育中的泛政治化现象仍大行其道。泛政治化的教育文化从时间段上来说，盛行于 20 世纪 50～70 年代，90 年代随着市场经济地位的确立有所衰减，但其影响仍然波及至今。

（一）古代"政教合一"的教育文化传统是泛政治化教育文化形成的渊源

中国古代"政教合一"的教育文化传统，导致中国思想界与普通民众对教育的独立性认识不足，使政治统制侵入压迫教育的现象大行其道。在中国古代社会，泛政治化教育文化具体表现为以下三方面。

1. 以国家行政指令的方式高度统一教育内容

自汉代以来，统治者为利于自己的统治，对教育内容进行规定，主要以儒家经典"四书五经"为主。教育内容的整齐划一，直接导致方范思想（prescriptive thinking）的盛行、认知思想（cognitive thinking）的弱化[①]。方范思想的盛行，使各种伦理思想发达、圣贤文化流行，但少有能从操作层面去论证和探讨，这些往往被视为"细枝末节"，道理和口号不少，却缺乏可操作的途径。长此以往，由于社会不敢也不能质疑这些方范思想，整个社会逐步形成一种独断型思维，缺乏逻辑和思辨能力。[②] 自由思考、逻辑和思辨能力缺乏，对价值的追求欲超过了对事实的分析欲，对道德的判断超过了对事物本身的认知，直接导致明朝中期以后中国在科学、技术、工业艺术等方面的落后。

---

① 殷海光认为，中国文化是一种圣化社会的文化，方范思想发达，认知思想受抑。中国知识分子看待世界，不是泥古不化，便是诗情画意，不能运用纯净的认知来分析事理。参见殷海光《中国文化的展望》，上海三联书店，2009，第 381～382 页。

② 黎鸣认为，中国（文）人有"术"而无"学"，其原因是中国自"独尊儒术"以来实行文化垄断，导致国民逻辑思维缺失。参见黎鸣《老不死的传统——中国文化在世界中的真实位置》，华龄出版社，2009。

2. 教育制度的高度统制

中国从西周开始就设有官学，由朝廷直接举办并管辖的为中央官学，如西周的国学，汉代的太学、官邸学、鸿都门学，唐代的国子监、太学、四门学等；官学中的教师叫学官，是朝廷的官员。在中国古代，官办学校是学校教育制度的主导力量。有些历史时期学校教育系统中只有官学，如夏商周三代，到孔子时代才出现私学。到了秦代，严禁私学，即使允许办私学，官学办学规模、办学水平也远高于私学。书院是中国高度统制下的传统教育制度中的异数，本来是私立的、自由的、独立于科举制度的读书治学修身的机构，但后来也被官方控制，甚至出现了书院官学化现象。这种控制自宋代一直到清代，愈加严重。在明代甚至出现焚烧书院的情况。到清朝时，连教育内容都由官方规定。书院完全沦为官办机构。在官方的全面统制下，"独立之思想，学术之自由"很难得到保证，教育独立更无从谈起。

3. 教育与选拔人才相结合，具体表现在科举制度上

与世袭制、举荐制相比较，科举制是选拔人才的一种相对公平的制度，但也是官方控制学校教育、网罗人才的有效工具。中国的历史和文化缺少培养西方意义上"为知识而知识"的纯粹知识分子的土壤。从个人的安身立命——"立德、立功、立言"到社会责任、道德使命和家国观念，中国知识分子都很难与现实政治绝缘，多数知识分子都依附于体制，只有在社会出现大变局时，才会涌现出一些卓尔不群的思想者，他们趁着统治中枢力量散弱，发出变革陈旧社会的声音。一旦社会整合完成，中枢力量重拾权威，思想便复归寂然，教育也重归政治的统摄之下。这种政治统摄教育的传统延续至今，虽然近代以来中国的知识分子试图冲破这张无所不在的专制文化的罗网，宣传"德先生"与"赛先生"，使中国走上西方式的强国道路，但由于知识分子本身就脱胎于其中，在传统的惯性力量的牵制下，革新国民观念、改良专制主义的土壤终非易事。

（二）频繁的政治运动使泛政治化教育文化得以进一步加强

中华人民共和国成立后，"读书做官论"的教育价值观被摒弃，传统教育文化被否定、被批判，几千年来形成的以儒家思想为核心的教育文化的根

基逐步分化、瓦解，人们试图在这片文化的废墟上建立一种全新的革命的无产阶级的红色教育文化，实现教育为无产阶级政治服务、教育为革命服务、教育为工农兵服务的目标。红色教育文化产生的根源有二：一是基于延安时期形成的教育为生产劳动服务、文艺为民族大众服务形成的传统；二是基于1949 年后追随苏联形成的高度实用主义的教育文化传统。前者形成于残酷的斗争时期，是为争取劳苦大众追随革命事业而确立的，是为纯洁革命队伍、培养知识分子对革命的忠诚度而实施的。后者则是通过改组调整高等院校，为培养社会主义建设者和接班人而逐步形成的。调整后，高等教育形成了重工科、抑文科，甚至自然科学也必须服务于工科的局面。

20 世纪 50～70 年代的教育施为基于这么一个理念：教育的本质属性是上层建筑，政治教育即教育的全部，教育只是政治和意识形态的工具。因此，在教育理论中人们大量地引用无产阶级革命领袖对教育的论述和观点，以此引申和阐发教育的基本理论，分析现实中的教育问题。甚至研究思维沿用的都是"经济基础—上层建筑"范畴分析模式和"矛盾论"分析模式。教育的基本功能是思想政治教育功能；对教育过程，人们提出的是"实践—认识—再实践—再认识"的教学过程理论；教学内容（如教材）则承载着深刻的政治教育的寓意和隐喻;[1] 在教育实践中，秉承教育为无产阶级服务、为培养共产主义接班人服务这一宗旨，教育活动变成富有政治意义的行为。无论是正规的学校教育还是家庭、社会教育，都带有思想政治教育的气息。

（三）科层体制植入教育系统导致教育行政化

中华人民共和国成立后，为了加强对学校的管理和知识分子的改造，新成立的中国政府一改民国时期仿欧美式的教育体制，提出"以俄为师"的口号，将苏联教育体制移植过来，并向学校派驻党员干部，由干部对师生进行管理，后来逐步演变为学校与政府一样，按科层制分为不同的级别。学校尤其是高校内部仿照官僚的科层制，设立不同的部处和科室。机构与人员设

---

① 张应强：《中国教育研究的范式和范式转换》，《教育研究》2010 年第 10 期，第 3～10 页。

置类似于政府机关。这种科层制的植入，一方面使民国时期培育起来的大学精神和学术自由被削弱，学校容易演变成一个以宣传政策、解释文件、以上镜曝光为要务的政治场所，导致真正的学者和教育家被边缘化，不少教授既是商人又是官员，"学官"和"官学"应运而生；另一方面导致政治标准和所谓的"道德"标准取代学术标准，政治评价和"道德"评价取代学术评价，进一步助长了教育的泛政治化和行政化。孙美堂曾将高校体制的许多病症概括为主体倒错，即行政人员控制业务人员；价值系统倒错，即文化价值、学术价值与行政权力相比，居于次要地位。①

有资料佐证，我国大学发展最好的时期和"大师"辈出的时代，恰恰是政府对大学不管或管得少的时期。20世纪二三十年代，北大、西南联大、浙大名家云集，声名远播，无不是得益于政府当局对大学的"无为而治"。当然，还有两点，一是政府内部的教育官员往往都是教育内行，对教育的性质和意义有相当的敬畏之情，政府对大学的干预也都往往是"适可而止"；二是那些著名的大学校长对大学的使命和宗旨有执着的坚持，能够全力维护大学的精神和尊严，他们用自己的人格力量和社会影响力抵消了国家在大学制度设计方面的缺陷。这些大学校长在具体的管理活动中，尽力消除行政化制度的消极性，使其不至于伤害到教师的尊严、个人权利及学术自由的环境，由此泛政治化和行政化的教育文化在这个历史时期得到了较好的扼制。

肇始于1952年的大学"院系调整"，改变了我国大学原有的结构和形态，也中断了大学的管理传统和管理方式。学习苏联的教育运动与根据地时期的革命意识相结合，使大学成为与社会其他行业没有区别或区别不大的准行政机构。其时的大学均以革命意识为灵魂，政治和行政权力介入高校活动的方方面面。高校行政化对人们的心理产生了深刻的影响，也造成当下大学之困境。因此，官僚体制植入学校教育，除了权力引导学术外，还会产生另一个后果。这个后果就是，由于科层体制讲求合理的分工及科学管理，因而在工作的过程中，人们必须服从组织领导，必须接受制度的规约和指示。这

---

① 孙美堂：《沉重的"教改"话题》，《方法》1998年第9期。

样一来，组织支配着个人，科层制约着学术，教育容易再度沦为行政控制的工具。目前中国高校内外部管理组织林立，规则细密，教师与学生作为最基层的个体单位，在重重的科层压制之下，主体地位日益式微。当前我国教改的根本问题是教育管理体制改革，要去行政化、去官化，使学校的管理体制回归学术主导，而不是只在那些细枝末节的问题上修修补补。

（四）保身哲学和市场化的冲击导致知识分子的犬儒化

王夫之说："其上申韩者，其下必佛老。"① 其意思是，历代统治者如果施行申（不害）、韩（非子）所主张的严刑酷法，压制士人，那么民众就只能从虚玄的老庄和佛教中寻求心灵安慰。事实上，老庄与佛教思想对中国整个社会政教礼俗的影响虽不可小觑，却不能与儒家和法家同日而语。"儒表内法"的专制主义才是中国文化传统之一。这种打着仁义之旗行压制之实的统治术，对中国民众和知识分子的心智塑造起到了至关重要的作用。人们出于恐惧，不得不小心翼翼，如履薄冰。面对"文字狱"和对异己的迫害，知识分子甚至普通民众不得不明哲保身，犬儒主义大行其道。1949 年以后，出于对新政权的热忱，许多知识分子与普通民众一样，对新社会新政权有着近乎乌托邦式的迷恋，然而，在随后的思想改造及频繁的政治运动中，知识分子首当其冲地受到冲击，理想被现实击得粉碎，部分知识分子不再怀抱理想，开始变得玩世不恭，普遍对政治产生冷感。90 年代后，物质主义的泛滥进一步冲掉了残存的理想主义。许多人为了一点点物质利益——为了一次出国机会，为了分得一套房子或搞到一部新汽车，甘愿放弃自己的独立见解和对自由的追求。随着犬儒主义和保身哲学的盛行，人们只选择对自己有利的观点与行为，对少数怀抱理想的人也采取冷嘲热讽的态度。他们对一切勇敢的行为都采取旁观者的态度。"难得糊涂""躲避崇高""渴望堕落"成为一部分知识分子和普通民众的座右铭。犬儒主义实际上是对自由精神的自我阉割和对理智的背叛。

经过 20 世纪 90 年代以来市场化和世俗化的冲击，教育文化呈现出多元

---

① 王夫之：《读通鉴论·梁武帝卷十七》，中华书局，2004。

化的特征，尽管有些知识分子对世俗化、商业化和大众文化不遗余力地进行抨击，但大多数知识分子采取迎合的态度，不再抱有精英主义的心态。这种心态在教育上的表现为严重的功利主义倾向，教育也随之变得没有理想，变得世俗化、实用化。在课堂上为学问而学问的精神、为理想而理想的探究没有了，取而代之的是，一些实用的尤其是对就业有用的、速成的课程广泛受到欢迎。更有甚者，一部分犬儒化的知识分子知善而不从善，知恶而不抗恶，他们既嘲笑权贵也嘲笑一切抗争，犬儒主义在教育文化中的泛滥，进一步导致了当下教育变革的无力与教育精神的衰退。

二　工具主义的教育文化削弱了当代教育的人文品质①

1978 年召开的党的十一届三中全会，摒弃了"以阶级斗争为纲"的路线方针，确立了以经济发展为中心和改革开放的基本国策。尽管泛政治化的教育理念仍然影响着当代中国教育，但教育不再只为政治服务，而且被视为一种生产力，一部驱动经济发展的发动机，教育的经济功用被充分挖掘出来，使教育逐渐从纯政治化和意识形态的阴影下走出来，相对于教育沦为政治和阶级斗争的工具，这无疑是一种进步。但与此同时，就国家和政府而言，当代的中国仍然只是把教育视为培养经济建设人才的工具；就个人而言，也把教育视为提升个人价值、谋取更大利益、获得更多社会资源的工具。尽管素质教育的呼声很高，但这种工具性的价值取向始终没能实现根本性的转变。人性本身的价值——人的内在发展的自由，始终没有得到足够的重视。教育的工具性价值的存在固然有其合理性，但由于整个社会的功利化、短视化，人们逐利的欲望被过分激发，教育难以独善其身。在升学率、就业率和花样繁多的评估下，学校与师生不堪重负，课堂内外都少了人与人灵魂的对话和交流，更多的是各种数据和量化指标。在官方"教育产业化"的政策引导之下，重点大学获得了来自国家财政的大笔拨款，通过商业运

---

① 参见袁长青《"适应"抑或"超越"：中国教育文化的价值批判与建构》，《当代教育科学》2014 年第 18 期，第 3～6、10 页。

作，少数大学自身也迅速演变成最具盈利能力的大型"公司"。而得不到财政拨款的大学或其他院校，也不甘人后，开始抓住商机，参与商业大潮的逐利。一时间，教育尤其是高等教育成为"新的经济增长点"。于是，赤裸裸的功利主义、"反人文"及"非道德"的相对主义，成为一部分教授和学生信奉的最高原则。日益官僚化的学校管理机构和商业利益的巨大侵蚀作用，使大学失去了它必须坚持的人文标准，从大学中走出来的许多毕业生，拥有"适应社会"的"变色龙"的素质，却无法为社会未来的走向提供有益的引导。

在这种形势下，另一种教育价值观因势而生，它就是"教育适应经济发展论"，或曰经济决定论。它认为，第一，教育应当为提高生产力和经济发展服务，并为经济所决定。教育是一种产业，它对 GDP 的提高有着举足轻重的作用。第二，教育的成功与否，取决于学校所培养出来的人才能否适应当下社会与经济发展的需要，在具体的指标上，就是"升学率"和"就业率"的高低。"教育适应论"认为教育应当从国家、社会出发而不是从人本身出发，人成了工具和手段而不是目的。这些教育价值观关注的只是教育的功利价值，其本质上是实用主义或工具主义的价值观，它与建立在人的内心之上、以追求社会整体和个人幸福、自由、安全的教育价值观是背道而驰的。实用主义导致教育文化变异，这表现在三个方面。

（一）工具主义教育价值观泛滥，导致教育出现"无人"现象

罗克齐将价值观分为两类，一类是外在的，亦即工具性价值；另一类是内在的，亦即终极性价值。工具性的价值观是指因为直接对我们有利，我们才予以遵循的价值观。而终极性的价值观是指化成于内而彰显于外，人们不计较暂时的利害得失而加以遵循的价值观。举个例子来说，古代的大多数读书人为了做官而读圣贤书，做八股文，参加科举，这一教育价值观是工具性的；但有一部分读书人通过研修儒家文化典籍，把儒家的价值观内化为个人安身立命之本、救国匡世之源，达到孟子所言的"富贵不能淫，贫贱不能移，威武不能屈"的人生境界，这是一种内在的价值观。工具性的价值观在实现它的功用后即被抛弃，而终极性的价值观则激励着人们发自内心地为

之奋斗甚至献身。

"工具主义"是指经某种事物为工具获得更多的价值。工具主义认为，能帮助人们解决实际问题的知识即为真实的知识。也就是说，"有用者为真"。工具主义产生于实用主义哲学，它主张：（1）把知识视为解决困难的实用性；（2）对于知识主张精益求精；（3）重视知行合一。工具主义发生作用所产生的结果，乃是知行合一。[①] 实用主义精神被广泛地认为是美国文化精神中最核心的价值观。富兰克林说："自然是以效用学说来教育人的；这就是说，一个事物是好的，仅仅是因为它是有用。""这个态度不是去看最先的事物、原则、范畴和假定，而是去看看最后的事物、收获、效果和事实。"[②] 由此可见，工具主义价值观并非一无是处，它对于促进社会发展有着不可替代的作用。但在现实中，工具主义被引入当代中国教育之中，作为一种价值观得以践行，并在具体的教育行为中被过分放大。当下的高等教育中，在教师看来，能受到学生欢迎的课程就是好课程，能招到学生的专业就是好专业；在学生看来，只有在现实中有用的知识才是真实的知识，而表面上看起来无用的文史哲等学科的知识，特别是人文知识和通识教育则可有可无，能找到好工作的专业就是好专业。在此种价值导向下，以"职业为中心"的专业化计划盛行，探究"人的本质"的基础人文学科和古典文化少有人问津。工具主义教育价值观的践行，使大学课堂沦为单纯传授学科知识的场所，就业率成为衡量高等教育质量的重要标准。

再看基础教育，几乎所有的教育施为都围绕高考制度进行，中学教育的所有内容都为之展开。那些成绩优异或家景宽裕的小孩进入各级重点学校后，却并不意味着就能获得解放和成功。相反，他们比其他非重点学校的学生背负着更沉重的精神包袱，要面对更加残酷的升学竞争。在升学的压力下，个别教师过分关心学生的分数以及班级高考过线人数，而不自觉地忽视学生心灵和精神的成长，或虽心有余却力不足。在教育改革和教育实践中，

---

① 詹栋樑：《现代教育思潮》，台北："国立"编译馆，2002，第29页。
② 威廉·詹姆斯：《实用主义》，陈羽纶等译，商务印书馆，1979，第31页。

不可计量的教育思想、教育价值、教育理想等，往往被冠以"非科学"而被遗忘，教学领域充斥的是知识教学，教学论是关于知识教学的教学论，注重学生在认知领域的发展，教学过程被认为是一种特殊的认识过程，延续着赫尔巴特、凯洛夫等人的基本教学流程，课程论也只是知识课程论；教育内容被简化为为科学技术知识的教与学而阐发的方法。因此，教育的成功、教育的效果和教育的价值，在学校教育中是以知识掌握程度来衡量的，是以分数来衡量的，那些不能用分数来衡量的东西则被排斥在教育之外。

工具主义教育价值观的泛滥，使教育成为无"人"或少"人"的活动，教育在开启人的心灵、丰富人的内心、完善人格方面的作用渐渐被人们遗忘，人们更多地把教育视为发展经济和追求财富的工具，教育的人文价值在经济和财富面前黯然失色。人们读书是为升学，升学是为就业，是"为稻粱谋"，追求真理和内心的丰富在现实的压力面前显得微不足道，原来充满乐趣的知识探索显得无趣而生硬。许多考生在家长的压力下主动选择放弃个人旨趣，而去追逐所谓的"热门专业"，社会和教育主管部门更是把就业率高低视为衡量高校人才培养质量的重要指标。这样一来，教育不是解放人的手段，教育传达的不是智性，乃是技术或应试技巧，甚至成为某种束缚人的东西。汤因比说："教育的正确目的，归根到底是宗教性质的东西，不能只图利益。教育应该是一种探索，使人理解人生的意义和目的，找到正确的生活方式。"① 中国当下的教育离这一目标的实现还有相当的距离。

（二）工具主义教育价值导致知识分子人格"矮化"

中国是一个有着悠久历史文化传统的"政教合一"（政治和教育而非政治与宗教的合一）的国家。儒家典籍《学记》开篇就是"建国君民，教学为先""化民成俗，其必有学"，把教育的现世功用与世俗价值开宗明义地提出来，"教"是为匡世济民，"学"是为化民成俗，把个人的学习与社会的功用结合起来。孔子说得更直接："学也，禄在其中矣。"随着科举制度的兴起，中国士人找到了实现"学而优则仕"之梦的现实道路。毋庸置

---

① 《池田大作与汤因比关于中国文化的谈话》，http://www.foyuan.net/article-315497-1.html。

疑，强调教育的工具价值的科举制度，在维护中央集权、大一统的政治格局、社会阶层的稳定以及缓和阶级矛盾、营造家庭（宗族）重教举学的氛围等方面发挥着重要作用。同时，这种教育价值观所隐含的消极一面是：许多读书人把教育作为改变个人身份和地位的手段，导致以科举制度为核心的读书做官论流行千年。虽然 20 世纪初清政府迫于形势废除了科举制度，但皓首穷经只为一朝"金榜题名"的思想已深入每一个中国读书人的毛孔和血液之中。古代知识分子过于强调"入世"，热衷于科场的思想和行为，使他们长期成为世俗政权的附庸而无法实现自身的价值，更无法形成独立的人格。

当代工具主义教育价值观的泛滥，使知识分子的角色和地位在市场化和产业化的诱惑下发生了变化，一些知识分子开始放弃对真理和精神的追求，转而以追逐经济利益为荣。张曙光说："现在的教学也好、研究也好，只要不与现行的意识形态来提出质疑，你可以不择手段去追求经济利益。"① 追名逐利，逃避崇高，使知识分子的人格日渐矮化。除此之外，工具主义教育价值观的泛滥，导致人才培养的工具化和学校知识生产的工厂化。培养的学生当中，有一些人只注重应试分数，缺乏人格和道德的养成，他们进入社会之后，没有担当，没有责任，一心想着升官发财，出人头地，不惜违法乱纪。工具文化的泛滥，还直接导致教育行为的急功近利与短视，间接造成学界抄袭之风甚烈，造假之风更甚，浮躁之风日甚一日。

（三）工具主义的教育价值观降低了教育应有的品质和诗意

工具主义的最大的错误在于用一种功利尺度或僵化的思维去衡量充满生命力的对象——人，他忽视了人的存在与人的生命的内在性、整体性、生成性。工具主义教育价值观的盛行，使人文主义受到挤压。在求知的路上，学子们不复有内心的愉悦，他们不得不为升学、就业这些功利性的目

---

① 张曙光：《中国教育的危机与前景》，中山大学教育现代化研究中心编《教育"中国模式"与文明的去向：教育与中国未来 30 人论坛年会演讲集》，2011，第 3 页。

标而左右，精神生活被繁重的学业和就业压力挤压，个人的探索被标准答案取代，青春的活力为各种考试的重压所消磨。教育不再是充满诗意的活动。德国哲学家黑格尔曾说："现实上很高的利益和为了这些利益而做斗争，使人没有自由的心情去理会那较高的内心生活和较纯洁的精神活动，以致许多优秀的人才都被这种环境所束缚，并且部分被牺牲在里面。"短视的人们忘记了，每个人只有拥有自由的心情、丰富的内心生活和纯洁的精神活动，其激情和创造力才能被激发出来，才能克服现代世界和自身的异己性，超越痛苦、失败、孤独，超越功利，自由地生存于大地之上，创造生命，享受生命。① 第斯多惠说："德国的教育学首先要求人的教育，然后才是公民的教育和民族成员的教育；首先是人，然后才是德国公民和职业上的同行，而不是反之。"②

工具主义把受教育者培养成别人的工具，而不是为了他自己的人生。固然，每个人必须有一定的谋生能力，能够运用知识和技能来解决生活和生存问题，但这并不是最终目的，这只能是实现良好人生的手段。而我们现在的教育，把手段当成了目的。应试教育就是如此。学校教会学生考试、解题，考上一所好大学，选一个有利于就业的专业，以求将来能在社会上立足、谋生，这就是现在教育的终点。这里缺乏的是对人生意义的追问与追求，有些人以世俗的眼光来看生活，固然很美满幸福，但是只是社会或别人的工具，或者是自己的工具，而对生命的真正意义是不甚了了的。那么，教育要对谁负责？答案是，不是对国家负责，也不是对社会负责，而是对受教育者负责。所以，不是为国而教，而是为人而教。固然要教怎么谋生，有一技之长，但是更重要的是让每个人都有经过反省的人生，自己享受人生并帮助别人享受人生，使全社会快乐总量极大化。这才是教育的根本之道。教育是最个性化的事。教育的对象一定是一个人。一个人一生最重要的是什么？是过得愉快、丰富、有意义，这才是教育的最终目的。

---

① 转引自杨佳青《2010年教育文化碎笔》，《中国教育报》2011年1月14日，第3版。
② 张焕庭主编《西方资产阶级教育论著选》，人民教育出版社，1979，第375页。

三 对传统与现代的误读，导致教育文化"首鼠两端"

中国文化向来"崇古""循旧"，但自近代以来，内忧外患频起，国运不昌，知识分子开始反思传统，尤其是"五四"以来，知识界开始了"反传统以启蒙"的漫长历程。而始于20世纪60年代、历时十年的"文化大革命"，则把中国传统文化冠以"封建主义""资本主义""修正主义"之名，给予毁灭性打击。尽管这场运动是以革命的名义进行的，但激发了中国传统文化中最黑暗的因子。自此以后，中国社会对传统文化的态度始终游离不定。另外，由于长期的积贫积弱，人们对西方社会所取得的成就表现出无限的向往，希望能早一日实现以西方为模板的现代化。在此过程中，国人要么急于求成，企图一蹴而就；要么以西方为假想敌，举起中国文化的旗帜，做拯救西方文明之梦。这种在传统与现代之间进退失据、首鼠两端的态度深刻地影响了当代教育文化。

（一）对传统的过度反叛，使当代教育文化缺乏传统的根基

近代以来，教育对民族传统的过度批判、对教育传统的过度反叛，是教育文化断层和当下教育思想混乱的历史根源。20世纪初，以五四运动为标志，中国经历了近百年的反传统文化时期。在这一百多年里，人们以救亡和革命的名义，对中国传统进行反思与清算，至"文革"达到登峰造极的地步。在反传统文化激流的裹挟之下，国人将数千年来儒家倡导的"仁义礼智信""温良恭俭让"等维系传统中国道德文明和社会秩序的传统文化也一并"革命"掉，谦谦君子被耻笑，粗俗无知被视为美德。儒家经典教义坚持"人性善"，相信每个人都有"仁、义、礼、智"的内在潜质，"仁"让人友善，"义"让人公正，"礼"则是对同样具有内在尊严的他人的对等尊重，"智"赋予人认识自然、社会和自己的能力。在儒家看来，人经过教育和在礼的熏陶下自觉修身之后，就能将这些潜质发展为实际品性，并成长为道德成熟的"君子"。儒家君子代表了道德独立、光明正义、勇敢坚毅的高尚人格："君子义以为上""和而不流，中立而不倚""在上位不陵下，在下位不援上，正己而不求诸人""得志，与民由之；不得志，独行其道。富贵

不能淫，贫贱不能移，威武不能屈"。儒家文化优良的传统，却没能得到传承。读书救国、经世致用、舍生取义、士大夫精神和书院传统等教育文化传统也被摒弃。尤其是 20 世纪 50 年代以来，民粹主义和反智主义盛行一时。在历史教育中，把中国贫困落后的原因简单地推给"帝国主义"的侵略、"封建主义"的压迫和"反革命势力"的倒行逆施，对传统文化的代表人物——孔子不遗余力地进行批判，唯独缺乏自我反省和自我检视。在政治教育中，"革命理论"和"阶级斗争"学说一度被推崇，"文革"十年中，这些思想、理论和主义使人性中最黑暗最贪婪的部分暴露无遗，并假借集体和崇高之名，行侵害个人权利之实。传统文化中真正的"真凶"——专制主义非但没得到扼制，反而被进一步激发。专制主义的强大惯性使中国社会个体人格空壳化，专制者以"国家"的名义吞噬了作为道德主体的个人，使个体成为没有独立价值、没有内在尊严、只能寄生和匍匐于国家威权之下的臣民。在 20 世纪 50 年代和 60 年代的历次运动中，儒家文化中为专制主义张目的部分并没有得到有效清除。数千年来，传统儒家人格一直面临道德自主和政治附庸之间的痛苦割裂，导致传统的道德人格集体沦丧。

对教育传统过度反叛的另一种状况是，教育在经济、社会、文化变革中被裹挟，不能合理地坚持自己，总是处于"被变革"而不是"变革者"的地位，教育引领社会潮流和风气的地位日渐丧失，当代教育在文化上的"五四气象"风光不再，教育的文化"皇冠"在市场化和世俗化的进程中被打落在地。

（二）对现代化的出位之思，使当代教育文化定位不清

由于中国长期积贫积弱，人们渴望实现现代化的愿望非常强烈，对教育抱有许多不切实际的期望。从清末到当代，许多人仍然把教育现代化单纯理解为教育器物和制度的现代化，或把教育单纯理解为实现国家现代化的工具，没有认识到充分利用现代科学技术的新成果来改进教育制度、教育内容和诉求，最终促进和实现人的现代化，才是教育现代化的真正使命。当下的中国，呈现出工业社会和信息社会混杂的特征。工业社会对教育提出受教育的机会平等性、人才培养适应生产性、教育内容符合科学性的诸多要求。而且，现代社会又对教育提出更高的要求，如教育的民主性、教育的终身性、教育的个性化、教育的开放性、教育的国际性和教育的创新性。这些要求固然合理且符合现代化之需要，但对于还没能从传统教育文化——"读书做官论"和新的教育文化——"教育为经济服务论"的阴霾中完全走出来的中国来说，确实力不从心。

还有一种情况是，面对西方的"后现代主义"，教育界也出现一些"出位之思"。吴全华认为：西方世界已处于"盛现代性"、自反性现代性阶段，个人已经"自由得失去了自由"，而对于像我国这样现代化起步还不久的国家，整个社会包括教育的前现代性还十分突出，我们的教育还处于前现代性向现代性转变的过程中，处于由传统向"早期"或"简单"现代性、启蒙的现代性转变的过程中，如果我们将产生后现代主义及其教育思想的西方社会背景置换到发展中的中国，进而主张当代中国教育文化的取向应是后现代主义，那必然是身份误置，必然是一种出位之思。对于我们这样一个后发型现代化国家，教育现代性是中国教育的"未竟事业"，以教育现代性的主导价值为标志的现代教育仍然有其合理性，是不可逾越的。①

一方面，中国教育被要求快速实现现代化。另一方面，中国教育在观念、制度、内容上受到现行政治体制和传统的双重牵制，这导致当下教育文化在定位上的游离不定，表现为目标上的远大与现实中的无力感：教育目标上的宏大叙事，一旦落实到教育施为之中，就屈从于现实，许多教育理想都最终淹没在应试教育和"人才"教育的大潮之中。

第二节　中国教育文化重建

"重建"意指修正、改进、重组、转变。重建教育文化内容包括：（1）重新审定教育目标，依据教育目标来促进教育的改革；（2）重树教育

---

① 吴全华：《"适切性"抑或"出位之思"——对后现代主义教育思想的中国语境的检视》，《华南师范大学学报》（社会科学版）2005 年第 6 期，第 92~96 页。

的社会责任，教育必须有利于新社会新秩序的建立，充分利用自身在社会变革中的助力作用；（3）树立培养现代公民的教育理念，通过国民教育，促进民众观念的改变，为建立一个新型社会做好准备；（4）重新回归教育的本质，教育的本质在于唤醒民众的心智，促进社会共识。从学校开始，延拓儿童开放的心灵，使其以理智的态度学习求知。那么，我们应当重构一种怎样的教育文化呢？概言之，这种教育文化以社会主义核心价值观为指导，以培养现代公民为旨归，以实现人的全面和自由发展为目标，区别于传统社会的新型的教育文化。

一　新的教育文化以培养现代公民为旨归

新的教育文化，要从培养现代公民开始。具体来说，就是变"子民心态""臣民心态"为"公民意识"，通过长期的、扎实的公民教育的启蒙，教会人如何认识国家与个人、个人与他人的权利与界限，剔除人思想中专制主义和奴隶主义的精神毒素，促进社会的整体变革与进步，在此基础上，建设一个富强、民主、文明和法治的现代化国家。

新型教育文化的培育，必先除去教育的"圣化"思想，增强教育的民主性，建立平等公正的教育制度，为民主社会和法治社会的构建打下基础。

（一）教育文化必须去"圣"化

重建教育文化，就要改变教育在当下经济、社会和文化变革中的被动裹挟的地位，重拾教育在文化殿堂中的皇冠，恢复教育应有之气象；就要反思现行的教育价值观，创造与理性社会相适应的崭新的教育文化，培育教育精神，重塑教育生态，进而达到变革教育行为的目标。

教育文化的现代化包括两个方面：一是教育观念的"去圣化"。中国古代乃至于在改革开放之前，都是"圣化社会"，即整个社会伦理到行为规范，都以古代的圣贤经典、近现代的领袖讲话为指导，社会的主流意识形态对"颂圣文化"也大张宣扬，从圣人、圣典、圣行、圣言、圣君、圣像到革命领袖、道德卫士、榜样人物等，将某些人物神化，或把他们的言行举止树为国人的榜样，要人们去学习、模仿，以达到思想统一和行为规范的目标，从而实现所谓的"大治"。这种"颂圣文化"随着网络时代和民主时代的到来，逐渐因受到多元的、世俗的文化的冲击而有所减弱。二是从教育观念到教育制度的革新。从"圣化社会"走向现代社会，革新是一个必经的过程，在这一过程中，教育观念的革新是第一位的。这种教育观念，就是把个人从国家、群体中解放出来，让每一个公民都认识到，所有的权利与自由，只有通过个体这一实体才能得以体现，只有个体的权利得到保障，群体的权利才有意义。只有这样一种教育观念，才能带动教育制度、教育行为、教育内容和教育方式的全面革新。当然，教育革新还必须有经济、政治、社会等方面的策应，否则就会陷入孤军奋战乃至失败的境地。

（二）新的教育文化以民主社会为基础

新的教育文化应以建立民主社会和民主生活为基础，以培养现代公民为旨归。何谓民主社会，杜威认为民主社会必须具备以下条件：（1）各分子之间有共同的目的，能分享利益；（2）各团体之间能自由交往，互相影响与合作。由以上两种情形可以了解到，因为有了种种参与的机会，才能发生自由平等的交往。如果缺乏这种自由平等的交往，理智的刺激作用就会失去均衡。民主社会就是要使人的种种能力均能自由地发展，不会受到限制。而且民主主义就是要使人的种种能力均可以自由地贡献。[①] 民主社会坚持各种真理之间必须永远保持沟通的畅通，并且尊重各自的差异。基于这种理念的社会生活，便是民主生活。恪守民主理念、遵守民主准则的国民便是现代公民。教育民主就是允许并鼓励各种观念的沟通以及人格的自由交互作用，这是个人成长所需的条件。民主是一种价值与艺术，值得学生去学习。民主化的教育是自我活动与社会活动的配合，它包括良好习惯的养成、道德教育与自由教育。其中，良好习惯的养成最为重要。

新的教育文化以平等、自由、尊重为前提，是建立在个体价值的基础之上的。而臣民社会的教育文化以等级、控制、圣化为前提，建立在集团价值的基础之上。其教育文化以控制与灌输为主要教育手段，以思想愚民和利益

---

① 詹栋樑：《现代教育思潮》，台北："国立"编译馆，2002，第22页。

诱惑精英为辅助，呈现出单一化、奴化的特征。

　　一方面，现代文明的形成经历了上百年的时间，其中教育思想家灿若星辰，教育理念百花齐放，对开启民智、唤醒民识、推进社会的进步起到了不可估量的作用。另一方面，平等、自由、民主、科学的教育理念的形成，同样需要具有民主性的教育价值观的支持。有研究表明，自我表现的价值观与单纯的生存价值观相比，更适合作为民主社会的主流价值，也更能促进民主社会的建成。罗纳德·英格尔哈特在《文化与民主》一文中认为，不同的文化及其价值体系，影响到民主体制的形成，强调"自我表现的价值观"的社会比强调"生存价值观"的社会成为民主社会的可能性大得多。而经济发展似乎能促使生存价值观逐渐向自我表现价值观转变，因此较富裕的社会更可能民主化。但有迹象表现，主要是文化影响民主，而不是相反。他同意劳伦斯·哈里森的观点，即发展受到社会基本文化价值观的强烈影响。另外，他认为，世界以侵蚀传统价值观的方式在变化。经济发展几乎不可避免地带来宗教的衰退、狭隘的地方观念和文化差异。这两点已由"世界价值观调查"的结论证实。这一组织已调查 65 个社会，涉及世界 75% 的人口，将归纳所得的数百个价值观分为两个层面或类型。（1）对待权力的传统态度与世俗－理性态度。处于传统一端的社会强调宗教、绝对标准和传统的家庭价值观；主张维持大家庭；否定离婚；反对人工流产、安乐死和自杀；重视的是社会整合，而不是个人成就；赞成意见一致而不赞成公开的政治冲突；主张顺从权力当局；有高度的民族自尊心和民族主义观念。居于世俗－理性价值观一端的社会在这些方面均持相反的看法。（2）生存价值观与自我价值观。强调生存价值观的社会表现出个人主观安乐处于较低水平，人们健康状况较差，人际信任程度低，对外人容忍性较差，对男女平等支持不力，强调物质主义价值观，高度相信科学技术，环保积极性较低，比较赞成集权政府。强调自我表现价值观的社会则在所有这些方面均持相反的态度。与强调生存价值观的社会相比，强调自我表现价值观的社会成为稳定民主社会的可能性要大得多。基于这两个层面，可以在全球文化地图上给每一个社会定位。他据此绘出了全球文化地图（1995～1998）。其区域界线参照了亨廷顿对世界文化区域的划分。从中可以看出，经济发展对文化价值观有强烈的影响。富国的价值观体系不同于穷国的价值观体系。他指出：要建立民主体制依赖的社会结构以及作为大型经济企业基础的复杂社会组织，人与人之间的信任是必不可少的。调查表明，在人与人之间的信任这一点上，几乎所有历史上属新教的社会，得分均高于历史上属天主教的社会。即使对照经济发展水平，情况依然如此：人与人之间的信任与人均国民生产总值水平有很大关联，然而，即便是富裕的天主教社会，在人与人之间的信任这一点上，也不如同等富裕的历史上属新教的社会。苏联及其卫星国得分均较低。信任度较高，即 35% 以上的公众信任大多数其他人的社会共 19 个，其中 14 个是历史上属新教的，3 个是受儒学影响的，1 个是以印度教为主的，而历史上属天主教的只有 1 个（爱尔兰）。信任度不是个人的人品问题，关键在于各民族的共同历史经历。正如普特南所指出的，地位平行的、受当地分散监控的组织有助于人与人之间的信任，而大型的、等级森严、集中控制的机构则似乎会损害这种信任。研究表明，几乎所有的在生存价值观、自我表现价值观层面得分高的社会都是稳定的民主社会，而得分低的社会，则几乎全都有集权的政府。富裕的社会比贫穷的社会实行民主制的可能性大得多，但财富本身不会自然而然地带来民主。在实行民主制度方面，文化所起的作用，要比以往 20 年来文献的看法更加重要。① 对照当下中国，社会经济的发展已有相当水平，但生存价值观仍是民众主流的价值观，民主观念与公民意识仍旧没有深入人心，适应民主社会的教育文化尚未建立，启蒙教育任重而道远。

（三）新的教育文化必须具备民主化的特质

公民要得到充分的发展，就必须建立民主化的教育文化。教育文化的民主化，实质上是为公民养成民主的生活方式做好准备。克伯屈认为，民主是一种社会生活的方式，也是构成"良好的生活"的基本条件。为了实现民

---

① 罗纳德·英格尔哈特：《文化与民主》，塞缪尔·亨廷顿、劳伦斯·哈里森主编《文化的重要作用：价值观如何影响人类进步》，新华出版社，2010，第 125～140 页。

主政治生活，教育便需要担负起培养公民适应民主社会生活的责任。民主有着以下内涵：（1）生存个体的独立性。民主社会中的各项制度、组织，在本质上是为了个体的生存而存在。民主社会中的个体，不应被认为是社会制度、组织下的牺牲品。民主社会虽然强调多数原则，但个性的独立是阻止社会组织、制度造成破坏的屏障。（2）平等原则。民主社会赋予社会中每一分子平等发展自我的机会，给予努力与成功的机会以便过他所认为的良好的生活。（3）权利包含责任。个人权利的行使，必须兼顾到可能涉及的其他人。（4）协同努力以获得共同的福祉。（5）自由运用心智的信念。民主社会所强调的是和平而非暴力，是说服而非强迫。民主社会允许个人充分地运用其心智来处理个人所面对的各种问题。若使个人能自由地运用其心智，需要让其有充分的认知自由、思想自由与表达自由。[①] 以上民主的内涵，可作为推行教育民主化的思想基础。

民主化的教育文化与专制主义教育文化格格不入，要建立民主化的教育文化，首先须破除经济垄断与思想控制。托克维尔认为，一个乌托邦社会，正如摩莱里出版于1755年的《自然法典》所描述的那样，国家权力完全不受限制，财产公有制，劳动权利，绝对平等，一切事物的整齐划一，一切个人生活的循规蹈矩，一切由上级规定的专制制度，公民个性全部淹没在集体观念中。"社会上没有什么东西是独独只属于个人的，也不是作为财产而属于个人的"。"财产是可憎的，妄想恢复财产的人将被看作疯子和人类的敌人，受到终身监禁。每个公民都会由公众出资维持、供养和照料。"[②] 在这样大一统的社会制度之下，财产的公有必然决定着思想的公有，而思想的公有则意味着公民自由的丧失，公民自由的丧失，必然导致教育民主化的不可能。

教育文化的民主性，还具体表现为破除"教师中心主义"或"学生中心主义"，建立师生平等、教学相长的新型教学关系，营造宽松自由的学习

① 詹栋樑：《现代教育思潮》，台北："国立"编译馆，2002，第51～52页。
② 托克维尔：《旧制度与大革命》，宋易译，江苏文艺出版社，2013，第225页。

氛围，重视并宽容行为与观点的多样性。现代公民的一个最重要特点是独立思考，不人云亦云，对自己的言行负责。所以教师要对自己的思想与言行负责，除非很清楚地思考和表达，否则一定不能将自己的迷惑和偏见通过教学传递给学生。教师必须尊重学生的独立性，减少思想约束或控制，让学生尽可能自由地展现个性、发展个性；教师要重视学生的自发性和好奇心，允许他们自由发表看法，培育学生的批判精神；解除学生对错误的恐惧心，允许学生犯错误，鼓励冒险；尊重学生的个性差异，并让他们形成对彼此间差异性的认同；鼓励面对现实的认知，也鼓励自由幻想；教师要保证课堂中没有嘲笑、羞辱和指责。① 在中国这个有着几千年专制历史的国家，要建立平等的教育文化，还须破除学生对权威尤其是圣化知识的迷信心理，培养他们科学理性的思考和逻辑思维能力。

在以民主为特征的教育文化中，师生关系是一种互动的、信任的教育关系。它不存在强迫，而是以自由意志为出发点，以责任和理性为基础。师生关系始于知识传授与学习的帮助，其目的在于实现"自助"和唤醒精神。当然，民主与多元化也必然会导致道德的相对主义，特别是对从一元化中走出来的社会，更容易导致社会价值观的紊乱，从而使学生无所适从，给教育者带来诸多困扰。但是，民主化并不等于完全的放任自流，而是为学生自主选择提供土壤和环境，让他们从实践中学习到真正的道德和准则，而不是基于强迫与压力做出选择。另外，民主化的教育文化也有其普适性的原则，那就是使学生诚实、尊重他人、有责任感、向善，这些"内在性法则"是民主化教育文化的基本元素。

教育民主化的另一面，要求我们培养学生的契约意识和责任意识。瑞士教育家裴斯泰洛齐说："按照人的天性，如果不加约束，任其自然发展，则愚昧、粗心、无知、懈怠、轻佻、妄言、胆怯等将不一而足，再加上无限的贪欲和损人利己的行为，即成诡诈、恶毒、猜疑、强暴、冒险、寻仇、残忍等性格。这是人的天然本性，一旦听其自然生长，必然是这样。就人的公民

① 于伟：《创新素质培养与教育文化氛围》，《现代中小学教育》2001年第5期，第1~3页。

资格的全部价值与对社会的作用和力量而言，要完全依靠政治组织、风俗陶冶、教育、培养与法律制裁，才能内外一致、表里同功地改变人的本性，将人的本性纳入秩序井然的正轨。制度是驯服本性的，同时又融会而使其成为有用。因此，凡制度不健全的地方，必然是缺乏真正公民教育的地方，也就是养成原始人天然本性的温床。"① 在当下之中国，教育文化中先进的教育理念已为大多数民众所接受，人们也普遍认为公民教育是必要的，但在现实中，由于制度设计和运用的缺陷，公民教育仍然没得到真正的贯彻和落实，制度对人性中的恶的控制是远远不够的。正因为这样，培育具有民主性的教育文化才显得更加迫切。

（四）新的教育文化平等地尊重每个人受教育的权利

新的教育文化尊重公民平等地享有受教育的权利，并尽可能地让他们获得自由发展的机会。受教育权是指公民有从国家接受文化教育的机会，以及获得接受教育的物质帮助的权利。早在 1948 年 12 月 10 日，联合国大会通过的《世界人权宣言》第 26 条即规定："人人都有受教育的权利。教育应当免费，至少在初级和基本阶段应如此。初级教育应属义务教育，技术和职业教育应普遍设立。高等教育应根据成绩而对一切人平等开放。"后来的《经济、社会、文化权利国际公约》又进一步强调中等和高等教育应逐渐做到免费。《中华人民共和国宪法》第 46 条、《中华人民共和国教育法》(1995)、《中华人民共和国义务教育法》(1986)、《中华人民共和国职业教育法》(1996)、《中华人民共和国高等教育法》(1998)、《中华人民共和国民办教育促进法》(2004) 等法律文件规定：受教育权主要包括受学前教育权、受义务教育权、受高等教育权、受成人教育权、受职业教育权、受扫盲教育权、受特殊教育权、受终身教育权等。可见，公民享有接受教育的权利是世界共识。

新的教育文化所倡导的"平等"，不能片面理解为经济上的平等。二战以后，不少国家为了片面追求经济上的平等而剥夺个人自由的现象屡见

---

① 张焕庭主编《西方资产阶级教育论著选》，人民教育出版社，1979，第 174 页。

不鲜。这是 20 世纪许多乌托邦国家失败的原因。殷海光说，失去了自由的平等，便是毫无价值的奴隶之间的平等。这样的平等，静坐可得，何劳流血争取……如果我们视"经济平等"高于"政治平等"，那么社会便走向"奴役之路"。① 新的教育文化所倡导的平等，是基于民主社会中，人的价值被尊重的基础上，公平平等地享受教育权利。1997 年 6 月制定的"朗之万 - 瓦隆计划"的最重要原则是公平原则，认为教育应为所有人提供发展的均等机会，应让所有的人接触到文化，以不断提升全民文化水准来促进教育的民主化。而教育民主化与公正是一致的，能确保较合理地分配社会工作。这种平等，不是奴隶的平等，而是公民个人得到充分发展的平等。

平等关系还具体表现在师生关系方面。在人文主义和自由主义的文化传统下，必然重视师生关系的平等、沟通和交流，强调"爱""教育爱"；强调教师对学生高尚的"责任感"；强调师生之间存在多层面的精神交往与对话。一些有宗教情怀的人还赋予师生关系以神圣性，雅斯贝尔斯说："从教育的意义上说，教师和学生处于一个平等地位。教学双方都可以自由地思索，没有固定的教学方式。"② 凯兴斯泰纳也强调教育的爱，但在他眼中，不是对人本身的爱，而是对国家的爱。然而，平等的师生关系，也应建立在双方的责任之上，即老师对学生负有教育之责任，学生对老师负有学习之责任。这种平等的师生关系，可以让教育者和受教育者同时得到充分自由的发展，这也是教育文化民主化的充分体现。

二 新的教育文化应与世俗保持适当的距离

新的教育文化主张尊重教育的主体地位。尤其是大学，必须做到与世俗政权保持必要的距离。当下中国教育中的许多根本性问题，都源于教育主体性得不到应有的尊重，教育依附于政治，与世俗合流，没能在多变的政治环

---

① 海耶克：《到奴役之路》，殷海光译，台北：桂冠图书股份有限公司，1990，第 119～124 页。

② 卡尔·雅斯贝尔斯：《什么是教育》，邹世译，生活·读书·新知三联书店，1991 年，第 7 页。

境中保持应有的尊严和地位。新的教育文化主张教育回归自身的主体性，避免成为现实政治与世俗的附庸。

（一）教育应当对现实有超越性价值的追求

中国教育主体性的缺失，可以从传统文化中寻求原因。中国传统的士大夫阶层始终缺乏对超越性价值——"为知识而知识"原则的坚守。他们所从事的学术大多未脱离道德规范、价值范畴——为人们提供所谓的道德行为准则。时间久了，便成为教条。这些教条被统治者利用，演变出一套世俗伦理的规则，譬如"忠""孝"观。对朝廷，他们遵循"忠"的原则。在家族内，他们遵循"孝"的原则。在"忠"和"孝"之上，真理处于悬空的状态。而且，"忠"和"孝"这两种原则都与实际的仕途直接相关，违背了"忠"和"孝"原则的读书人，不可能在仕途上长久。所以，无论官学、私学，最终都成为科举场所，未能演变为近代意义上的大学。而僵化的科举制度导致历代士大夫的人生取向均为"学而优则仕"。这种"优"仅是指在科举考试中脱颖而出，与人的智力和人格的高低并不完全对应。而以开启人的心智、促进心灵成长、探究万物生成的知识并没有得到应有的尊重与推崇。中国知识分子对现世价值的过度追随，造就了超越性缺乏的中国教育文化传统，是导致中国传统社会教育主体性丧失的原因之一。

然而，教育本身所应具有的超越性，决定了教育要与现实社会和世俗文化保持一定的距离。教育的使命在于为将来培养新人，因而是一项面向未来的事业，而人本身就是面向未来的存在，是一种发展性的存在。教育对现实的适应是为了超越现实的规定性，"理想的教育并不是要用现实的规定性去束缚人、限制人，而是要人从现实性看到各种发展的可能性，并善于将可能性转化为现实性"。[①] 尤其是高等教育，还承担着一定的社会责任，更不能在权压利诱下沉沦，成为政治和经济的附庸。

从历史中我们可以看到，人才辈出的时代往往也是教育独立精神愈加彰

① 鲁洁：《论教育之适应与超越》，《教育研究》1996 年第 2 期，第 3～6 页。

显的时代。从当下的现实来看，中国教育在政治和经济面前，几度丧失自己的主体性，特别是在"经济决定论"的教育文化下，教育对经济的一味"适应"和过度依赖，使社会中的"知识贩卖"之风愈演愈烈，教育逐步沦为一种商品，摆在社会这个大货架中待价而沽。正如有些学者指出的那样："教育与经济（主要是市场）过度亲密，缺乏必要的距离；与社会过度亲和，缺乏必要的紧张；与文化过度异化，缺乏必要的生命关联。在经济和社会面前，教育缺乏必要的文化坚持，过早放弃自己作为意义世界和为社会提供文化上的'理想类型'的文明角色，而把文化导引的地位拱手让给了在市场中处于强势地位的企业家和媒体。其结果是，教育在文明体系中愈来愈失去自己的文化独立性和文化魅力。"① 同时，由于信息时代的到来，许多教育者和受教育者的心灵被繁杂、沉重的信息资讯湮没，大学越来越世俗化，大学作为"人格的塑造者、价值的批评者、文化的守卫者"（美国加州大学校长阿特金森语）的角色正在淡化。所有这些，都从反面证明了放弃教育文化主体性的严重后果。

（二）教育应当传承中国古代的"书院精神"

书院是与官学相平行的一种特殊教育制度，基本上属于高等教育范畴。书院始建于唐中叶开元年间，开元五年设乾元院，次年改为丽正修书院，十三年改为集贤殿书院。唐末逐渐演化为一种学校教育组织形式。宋初以讲学为主的书院兴盛起来。书院不仅是读书的场所，而且逐渐成为学派活动的基地。元朝，书院以江南为众，逐渐开始"南学北移"，并开始走向官学化。明初一百余年受到抑制，明成化年间开始恢复并兴盛起来。清初不许增建，雍正禁办私学，只准兴办官学，绝大多数书院沦为科举的附庸。书院在中国存在了 1000 余年，对中国教育产生了深远的影响。其一，书院基本上属于私学，开了中国私办官助、民办公助的办学兴教的先河。它与官学既有互补关系，又有抗衡关系。其二，书院教学注重讲明义理，躬身力行。宋代的多

---

① 樊浩：《现代教育的文化矛盾》，《北京师范大学学报》（社会科学版）2005 年第 4 期，第 22 ~ 28 页。

数书院反对科举，反对追名逐利，主张以研究学术为主。其三，讲学和学术研究是书院的主要活动，在教学内容、教学方法上体现学术自由。其四，书院讲学是开放的，不同地区、不同学派的学者都可以来听讲、求教。其五，书院重视图书的收集、整理、修订工作，成为当地藏书最丰富的地方。其六，书院有一套严格的规章制度，称为"学规"。书院的这些特质表明，在专制主义统治的缝隙之中，学术自由和教育独立仍有一定的生存空间。

书院这种独特的传统对中国教育思想中的自由精神产生了一定影响。书院一度把追求教育的独立精神作为自己的使命。譬如南宋书院对"官学"的"补偏救弊"、明代书院"讲会"制度对"兼容宽量、独立思考"的推动、清末书院"不务举业、专课经史性理之学"的本真回归，无不彰显出"书院精神"的内在价值。故胡适先生曾发出"书院之废，实在是吾中国一大不幸事"的感叹。正是由于西方大学对"自由、民主、真理"的追求与中国古代书院在精神上出现了契合，民国时代的先驱们才得以以"大学精神"使"书院精神"的独特传统重生。① 当代的大学教育，应当传承古代的书院精神，为教育补钙，为大学增加精神养分。

三 新的教育文化应为人的全面和自由发展提供条件

人是社会关系中的一部分，人是由社会环境和社会文化等因素"共同决定"的，因而人在基本情境中被看成是不自由的。这种不自由一方面基于生理的因素，另一方面基于环境的影响、社会关系的牵绊、文化的约束、教育的贫乏等。但是，人是一种自主的生物，其本质是追求自由的，他的行为可以通过自己的反应、理性、责任等来形成，在这个层面上，人是可以自主、自决、自我负责达到自由之化境的。新的教育文化必须把教育作为通向自由的途径，必须通过教育对个体做"能力的唤醒"，这样才能使人的潜能和特质发挥出来，促进个体自由品格的形成。

---

① 张建鲲、郗海霞：《中国大学精神的本土传统与当代传承——教育文化学的尝试》，《江苏高教》2011年第4期，第21~24页。

（一） 新的教育文化以促成人的"解放"为己任

"解放"具有革命性，在历史发展过程中，黑格尔首先提出了"解放"的概念，马克思将其转用到社会与政治中。于是"解放"成为不同团体所具有的政治目的，同时它也是政治、社会、人三方面的现代意识形态。从教育的角度来看，人是教育的出发点和最终归宿，教育的本质属性是文化，教育的价值是一种文化价值。其基本前提是：教育属于文化领域；人是文化的存在，人为文化所模塑；教育活动是一种文化活动。康德从哲学的高度提出了"技术文化"和"教育文化"两种类型，同时对文明与文化进行区分。他把外部的、技术上的文化类型称为文明，而把无条件的道德自由、理性的自由选择和人的完善称为文化——教育文化。他认为，只有文化（教育文化）才决定人的生命价值，保障人的道德进步，使人具有人格、自由和尊严，使人真正成为"人"。康德所言的教育文化，实际上也是我们所倡导的新的教育文化——一种促进人的道德进步和生命自由的文化。

要实现教育文化的这一目标，就要求教育活动改变"一切从社会出发"的定式，实现教育为社会服务向教育为实现人的价值服务转变，以促进人的自由和全面发展为目的，也就是通过教育实现人的文化发展。人在获得文化、占有文化、享受文化、创造文化的过程中，达到精神发展和个性自由。所以，教育不是止于技能，而是止于至善。教育的本质体现在以人的精神自由和解放为目的的教育之中，教育就是对人的一种解放，从而使人获得精神自由。追求成"人"，是教育一直承担的使命与责任。黑格尔提出一个深刻却在现代教育哲学中未引起足够关注的见解："教育的绝对规定就是解放以及达到更高解放的工作。"① 教育的使命是将人从两种状态中"解放"出来，从而获得"教养"。一是从自然质朴中解放出来；二是从个人的主观性与特殊性中解放出来，使主观意志获得客观性。将教育的本性理解为"解放"——对人和人本性的解放，无论如何都要比将教育理解为人的自然本性实现的观点要深刻得多。教育的目的绝对不只是提供生活技能，更不只是

---

① 黑格尔：《法哲学原理》，范扬等译，商务印书馆，1996，第 201～203 页。

实现人的主观欲望，还是将人从自然生物和个别性中"解放"出来。这才是教育文化的真谛。

人生而追求自由与平等，不能去控制、束缚、压制人的这一基本需求。从古希腊开始，自由和自我实现一直是人和神的共同追求。在希腊人看来，"人之为人的最本质的东西就在人有自由，能够独立自主，不受外物和他人的支配和奴役"。① 重视个体价值的实现，肯定其原始欲望的合理性，强调人的自由能动性，是西方古典人本主义的最初形态，也是古希腊教育文化的本质特点。到了中世纪，教会追求的是权力和对人性的控制。近代以来，人们为谋求摆脱极权统治，许多人抱着不自由毋宁死的决心，为建立一个允许实现人性自由的制度和文化前赴后继，时至今日，欧美大多数国家都实现了政治上的民主、法律上的平等和人性上的自由。从人类获得教育权利的历史进程来看，在古代及中世纪，正规教育只属于贵族活动，教育资源也为少数人所把持，其教育文化为这一现实背书。到了近代，欧美国家先后推行一定年限的义务教育，时至今日，西方国家大都实现了基本的教育公平、教育机会均等。多数发达国家教育经费占国民生产总值的比重在6%以上。教育的普及，为市民社会的建立和人性的发展提供了良好的基础。而当下的中国，在经济总量上已进入世界前列，义务教育也已普及，教育应当转到实现人的"解放"这一目标上来。

（二）新的教育文化以促成人的自由创造和发展为目标

正如《学习时报》上《受教育权：人类进步的源泉》一文所说："人类与动物的最大区别之一是人有认识世界和改造世界的能力，而贯穿于个人整个一生的社会化过程便是这一能力的培养过程。正是通过各个阶段的教育，个人不仅获得和发展了思维、情感、语言和行为方式，而且学会了在社会规范的制约下提高自己适应社会变化的生存能力和发挥自身的创造力。持续的教育一方面使劳动技能、科学知识、传统习俗、价值观念通过每一代人的学习、模仿、研究、继承或变革而世代相传，另一方面使包括理解力、创造力

---

① 柏拉图：《柏拉图〈对话〉七篇》，戴子钦译，辽宁教育出版社，1998，第78页。

和归纳综合能力在内的人类的特征通过不断强化,在个体机体中积淀下来迭代进化,促进了人类的进步。如此,终身学习、接受教育便成为个体及整个人类生存和发展的需要,而建立学习型社会成为现代民主制国家所追求的目标之一。可以说,将受教育权赋予每一个人且保证它的实现,实际上是挖掘了人类进步的源泉。"① 学习是人的终身行为,受教育权是每个人的基本权利。然而,行使这一权利的最终目标,是实现人的自由发展,这种以个人自由发展为目标的学习在传承文化的同时,更加重视人的创造性,只有在不断的创造之中,人才能体味到自由的本质与生命的乐趣。

中国古代社会和阶级斗争理论,往往把教育看成是一种"驭民术"或"统治工具",统治者用它来控制被压迫者的思想和行动,并使之顺从和驯服。在这种情况下,教育所鼓励的不是心智的开启,而是力图囤积知识和储存教条戒律。学生是储藏库,教师是储藏者。教师不用和学生沟通,而代之以喋喋不休的传授,然后学生小心翼翼地吸收、记忆与反复练习。此时学生被允许的行动仅限于接受、归档和储存。知识只是由自认为博学多识的人赠予懵懂无知者的礼物。而新的教育文化则摒弃这一行为,把教育视为启蒙和"自由的演练"。教育必须是师生之间平等对话,负起共同责任以促进彼此成长的历程。在教育过程中,人们应该专注于自己的实际经验,绝不接受那些曾使文化僵化的神话。

新的教育文化还试图营造这样一种教育氛围:在这种氛围下,每个人感觉到自己能够掌握自己的命运,自己对自己负责,而不是对别人负责;思想与信念追随自己的意志,而不是听命于他人。在这样的社会里,人的价值得以彰显,人的创造性也得到充分的发挥。我们要培植这样一种具有内在性的教育文化:在这种教育文化下,人人都可以按自己的意愿去学习和思考,表现出自己的本色,并努力使自己卓越超群——即使存在一定的选择风险,也不因为追求所谓的安全感而失去个人的精神自由;在这种教育文化下,教育

---

① 林喆:《受教育权:人类进步的源泉》,http://www.china.com.cn/chinese/zhuanti/xxsb/636557.htm。

不仅是获得专业知识与技能的教育，而且是以人的精神自由和解放为目的的教育。

　　人的自由发展还包括个人的创造力得以彰显。罗杰斯的研究表明，当一个人处于"心理安全"和"心理自由"的时候，其个人的创造力就会被激发。换言之，就是一个人不因为自己的行为"异常"而感到焦虑，而是始终被信赖和尊重，这种"安全感"能让他在心理上感到安全适意，此时"心理自由"的状态就会呈现。这种状态下，他能够真实地表达自己的冲动和思想，而不必压抑、歪曲或隐瞒它们；他能够以自己不同寻常的方式来处理事物而不会因此感到内疚，创造力由此产生。相反，在一个过分强调整齐划一或防范过甚的教育环境中，社会和学校对个人的承认是以顺从为条件的，个人的创造力不被重视甚至被指责。在这种社会环境里，为获取安全感，人们更倾向于选择社会公认的行为模式，从而导致独立思考能力下降、行动上的自我控制能力减弱、创造动机降低。① 其最终结果是，教育不是成为激发社会革新的力量，而是为社会培养出一批又一批的工作机器或"精明的利己者"。规范教育学者霍尼希斯瓦尔德（Richard Hönigswald）认为，教育就是帮助并引导学生养成自由的、道德的人格。其弟子皮策特（A. Petzelt）则进一步指出，教育学应当区分教育与教学，教学在于传播知识，教育在于引导道德，并认为人性应该跟传统、文化配合，尤其是要与"真"与"善"配合；教育与教学配合，强调师生关系的建立，引导学生进行实践，促进知行合一。教育也应有理想，有了理想才能去追求，有所成就。这种目标应当符合价值性——培养具有理性与道德的人。②

　　教育既有培养创造精神的力量，也有压抑创造精神的力量。在中国文化中，人们对新事物新观点普遍持怀疑和反对的态度。人们更安于现状，读书人更安于从典籍中寻求所谓的知识。西方教育文化中也有保守主义学

---

① 于伟：《创新素质培养与教育文化氛围》，《现代中小学教育》2001年第5期，第1~3页。
② 詹栋樑：《现代教育思潮》，台北："国立"编译馆，2002，第506~514页。

派，但只是作为一种守望传统的力量而存在，整体而言，人们能够更多地接受新事物，接受多元思想，特别是近代以来，各种思潮层出不穷，技术革新不断深入，即使是意识形态和宗教，也在不断改革，以适应多变的社会进程。西方人在竞争中创新，在多元的冲突中求发展，最终铸就了当今的西方文明。中国长期处于权威制度和闭关锁国之中，教育的自由空气异常稀薄，要真正培养出自由发展的公民，还得有赖于经济上的自由政策和思想上的自由。只有从制度上鼓励个性的自由发展，才能建立起自由的教育文化。

第三节　中国教育文化展望

从教育现代化的难易程度来看，教育器物的现代化最容易，其次为教育制度的现代化，最难的是教育文化的现代化。中国教育文化的现代化，是中国社会整体现代化的一部分。现代化的基本要素就社会而言，离不开市场经济、民主政治和法治社会；就教育而言，则离不开人的全面发展和培养具有独立思考能力与批判思维的现代公民。

未来的教育文化，应当尽快从狭隘的工具主义价值观中走出来，不再沉沦于新一轮的"读书做官（发财）论"，不再与世俗文化和光同尘，不应被现实的政治与经济裹挟，应当高扬教育的主体性，建立平等的、民主的教学关系，关注个体的价值和内在的自由发展，为人的解放提供充分的条件。

未来的教育文化，应致力于实现以"自由"为核心的价值观教育。其内涵包括：一是物质生活基本满足以后，通过教育扩展个人的精神领域和充实个人的精神生活；二是通过教育培养人的善良品质、理性精神和客观精神，养成平等观念，促成自我决定的自由和自我负责的行为；三是强调尊重个人的价值，尊重个体的差异性，强调个性与个别差异，宽容"少数派"；四是学会正确表达自身的利益诉求，建立利益表达机制。新的教育文化要实现这样一个目标，必须完成以下几个方面的转向。

一　教育价值观从社会本位走向个体本位

有怎样的教育价值观，就会有怎样的教育行为。帕森斯（Talcott Parsons）曾使用"价值观"（values）来指代一个社会中制度化的文化价值观点。这种意义上的价值观是指一个社会系统的取向，因为这些价值是"确定整个系统取向模式的规范模式"。就教育而言，教育价值观是指人们对教育价值的看法，既对教育价值的认识、态度与评价的总称，又是人们关于教育实践的价值的认识与看法。① 教育价值观是教育文化结构中最稳定、最不易发生变化的因素，它体现为教育文化的自觉，可分为社会本位的价值观和个人本位的价值观。

综观西方教育价值取向的历史演变，中世纪大学的经院哲学以学术和道德教化为中心，漠视学生的主体存在；法国大革命后，国家主义价值观占据主导地位；工业化时代，国家主义价值观在美国演变为一种以追求物质利益为中心、以追求富裕的物质生活为核心价值取向的"经济人"价值观，教育工具性取向达到极致。二战后，由于进步主义教育观的兴起，人的主体地位得到重视，个人的价值和自由的意义在教育中得以彰显，教育重新回归个体本位。

长期以来，我国坚持"社会本位"的价值取向，把满足社会需要作为教育的主旨，教育的目的就是使受教育者成为国家建设所需要的、符合规格要求的专门人才。由此，教育遵循的是现实政治和经济的价值诉求和目标。在这种价值观的引导下，学校固然为社会培养了许许多多合格的人才，但由于教育的主体性屈从于社会的需要，在此价值观下培养出来的学生容易失去对社会现实的批判能力而成为社会价值的顺从者。

（一）个体是教育的最后归宿和目的

康德说："人，一般说来，每个有理性的东西，都自在地作为目的而实存着，他不单纯是这个或那个意志所随意使用的工具。在他的一切行为中，

---

① 吴荣镇：《教育价值取向论：台湾教育往何处去？》，台北：香远出版社，2011，第14页。

不论对自己还是对其他有理性的东西，任何时候都必须当作目的。""你的行动，要把你自己人身中的人性，和其他人身中的人性，在任何时候都看作目的，永远不能只看作手段。"① 康德的这两段话，阐明了人作为理性的生物，只能是一种目的，而不是手段。教育作为人类的一种行为，也只能把人作为一个目的而非一种手段，这就是教育的价值所在。如果一种教育制度或教育行为，不是从个体出发，而是从某种社会功用出发，以牺牲个人的权利与自由为代价的话，则其最终危害的往往是公民的品格。正如美国教育哲学家赫钦斯（Robert M. Hutchins）所言："社会的改善，不是透过经由学校或其他途径逼迫推行改造计划来实现的，而是透过改善组成社会的个人才能实现。"柏拉图也说过："政府反映人性。国家不是石头或木料，而是由他们的公民的品格做成的：公民的品格改变情势，并带动任何东西。"② 当然，人性也是社会的，所以要正确运用人的自由，就需要培养人良好的道德和理智的习惯。人的良好道德和习惯又有赖于一个自由的社会环境，一个处于专制雾霾笼罩下的社会，不可能培养出品质良好的公民。

台湾吴荣镇博士认为，教育价值的形成是一个相当复杂的过程，它不是先验的，也不是灌输形成的，而是教育主体经由自己的珍视、反省、判断和行动形成的。他引用教育哲学家彼得斯（Richard S. Peters）建立教育的五大合理规准即合认知性、合价值性、合自愿性、合民主社会价值及合人类处境关怀，来阐述真正有意义的教育价值观。合认知性即教育内容必须经得起检证与分析，把真当真，把假当假来教，就是教育，反之，则是反教育，没有教育价值。合价值性，就是教育作为一种价值传递与创造的活动，必须合于道德的可欲性。合自愿性即一切教育活动的进行，必须配合学习者不同的身心发展能力，若一味强迫灌输，以高压手段来强迫学习，则是反教育。合民主社会价值强调教育对正义、仁慈、公平等社会价值要有所助益。合人类处境关怀，即教育内容要重视及关心人类的处境，包括人对自己、他

---

① 康德：《道德形而上学原理》，苗力田译，上海人民出版社，1986，第80~81页。
② 参见赫钦思《民主社会中教育上的冲突》，陆有铨译，台北：桂冠图书出版有限公司，1974。

人、社群及大自然的态度。易言之，教育价值取向有五个前提：一是自主的判断，即尊重主体意愿，不采取强迫或灌输的方式；二是为判断提供多元而非单一的价值选择；三是经过考虑后才选择，即强调程序价值；四是民主原则；五是对人类处境的关怀。教育主体之经济、政治、社会、文化视野虽有不同，但在进行价值判断时，仍有其普适原则。真正有价值的教育，应要合乎教育的规准与教育目的。① 这五条教育规准和五个教育价值取向，当然也适合于现代社会的教育，是教育文化的意义所在，可以作为重建中国当下教育价值取向的参考。

　　然而，中国长期以来形成的集体性社会人格，不利于新的教育文化的形成。梁漱溟认为，"中国没有个人观念"是中国教育文化的最大之偏失，个人的权利淹没于国家、社会、家族的伦理网络之中。"自由之主体且不立，自由如何得立？在西洋近代期，自由实贵于生命，乃不料在中国竟同无主之弃物！"② 殷海光也认为，中国文化最大之偏失，就在个人永不被发现这一点上。儒家提倡"吾日三省吾身"，反省的主要是人际关系而非个人，目的是通过履行自己对他人的责任达到社会和谐。儒家的政治原则是安定而非个人的权益。为了维护安定，可以牺牲个人的权益。在这么一个强大的集体面前，个人的真实立场与情感总是被扼杀和扭曲，个体不能公开为自己的权利辩护。③ 这一方面为"多数人的暴政"的产生提供了温床，另一方面也产生了大量的伪君子、乡愿和犬儒。而且，过分强调思想高度一致的教育文化，极易使社会团体同质化。

---

① 吴荣镇：《教育价值取向论：台湾教育往何处去？》，台北：香远出版社，2011，第42页。

② 梁漱溟：《中国文化的命运》，中信出版社，2010，第132~134页。

③ 殷海光说：在一个社会中，一个人数众多、强而有力，并且具有统一看法的团体，并不常由社会中较好的人组成，而常由社会中较差的人组成。第一，一般说来，各个人的教育程度和理智愈高，则各人的看法和品鉴能力也愈不相同，因此各个人也就愈不容易产生一种共同一致的价值观念。第二，大多数人并没有坚强的信念。因此，如果有一个现成的"思想体系"，一再有人对他们进行灌输，他们就会信以为真。这一类人多半是驯良的、易受欺弄的。统治者利用这些弱点，可以扩大政治组织，并且提高其个人地位。第三，手法精练的阴谋家处心积虑地制造一个组织和头脑一致的团体来支持他，这也许是坏人抬头的一个最重要的因素。参见海耶克《到奴役之路》，殷海光译，台北：桂冠图书股份有限公司，1990，第168页。

（二） 个体主义是社会合作的开始和前提

社会本位的教育文化也并非一无是处，事实上，社会本位仍然有其必要的价值，只是教育的出发点应当是个体主义而非集体主义。个体主义是合作的开始，只有在个体得到充分尊重和表达之时，集体与社会才真正能成为个人的归宿。此时的集体才是真正意义上的有机体，而不是完全同质化的铁板一块。这种集体有机体具有自我净化、自我生成的活力，而其中的每一分子也才能真正去热爱这个集体，才能使这个集体充满生命力和创造力。教育的任务是激发个体获得尊严与真实表达的勇气，是教育学生学会与不公平和侵害自由的行为进行抗争。

个体主义不等于利己主义。利己主义只重视一己之自我，个体主义却要求重视每一个人的自我，亦即一个人首先应当感觉到是一个人，而不是把自己看作一个阶级的一分子，譬如工人、商人或知识分子；或者看作某一教会、国家、种族或党派的一个成员，这种社会角色只是他的外在身份而非本质。如果过分强调一个人的社会身份，而忘却他是一个有生命的有思想的个体，就容易成为被集体操纵的工具。正如哈耶克所言："集体主义要将整个社会加以组织，并且统治社会的一切资源，以达到其拟定的单一目标。这些制度的支持者，拒绝承认每一个人有一得以自主自发的领域，而且在这一领域里个人自身之目标是至高无上的。""真正的组织是人类文明发展之一较高的形式。这一形式，只有承认个人有其尊严与独立自由发展的民主社会里才得到比较充分的表现。惟有在这样的集群里各个人将其智力相当发挥出来，多少各有成就，才有资源可供组织。"[①] 确实，过分强调集体主义的教育文化，极易为极权主义的滋生提供养分。

传统的教育文化过分强调个体对集体的尊崇，而且这种尊崇带有个人迷信的成分，即不论这个集体是不是正义的或合理的，也得无条件服从，这样一来，往往容易被威权人物利用，即把对集体的服从转化为对个人的忠心。这个集体可能是一个家族，也可能是一个集团、一个政党甚至一个国家，其

---

① 海耶克：《到奴役之路》，殷海光译，台北：桂冠图书股份有限公司，1990，第 72~74 页。

首领可能是一个族长、党魁或一国之君王。这种强调对集团或集团领袖个人绝对忠诚的文化不利于民主社会的构建，甚至会导致腐败的横行。西摩·马丁·利普塞特、加布里埃尔·萨曼·伦兹引用韦伯的观点，认为忠心和市场是彼此对立的。韦伯说，强调个人主义和关心自己，比较有助于资本积累。新教徒相信，上帝只帮助那些自救的人。只团结亲朋好友而敌视自己家庭、村庄或部族之外的人，可能造成自私自利的文化。爱德华·班菲尔德研究了意大利南方的情况后得出结论：家庭主义是不道德的，会引起腐败，促使人们偏离普适主义和行善的规范；新教能减少腐败，部分原因在于它强调个人的、非家庭主义的关系；天主教国家的腐败可比新教国家更严重，因为天主教偏重于社群主义和家庭主义，而新教国家偏重于个人主义和自力更生。"世界价值观调查"的数据能证实这一看法。学者们得出的结论是："强调理性、小规模家庭、成就、社会地位流动性和普适主义的态度，促进了发达经济的出现，这些因素正是不同于传统主义的现代性的特点。从理想的情况看，它们的标志还表现为家族主义的衰落，那些支持特殊恩宠论式互助体系的价值观的衰落，因为那些价值观是与市场经济所需的价值观相对立的。在强调义务和忠心的封建式社会分层制度瓦解之后，才出现了支持和表现市场逻辑的价值观。"① 故而，市场经济与普适主义价值正是民主社会成长的必要基础和支持条件。

二　教育目的从社会功利走向内在的成长与超越

有什么样的教育价值观，就有什么样的教育目的。社会本位论以实现社会期望为目标，它的教育目的在于为社会培养有用之才，人往往作为一种实现社会功能的手段而非最终目的。人们评价教育成功与否，主要看被教育者是否被塑造成社会所需要的人，其评价标准是外显的，是功利的。相反，个体本位论是以实现个人内在的成长为目标的，它的目的在于培养内心丰富、

---

① 西摩·马丁·利普塞特、加布里埃尔·萨曼·伦兹：《腐败，文化及市场》，塞缪尔·亨廷顿、劳伦斯·哈里森主编《文化的重要作用：价值观如何影响人类进步》，新华出版社，2010，第158~171页。

心智健全的"自由人",人是其最终目的而非手段。人们评价教育效果的标准是,作为个体的人是否能拥有自我决定、自我发展和自我负责的态度与能力。

(一) 教育目的在于促进个人自由意志的成长

从古到今,大多数中国人都习惯于把外在的评价作为自己成功与否的标准,这种评价或者建立在人际关系是否和谐和协调的基础之上,或者基于是否符合社会和他人的期望,较少或没有关注受教育者内心的真正快乐与成长。古代教育者教育人要做圣人、君子,这也是道德意义上的外在标准;或者把读书和接受教育视为提升个人地位的手段,无论是哪一种观念,都没有把个人视为活生生的、有自由意志的个体。以科举制度为核心的读书做官论流行千年,它确实为中国士人"学而优则仕"找到了一条现实的道路,以"功名"为诱饵,一千多年来使中国士人为之"生命不息,奋斗不止",并且一直延续至今,遂致"官本位"成为中国政治文化的最大特色。这也是中国教育文化的最大特色,并影响到社会的各个层面。应试(手段)—入仕(途径)—人上人(目的),这种思维模式和价值取向被一代代传承,虽在农业文明时期,在维护中央集权、大一统的政治格局、社会阶层的稳定以及缓和阶级矛盾、营造家庭(家族)重教举学的氛围等方面发挥着重要作用,但在当今崇尚公平、民主、科学与和谐的时代,显然已不合时宜。直至今日,我们的教育仍过分强调为国家和社会培养合格的人才,而忽视教育直接面对的对象——作为受教育者的学生个人的成长与发展。

相反,西方教育文化在古典人文主义时期,就已经开始关注并把人的自由意志作为教育的主导思想,把教育成功的评价标准定位为把学生培养为拥有自由意志和正义品行的人。德国教育家弗·鲍尔生指出:"把人教育成为有理性的人和有自由决定自己命运的人,正在成为教育的主导思想。"而康德认为,"人只有靠教育才能成为人,人完全是教育的结果",教育的目的和任务不在于向学生传授一些具体的知识和技能,而在于把学生培养成能够根据自己的自由意志采取正义行动的人、遵循"绝对命令"的人,也就是自由人。人是教育的目的，也是自身的目的。[①] 内心是否拥有自由意志和成长能力是一个人成功与否的标准，至于其事功如何，则非教育本身的评价标准，或者说并非主要标准。为什么新的教育文化要强调个人的自由意志呢？因为只有当人的行为是自由的、不被指使的，才能具有责任，才能算是道德行为。这种情形也与意志有关，即必须在自由意志的情况下，人的行为才能对自己负责，这种行为也才是有责任的行为。故而，我们必须树立这么一种教育观，即在这种教育中，必须培养青少年对他们的行为做出判断和选择的能力，而且这种判断和选择基于他们的自由意志。自由选择并非放任自己的欲望，而是意味着更多的责任与理性，将他日常在教育中所获得的知识转化为道德实践的能力。受教育者是否通过教育获得这种能力与意志，则是判断教育成功与否的标准。

把社会功利或短期利益作为教育的目标，固然可以获得一时的成功，但如果没有对功利的超越，则会陷入不自由的境地。这种不自由，首先表现为教育尊严的丧失，譬如，在现实中，许多高校为追求利益，不惜贩卖文凭；为追求升学率，不惜牺牲学生的自由；为追求各种项目，不惜造假作伪；等等。这使得教育的精神——气节、自尊、正义感丧失。在物质主义的大潮下，理想主义和人文主义往往被视为无用之学而不受重视，一切都围绕着实用和事功展开，教育的理想与发展人的心灵的学科和专业越来越不受社会的重视，这与教育的本质——"促进人的成长与发展"是相违背的。

（二）博雅教育和人文教育对培养心智健全的公民不可或缺

专业教育或者说职业教育，可以使人获得赖以生存的工作与技能，这是个体获得精神自由的条件，人如果无力自主谋生，而依赖于他人养活，他的自由世界必然遭到损害。但如果要进一步提升个体的自由品质，则还有赖于人文教育，因为人文教育将有助于提升其对创造活动的兴趣，也可以使人在工作之余获得身心的愉悦和满足。这一点正是单纯的职业教育所不能替代

---

① 弗·鲍尔生：《德国教育史》，滕大春、滕大生译，人民教育出版社，1986，第2页。

的。正如怀特海德（Alfred North Whitehead）所说："文化是思想的活动，是美和人类知觉的感受，知识的片断并不能对它有所左右。一个仅是见闻广博的人，在神所创造的这个世界中，是最无用的人。因此，我们所应该朝向的目标乃是去塑造在某些特别方面，同时具有文化和专门知识的人。他们的专门知识将为自己带来进步之出发的据点，而他们的文化则带领他们达到深与哲学齐、高与艺术同的境界。我们必须切记，有价值的知识的进展乃是自我发展。"① 培养更多的具有人文情怀的有用之才，是新的教育文化所要达成的目标。

英国近代教育家赫思特（Paul H. Hirst）致力于博雅教育的研究，他认为：（1）所有的教育活动中，博雅教育应该居于核心位置。（2）博雅教育以古希腊哲学为基础。博雅教育主要的目标是让受教者能熟悉并鉴赏各种形式知识中的概念，以及各种概念之间的逻辑关系，并判断知识的真伪，以提出判断的标准。他宣称教育的目的乃是发展人的心灵，并把达成这种目的视为博雅教育的重要课题。赫思特认为知识有七种：自然科学、数学、人文科学、历史、宗教、文学及艺术、哲学。教育本身是一种价值的活动。② 在欧洲国家中，德国尤其重视人文教育。洪堡早在 1809 年的《立陶宛的学校计划》中就表达了这种思想："普通教育与专门教育，这两类教育是受不同的原则指导的。普通教育应当使各种能力，即人的本身，增强起来、纯洁起来，并得到调解；而专门教育只是使人获得有用的技能。"③ 卡西尔也说："艺术是一条通向自由的道路，是人类心智解放的过程，而人类心智的解放又是一切教育的真正的终极的目标。"④ 他主张将宗教、自然、语言和艺术的内容融入教学和课程之中。一直以来，德国都将宗教、自然、语言和艺术的内容融入教学和课程之中，其中艺术课程在德国课程体系中占有重要的位置。由此德国在思想和科学领域人才辈出。即使在职业教育和科学教

---

① 谢幼伟：《怀海德的哲学》，台北：先知出版社，1974，第 133 页。
② 詹栋樑：《现代教育思潮》，台北："国立"编译馆，2002，第 239～248 页。
③ 瞿葆奎主编《教育学文集——联邦德国教育改革》，人民教育出版社，1991，第 4 页。
④ 卡西尔：《语言与神话》，于晓等译，三联书店，1988，第 197～198 页。

育中，教育家们也关注科学知识的人文价值，反对将两者割裂开来。苏联教育家苏霍姆林斯基在 19 世纪六七十年代在其所著的《帕夫雷什中学》一书中，就已对教育的人文关怀有了深刻的认识和践行。他在中学教育中致力于对文学艺术的讲授、对生命的关注和对学生实践能力、创造能力的培养等。[①] 欧洲诸国教育重视人文教育的传统，对重建中国教育文化有着重要的借鉴意义。

人的生命不仅与动物一样有生物的因素，而且其因素更加复杂，正是无数个别生命的累积，构成了人类生命之社会与历史的真实性。道德指导人类的行为，宗教填补人类的心灵，所有艺术、文学、哲学，皆是生命的一部分。教育只有培育出真正的人性，让人在审美中学会欣赏生活、创造生活，才能促使人真正走向幸福。故而，真正的教育尤其是高等教育，绝不仅仅是传授单纯的专业知识，而且应当在教育过程中赋予受教育者以法理意义上的"公民素养"，教会受教育者恪守伦理意义上的"道德底线"，培养受教育者文化意义上的"人道情怀"和心灵意义上的"爱的能力"，把教育的价值落实到具体的个体身上，只有这样的优秀的个体——"自由人"才能组成一个健康的、充满活力的现代社会。

三　教育任务从传授知识走向激发生命自觉

海德格尔认为当前的技术和理性处于"无根的状态"，因为"技术把人从地球上甩出去，将他们连根拔除。……我们惟一剩下的东西，只有技术的关系。这已不再是人生活于其上的地球了"。[②] 这是对人类进入工业社会后过分依赖技术而失却了心灵提出的警告。因为教育的本质在于追求生命价值，为了追求有意义的人生，教育需要挖掘生命价值，去激发个体生命的自觉。在工具主义与技术至上的现代社会，生命价值的失落和生命意义的缺失，乃导因于教育根基的不牢固。

---

① 参见苏霍姆林斯基《帕夫雷什中学》，赵玮等译，教育科学出版社，1983。

② 海德格尔：《人，诗意地安居》，郜元宝译，上海远东出版社，1995，第 148～149 页。

（一）教育以激发人的生命自觉来对抗人的异化

教育的任务之一就是应当以激发人内在的生命自觉，来对抗技术社会给人带来的不安感和无根感。在中国传统社会，教育虽然被赋予过多的社会功能，但由于社会分工不细致，职业教育不发达，专业教育和职业教育并没有什么地位。尽管明清之后的大多数学校后来演变为科场训练所，但在宋明书院的教育宗旨和行为还是围绕如何教导人做"君子"而努力，这里面也包括激发个体思考和践行。然而，在很长一段时间内，尤其是 20 世纪80～90 年代，随着社会转型期到来，专业主义、技术主义与工具主义不断滋长，导致了教育精神的分离与式微。它一方面将人的价值降低到工具的层面，另一方面又将本来作为工具而存在的技术的价值提升到终极的意义上来。

在当下中国，无论是中小学教育还是大学教育，都按预先设计好的方案来塑造学生，这种目标就是为社会培养"有用"之才。从幼儿园开始，家长与学校即依据社会的功利价值取向，为孩子设计所谓的人生蓝图。把上名牌大学、读热门专业、谋一个好的职位当作教育的目标。学生的内心需求则始终被放在一个不是很重要的位置，甚至被忽视。在初、高中阶段，学生是不能选择自己的课程的，尤其是高中，一切都围绕升学这个"大棒"转，学生的个人学习需求处于被压抑的状态，到了大学阶段，选课有了一定的自由度，学习时间也较为宽松，但以个人需求为导向、以大学生自主发展为目标的教育体系和教育方式还没有完全建立起来。大学生对专业的选择仍然是盲目的或以社会价值为导向，而非基于内心考察的自主选择。高校更多地被视为职业前的培训与人才培养的流水线，而非对心智的开启与人生智慧的养成，离真正有意义的教育相去甚远。有意义的教育应当包括两方面：一是单纯的技能和知识之传授，即谋生之技能与工作能力之培育；二是培育完美的心灵和分享审美的经验，如向学生传授或分享促进心灵发展的经验，包括思想的形成、见识、道德行为模式的养成、态度、服装、语言之端装有礼、清洁的生活方式以及读写技能等。第一种主知的教育，其目的在于培养学生的学习能力、判断能力和批判能力，它只有与第二种主意的教育合而为一，即德性与知性合一，才能成为真正有价值的教育。只能全面接受了这两种教育并加以践行，才能成为真正的自由公民。

在一种被过分预设的教育文化之中，人容易沦为环境或习惯的奴隶。行为主义者认为，在不断地强化某一观念和行为的情况下，一旦这种环境真实出现，人就会条件反射般地接受并实施某一特定的行为。但这种条件决定论，遭到了人文主义者强烈反对。人文主义者认为，假如人完全由环境所决定，那么人就会失去自我，成为完全由环境摆布或由环境塑造的人，其个性就会丧失，只剩下习惯。这样一来，人只是没有感情的动物，人只听命于某一设计者或宣传者，这样的教育不是真正的教育，是伪教育。因为在这种设计中，人类失去了自由、尊严，而只是环境或宣传的傀儡。在现代的教育文化中，人必须有自己的理念，不能只接受现实世界的理念，可以主动去改造世界而不是被它改造。真正的教育，始终把教育教学过程中学生与教师的"自由"和"自觉"放在第一位，强调学生内在的觉醒和领悟，反对外在的灌输和训练。马丁·路德从"因信称义"的原则出发，强调信仰自由和自由信仰。福禄培尔从自然神论的立场出发，认为人的本质和使命就是展现自己之中的上帝精神。"人的教育就是激发和教导作为一处自我觉醒中的、具有思想和理智的生物的人有意识地和自觉地、完美地表现自己的内在法则，即上帝精神，并指明达到这一目的的途径和手段。"① 分析哲学学派的代表人物彼得斯把教育视为一种"复合"所需要的历程，提出"教育即启发"（education as initiation），亦即教育的本质或教育的过程是一种引导或启发的过程。同时，他把教育看成是一种"规准"（criteria）所要完在的任务。教育是一种有价值的活动（worthwhile activites）——教育活动必须是合于道德价值的；教育具有认知的意义（cognitive pespective）——教育活动不能灌输那些低认知性或无认知性的死知识；教育是一种自愿的过程（voluntary process）——教育不该是一种"强迫灌输"（indoctrination）。总而言之，教

---

① 福禄培尔：《人的教育》，孙祖复译，人民教育出版社，1991，第 15 页。

育方式应该是一个合乎道德的、合于逻辑的、合于心理发展的正当方式。①
为此，我们要反对一切专断的、指示性的、灌输的、绝对的、干预性的训
练、教育和教学，以防止阻碍、破坏和毁灭人的本质和使命的不当教育行为
的出现，让教育回归健康、快乐、自主、民主的本质。教育的终极价值不是
单纯的讲授专业知识和职业训练，而是通过教育让学生获得生活智慧和独立
思考的能力，超越异化的、物质化的社会环境，学会与自然、社会和自我相
处之道，不再被财富、权力及地位等外力异化。

（二）教育以追寻生命的智慧来消解自身的工具化倾向

当社会和经济发展到一定的程度时，社会分工日益细化，各行各业对人
才的要求更趋于专业化。教育为适应社会对人才的需求，自然而然地走上工
具化的道路。但是，如果教育一味地去适应甚至推波助澜，其后果将是与教
育的本质背道而驰。教育的本义在于寻找生命的智慧，以达至有意义的人
生，而非为物所役，做技术的奴隶。在当下的教育中，由于升学主义盛行，
学校教育大都停留在"以教师为核心、以课本为重心、以教室为中心、以
考试为轴心"的知识灌输阶段，学生以囤积知识为荣，学校以高录取率为
目标。学生除了囤积教材中的知识外，无法接触到更多真实的生活智慧，要
获得活生生的知识还得另觅蹊径。教育者和受教育者由于都围绕着考试这一
指挥棒，没有更多的时间去关注内心的发展、拓展人际关系、关注生态环
境、建立普适价值观与积极的生命价值观。特别是在现行的以应试为主要内
容的教学过程中，学生为考试而囤积知识，这些知识大多未经消化，只是通
过老师喂食强行吞下，而且，这些知识和教育施为通过学校、政府、媒体、
大众、学生家长的宣传和大众传播，使学生产生内化压迫的观念。这样的教
育其实是"非教育"，因为真正的教育最重要的是"解决问题的教育"，真
正的学习并不是"吞食"外在的知识，而是用反应与行动来解决生活情境
中的问题，使人们能够重新检视自己和他们的生活世界，设法加以改造，这
样人们才能享有自我实现的生活。

---

① 高广孚：《西洋教育思想》，台北：五南图书出版股份有限公司，1992，第453页。

另一方面，我们的教育风尚过于重视外在的评价，这进一步助长了教育的工具化倾向。教育风尚是一定时期教育需求特征和价值诉求向度在社会上的总体表现，是在教育观念基础上衍生出来的一套日常规范系统，具有内在的文化依据、旨趣、原则以及评价尺度。[①] 我国的教育传统中，有为学习"头悬梁、锥刺股""囊萤映雪""凿壁借光"的典故，这种非常规和超越常识的举动，表面上看是激励学子们刻苦学习，而其背后则是宣扬为谋求功名不惜牺牲生之乐趣的教育功利主义思想。当下人们对高考的过分重视，实质上是古代"金榜题名"的另一种延续，社会舆论对高考状元的大肆宣传，老师家长们对考生的谆谆教导，考生们为学业殚精竭虑，其最终目标不外是实现"名校梦"，而考入名校，也不外乎是为了找到一份体面的工作，功成名就。在这个过程中，教育的社会功能被无限放大，而教育的本质，即让人通过教育获得生命的智慧与生之乐趣，却没人去关注。甚至大学的课程设置，也紧紧围绕是否实用、是否有用而展开，学生选择课程更多考虑的是不是对就业有利，而非出于兴趣或探究真理。此时，教育已不再是培养人、完善人性的途径，反而成为控制人的一种工具。为消解教育工具化的倾向，可以从以下几方面着手对现有的教育文化进行改造。

（1）应当化解教师、学生、家长和教学之间的对抗关系，唤醒学生与教师、家长的自觉意识，改变并克服"教"与"学"彼此分离的现状。现在，在中国的学校里，教学设施和条件已大为改善，但是如果缺乏师生互动，没有"人"的真正参与，这些器物是改变不了学生的内心，增加不了学生的生活智慧的。国内外许多教育改革经验告诉我们，抽离师生真诚互动的教育器物和教育制度提升不了学生的品格；单纯以考试为目标的教学提升不了师生关系，也无益于学生生命价值的培养。因为在那些异化与疏离的情境中，师生的互动是机械化的、形式的，甚至是相互剥削的。因此，无论是政治人物、教育官员、教师还是家长，皆要不断自我认识、自我成长、自我实现与自我超越，并通过"互动"、"尊重"与"沟通"的历程，习得智慧，

① 孟小红：《"教育文化"视阈中的高等教育变革》，《教育评论》2011 年第 6 期，第 6 ~ 8 页。

实现生命价值。① 教师应从知识的传递者变成教学活动的组织者和策划者、学生思考的引导者和激励者、意见交换的参与者，而不是拿出现成真理的人，这样才能实现真正的"教学相长"。

（2）回归本真的教育，体现教育"培养人"的本质属性，即关注人的生存方式，促进人的自由与和谐发展。回归"内在－成长"的教育，就是强调教育应重视生命，将学生作为主体的"人"来培养，而不是当作实现社会利益的"工具"去塑造，以彰显作为主体的人的内在价值。这就要求关注学生状态，确立其主体地位，培养其权利意识，营造自由、主动探究的学习风气，将习得的知识融入个人生命成长的过程，形成群体规范，重构师生关系、学生关系，营造相互关怀与合作共享的文化氛围，以"集体意向"的形式自发地影响和规范学生的行为。②

（3）从儒家文化中挖掘与现代性相符的教育理念。儒家文化把个人人格理想的实现和价值体现看作一个经过社会化转化的过程，即个体价值的确立须得到社会的承认，因此非常在乎社会的评价。这同西方文化强调个人主义，以及在社会性活动中对个体独立品性和目标的强调，有着很大的取向差异。这种文化基因可以使我们关注社会发展中的相互关系从而求得和谐发展，可以在实践上呈现出自身的文化底蕴和行动方式。这是因为，在中国文化中，个体独立品性和目标来源于集体合作所形成的力量，如果我们能够很好地运用这一点，不仅有利于我们在杰出人才培养和形成方面深入反思，而且将成为助力社会发展的重要文化资源。③

（4）可以从道家的教育文化中汲取生命的智慧和力量。中国教育文化发展史上，儒家与道家教育思想构成了两条主脉，儒家的教育价值观主导着中国传统教育的历史流向，以自然主义为特征的道家教育文化与之相互补

---

① 参见吴荣镇《教育价值取向论：台湾教育往何处去？》台北：香远出版社，2011，第120页。
② 孟小红：《"教育文化"视阈中的高等教育变革》，《教育评论》2011年第6期，第6～8页。
③ 丁钢：《杰出人才培养：一个制度文化的分析》，中山大学教育现代化研究中心编《教育"中国模式"与文明的去向：教育与中国未来30人论坛年会演讲集》，2011，第26～30页。

充。① 道家教育价值观和封建官方教育是不完全接轨的，道家教育文化更重视人的个体生命价值，反对儒家的过分"入世"。道家在批判儒家"仁、义、礼、智、信"的基础上提出"道法自然"的教育思想。老子在《道德经》第48章提出："为学日益，为道日损，损之又损，以至于无为。"庄子则进一步强调要尊重人的本性。魏晋玄学家郭象主张"因众之自为"，反对统治者"以得我为是，失我为非"的霸权文化，重视"物无定极，我无常适，殊性异便，是非无主"。在教学方法上，道家重视直觉体悟，主张教育应行不言之教，希言自然，不能过多地颁布行政教令。主张思想觉悟从具体的现象出发，通过苦思冥想，达到顿悟。"涤除玄览，能无疵乎！"道家自然型理想人格的提出和顺应本性的教育理念对去"工具化"和对抗技术对人的异化有着特殊的意义。

四　教育力量从防范人性走向唤醒民众

历史学者秦晖曾将中国历史的真相概括为"儒表"之下的"法道互补"。他认为中国两千多年历史中，士大夫少有"纯儒"，多为"法儒"和"道儒"。中国人说的是儒家政治，行的是法家政治；讲的是性善论，行的是性恶论；说的是四维八德，玩的是"法、术、势"；纸上是伦理中心主义，行为上是权力中心主义。② 中国文化中的这种分裂症，实际上源于统治者对人性的不信任，也正是这种"外儒内法"的统治，造成中国教育文化的两面性：一方面，把教育目标无限崇高化——培养圣贤与君子；另一方面，在践行中却培养出许多追名逐利之士。由于对人性的恐惧和防范，历代统治者都将儒家的"忠""孝""节""义"大肆宣扬，并形成一整套伦理体系，以防范人性，达到控制民众、维护其统治的目的。

这种以人性防范为目标的教育体制，中国传统社会逐步成为一个强调

---

① 郑畅：《教育文化视野下儒道教育思想的对立与互补》，《教育理论与实践》2012年第27期，第37~39页。

② 秦晖：《西儒会融，解构"法道互补"：典籍与行为中的文化史悖论及中国现代化之路》，秦晖《传统十论—本土社会的制度、文化与其变革》，复旦大学出版社，2004。

"生存价值观"的社会。① 虽然经过现代化的洗礼，经济上得到了很大的发展，但在观念和国民意识中，仍然保留了许多传统社会的特征。在教育方面过分强调整齐划一和政治上的正确性，把考试视为个人晋升的途径，教育内容和考试讲究标准答案，学术上行政干预过多等。这种生存价值观泛滥的社会，与民主社会格格不入，实际上也阻滞了中国的现代化。

如果把教育作为一种控制民众的力量，它必然导致封闭，这种封闭在中国持续的时间相当长，直到改革开放后才有所改善。教育的封闭性，具体表现为管理权是封闭的——由教育行政部门垄断；教材的编写是垄断和封闭的——学校只能使用指定的统编教材；教师是封闭的——从事其他工作的人很难有机会进入教育系统；学校是封闭的——学校很少请各界人士，比如科学家、学者、企业家、新闻记者和作家等到学校来做讲座或者兼课；教育的场所是封闭的——老师和学生很少走出学校去打开眼界，去学习实践，去了解社会的需要；评判标准是封闭的——无论是对办学水平还是教学质量的评判，都取决于上级主管部门。教育封闭性导致学生仅仅记住了一些呆板的结论而没经过自己的思考，没有内化为自己的知识；学生在接受知识的同时没有获得思维的训练和拓展；学生迷信于书本和老师，接受的是单一的结论，而不是在开放的论争和对话当中去建构自己的知识和思想，这样一来，其控制的目的就达到了。

在一个开放社会中，教育是作为唤醒民众、促进民众沟通的重要力量而存在的。教育唤醒的价值，不只是为教育者提供生活的意义，而且提供生活的理想和意愿，这样一来，教育就成为唤醒沉默的大多数最强有力的力量。正如美国学者、诺贝尔经济学奖得主乔治·斯蒂格勒所说："教师是一个不可思议的神奇人物，在确定好教师应当接受的训练之前，我们首先必须了解他的性格。依我之见，好教师不是以他的知识面宽、讲课条理清晰或者学生

① 参见罗纳德·英格尔哈特《文化与民主》，塞缪尔·亨廷顿、劳伦斯·哈里森主编《文化的重要作用：价值观如何影响人类进步》，新华出版社，2010，第 125～140 页。

们的课堂反映好而著称的。他的基本任务不是传播和散布知识，因为在这方面，他根本无法与书面文字相比，相反，他的任务是激发学生们对知识真诚的好奇心，逐渐灌输一个学者的良知——传授在追求知识的过程中的大量冒险行为和高尚品行。"[1] 要激发教育的唤醒力量，必须树立平等对话的理念。对话是基于平等基础之上的，用来作为沟通工具。激进主义教育者弗雷勒认为，人不能存在于沉默枯寂的世界里，也不能在错误的语言中生长，应该使用真正的语言于人的世界里。"激进的教育学所要求的是非权威性的社会关系，这种关系是支持对话与沟通的，作为寻求意义和知识的本质，及剥去隐藏实体的外皮所不可或缺的工具。"[2] 在民主社会的对话过程中，对话造成活泼性。教育最怕沉默枯寂；对话造就自由，师生如果没有争论的自由，也就没有对话的机会，这不利于真正教育的形成。

五 教育方式从知识灌输走向人文化成

真正的教育是一种价值传导的行为，它对人的心灵是一种开启和引导。除了符合价值性外，还必须符合自愿性、民主性。它让人在教育过程中获得某种知识与生命的智慧，并在生活中得以运用和体验。它不是教育者单向的灌输和受教育者的被迫接受，更不是利用权力对受教育的人实行心智控制。这使教育有别于宗教传输和强迫性的思想改造行为。后两者只具有教育的形式而不具有教育的实质，甚至本质上是反教育的。

（一）思想改造不符合教育的自愿性和民主性原则

有效的教育方式应是学生、老师、知识与观念之间的三向有效的互动，并在它们之间形成一定的张力。在教育的过程中，老师要有力地阐明他所教授的观念，要求学生接受这套观念的挑战，同时又允许学生按照自己的方式与这些观念建立联系，即老师与学生基于被教授的观念产生双向的交流活动，通过传输、交流、讨论或思辨，再加以修正或接受

---

① 乔治·斯蒂格勒：《知识分子与市场》，何宝玉译，首都经济贸易大学出版社，2001年。
② 詹栋樑：《现代教育思潮》，台北："国立"编译馆，2002。

的行为。这一过程一方面可能是有冲突的、有争辩的，另一方面又是平等的、双向的、开放的和民主的。学生有求知的欲望和学习的动力，不故步自封或先入为主，也不盲从，而教师则对自己所传输的知识或信念有信心和立场，也能接受来自学生的挑战与修正。这样一来，教育者也是学习者，学习者也是教育者。双方经过冲突和思辨的学习，就变成了自身的习得，而非单纯的接受与知识囤积。因而，真正的教育必须赋予被教育者以选择的自由，允许人们按照各自的方式去把握被教授的观念。学生被允许接触不同的观念和对立的观念，经过同样一番紧张的学习，最后由学生自己做出选择。

思想改造基于对他人和人性的不信任，希望通过一些方式和手段，输入一套观念，改造人性，使之得以重塑，以符合教育者的预期。这些手段包括政治斗争、政治宣传、设计禁忌、封闭学习、自我批评等。它与教育相同的地方在于双方都是一种价值输出行为，不同的地方在于教育基于双方的民主讨论和自愿接受，其间允许甚至鼓励争辩、质疑，自由选择，更不得借助于权力与强迫，至于最后是否接受，把决定权交给对方。而且，思想改造带有预期性，改造者一开始便占领道德高地，认定自己掌握了"真理"，受改造者觉悟不高，需要对其进行"教育改造"，在这种不平等的状态下，被改造者虽有质疑，但出于对权威的畏惧而有所顾忌，最终往往涉及表态，而不论其是否真正相信或服膺。从这个角度来看，思想改造不符合自愿性和民主性的原则，也不尊重对方的内在价值与尊严，它否定了被改造者一方的主动性，从而也就否定了教育中所包含的内在张力，其结果无非是把人变成被动接受输入指令的机器，所以它不是真正意义上的教育。

当然，我们过分强调教育的自由性，并不意味着放任自流。放任自流的教育也是对教育本身的否定，因为它取消了教育内在的价值性，也取消了教育过程中的内在张力，而这种张力对于教育是至关重要的，只有通过教育的张力，教师与学生之间才能有效地交流，才能在追求真理的路上并肩前行。而放任自流的教育则导致学生无所适从，也违背了教育的初衷。

　　新的教育文化以培养诚实的人为己任。所谓诚实的人，主要是指不虚伪，不是那种天天把奉献放在口头上，却不敢去面对自己正当利益或只想搭便车①的人。诚实的教育文化，敢于承认人的正当欲望和正当利益，虚伪的教育文化则相反，一味地要求别人无条件地奉献，而自己却穷奢极欲，把道德视为约束别人尤其是好人的手段，而自己则是选择性地遵守。这种虚伪的教育文化，在专制国家尤其被倡导，反过来，在民主社会，人们则公开地讨论利益——当然，是合乎理性的利益。托克维尔早就发现，美国人喜欢用"正确理解的利益"的原则去解释他们的几乎一切行动，甚至包括那些为了集体和国家做出某种牺牲的行动。托克维尔说："我认为，在这一点上，他们对自己的评价往往并不全对，因为在美国也同在其他国家一样，公民们也是有出于个人的本性的义无反顾的无私激情的。但是，美国人决不承认他们会被这种感情冲动所左右，他们宁愿让自己的哲学生辉，而不愿让自己本身增光。"也就是说，美国人做的实际上往往比他们口头上说的要好。②"正确理解的利益"这一原则无疑具有极大的正当性，但它本身终究还是不完整的。人们争取自由权利，当然是为了他们的利益，但同时，那也是"道德观念在政治领域中的应用"。只有清楚地认识到这一点，我们才能既摆脱那种不近人情的道德说教，又不陷入同样不近人情的狭隘的利己主义，从而以一种更健全的态度去实现更完整的人生。

　　长期生活在虚伪、专制的教育文化环境中的人，很容易成为墨克斐

---

①　20世纪60年代，美国学者曼科尔·奥尔森（Mancur Olson）出版了《集体行动的逻辑》（*The Logic Of Collective Action*）一书。书中指出：凡属于为集体谋利益的行动，产生的结果都是公益物品。例如，争取言论自由，其结果是每一个人都可免除因言获罪的恐惧。这类事情虽然需要大家去集体完成，但是，只要有任何人或组织做出努力并获得成功，在这类集体中的每一个人，无论他是否为此做出过努力和贡献，到头来都会得到益处。作为理性的个人，当然都愿意少付成本而多获收益。因此，只要可能，每个人都会企图在任何为集体谋利的活动中不做出或尽量少做出努力和贡献而坐享其成（即"搭便车"）。由此便引出一个棘手的问题，假如大家都可能存有这种少付代价、坐享其成的动机，集体行动怎么还组织得起来？公益物品怎么还能争取到手呢？

②　参见托克维尔《论美国的民主》，陈玮译，九州出版社，2013。

（R. M. Maclver）所言的"脱序"人。① 脱序人，往往是精明的利己主义者，即无准则，一切以个人得失为标准，在权威面前放弃自我，顺从权威。这种人的大量出现，往往使社会陷入无序状态。现代人虽然不再有或较少有直接来自政治方面的权威的压迫，但由于商业体制和生活的压力，社会大众的群体性选择也往往掩盖了个人个性的表现，日常生活被分割得支离破碎，个人的创造性也被忽略。在这种状态下，个人德行的养成，更需要教育培养有个性、不随波逐流、能自己依靠自己的个人，以此来化解后现代社会对人的异化。

同时，为了防止搭便车行为，必须在教育中加强社会公德教育。集体行动的产生和维持靠的是社会公德与各种道德约束。这些行为规范可以是人们内心反省或社会教育的结果，也可以是具体社会关系中固有的道德义务。人们一旦确立了这种规范，就会自觉地投入集体行动，而将个人得失置于从属地位，同时也无须强制他们所在的集体给予奖励或惩罚。

（二）建立以人为本的道德教育模式

栾栋认为，西方的人文体系是人文主义，集人本传统、理论主张、工具思想之大成。中国的人文思想是人文精神。中国人在历史上不讲主义而讲文化、教化和化感。中西方的两种人文思想已经处于切磋、交流和互补的重要阶段。② 就教育思想而言，西方人文主义和中国人文精神的基本主旨是相近的。人本主义或以人为本的教育理念是现代教育思想的一个重要部分。以人为本的教育观的基本价值理念是每个人都有自己的尊严与价值。现代的教育实践也证明：一个不尊重人的教育体制是培养不出具有完整人格的现代人

---

① 墨克斐认为，从心理次元着想，脱序是一种反社会的程序。脱序人退缩到他的自我之中，他对社会的一切规范都不信任。脱序并不止于无法律。脱序人不再有任何标准，他只受一些不相联属的驱力驱使，不复有联续感、义务感及对群体的责任感。他发现有三种脱序人：第一种脱序人几乎完全丧失价值系统。第二种脱序人失去伦理目标，不复怀抱任何内在价值和社会价值。他所努力追求的是外在价值，追求手段而失却目标，尤其爱好权力。除了因利乘便以外，别无所谓良心。对真、善、美和高尚的情操一概报之以轻蔑的冷笑。第三种脱序人基本上在内心有一种悲剧式的不安全感，是"失所的人"（dislocation）。在外来文化价值和主位文化价值冲突时，在社会文化激变时，在长期混乱时，最易产生脱序的现象。脱序人在权威面前丧失了自己，又常为极廉价的自我拍卖者。殷海光：《中国文化的展望》，上海三联书店，2009，第375~378页。

② 栾栋：《人文精神与学科建设》，《华中师范大学学报》（哲学社会科学版）1996年第6期，第24~33页。

的。教育不仅仅是培养知识渊博的人，而且是培养具有完善人格和有独立个性的人，学校德育的本质不再是管理和控制，而是内心的唤醒、个性的塑造与人格的完善。

构建以人为本的德育模式的理论基础有三：一是马克思关于人的本质及人的全面发展的理论；二是五四时期的教育思想；三是西方人本主义学派的哲学思想。马克思主义理论是思想政治教育的指导思想，五四精神是思想解放的一面旗帜，人本主义学说则提供了具体的理念与思路。三者兼容并包，互补遗缺，各有其长。

1. 以人为本的德育模式的理论基础

（1）马克思关于人的本质及人全面发展的理论。马克思在论述人的本质时，认为人的本质是历史的、具体的、变化的，这就要求我们在做人的工作时，必须充分了解人们所处的社会环境以及因此而产生的各种个体差异性。同时，马克思虽然更多的从社会的整体发展来论述人的发展，但他从没有否认人的充分发展是社会发展的前提与基础，它反过来又会促进整个社会的发展，他认为每个人的自由发展是一切人自由发展的条件。只有培养出全面发展的个人，才有可能消除资本主义社会的各种"异化"。这里面蕴含着丰富的人本主义思想。

（2）五四时期的教育思想。五四前后，是我国历史上思想文化的一次伟大的"革命"，教育观念也不例外。以蔡元培、陶行知为首的一大批教育家，认识到中国要走向民主与富强，就必须提高全民素质，因而大力倡导学校应以学生为本位，发展个性，崇尚自然，使学生养成完全之人格；教育应当培养学生独立的精神、精确明晰的思考能力、对社会和生活负责的能力。陈独秀曾提出教育必须贯彻"四大主义"，即现实主义、唯民主义、职业主义和兽性主义。其中，"兽性主义"就是要尊重学生的本性，使学生"意志顽狠，善斗不屈；体魄强健，力抗自然，信赖本能，不以他人为活；顺性直率，不饰自文"。更为可贵的是，这批先行者还将这些教育理念付诸实践。蔡元培先生在北大任校长时，倡导学术自由、学生自治，鼓励学生组织社团，自办刊物，并改学年制为选科制和学分制。陶行知先生则倡导生活教育，并要把儿童从成人的残酷中解放出来。五四时期这种以人为本的教育理念，涤荡了以前陈旧的教育思想，是我们现代教育的宝贵遗产。

（3）西方人本主义的教育思想。二战后，随着科技发展对人的潜能提出更高的要求，人性的发展成为时代的焦点。一些传统的道德教育方式很难适应社会发展的需要，于是出现了以心理学家罗杰斯、马斯洛、斯腾豪斯为代表的人本主义道德教育理论。人本主义学者的主要观点如下：（1）在学校德育中，应当以学生为主体，教师只是促进者，教师的职责在于激发学生内在的发展动机，使学生正视道德问题，而不是把某些知识、规则赐给学生；（2）学校德育必须以培养健全的人格为目标，教师唯有促发人的成长动机而不是需要动机，人才能正常发展，也只有人格完整发展才能建立健全的社会；（3）革除权威主义的传统德育观，倡导开放民主的德育观。针对传统德育训练出的被动、呆板、利己的人格，人本主义提倡在教育中建立新型的平等的师生关系，教师在教学中采取中性的立场，积极培养学生主动的、集体的、创造性的人格。人本主义学者还把这种理论联系实践，如麦克菲尔《学会关心》中的"价值澄清理论"课程，斯腾豪斯指导下的美国的"价值教育"课程，都是以人本主义为其理论基础的。课程很受学生的欢迎并产生了较大的影响。人本主义德育理论对人性和人类品德的深刻关注，是值得我国高校德育重视与借鉴的。同时，它的理论与实践为我们高校建立以人为本的德育模式提供了具体的理念与操作思路。

2. 以人为本的德育模式的实现路径

以人为本的德育模式以尊重、平等、激励、共进为灵魂，以人文化成为途径，具体表现以下几个方面。

（1）在目标上，注重学生个性发展，给予人的自主性与独立性以最大限度的尊重。市场经济突出的特征是，人们在市场交易中按市场法则平等自主地进行竞争，在法则的范围内各自追求最大的利益。这就要求我们德育的主要的目标在于使学生学会尊重竞争法则，享受遵守法则给人们带来的各种互利，也就是说，主要是引导学生树立一种平等自主的观念，而不是教给学生以具体的操作方法。至于法则内的行为，应当充分发挥学生的创造力与个人的潜能。同时，要求教育者给予学生充分的关心和尊重，让学生感受到教育者的意图。学生在接受德育时，教师要引导学生"抱有问题"，这些问题应当是现实中的道德问题，这些问题越现实，他们就越积极地参与，学习的效果就越好。在整个教学过程中，教师的作用在于组织与引导，尽可能发挥学生的主体作用，给予持不同意见的学生以充分的尊重与关怀，而不是训斥与指责。教师不以观点取人，不以分数取人。一句话，就是让学生尽可能地发表自己的真实看法，展现他们真实的个性。

（2）在方法上，以正面说服、激励引导为主。随着学生的物质意识、自我实现意识、自主意识、平等意识日益得到强化，过去课堂上"我说你听"的权威主义的教育方式，已很难引起学生们的真正共鸣。以人为本的德育模式，强调在师生平等讨论的基础上，对于那些与教师有不同观点的学生，应当从正面说服他们、引导他们，当确实无法说服他们时，对他们的不同意见要表示尊重并加以保护。鉴于我国基础教育中对学生的道德认知能力培养较为欠缺的情况，在具体方法上，应当以激励与表扬为主，及时对那些能主动探索和面对社会各种道德问题并能做出独立分析与判断的学生进行表扬和激励。要使激励真正有效果，教师与学生须坦诚相待，互相信任，这奠定了这种激励的基础。对那些道德认知能力差的学生，也要表示理解与尊重；对他们的点滴进步，应及时进行表扬，以激发他们的自信心。

（3）在内容上，把发展学生的道德认知能力作为重心。我国传统的德育偏重于基本知识的教育与行为的训练，对学生推理、判断和选择能力的培养是不够的。这就直接导致我们的大学生道德水平上的"高分低能"，即考起品德课来分数不差，但现实中表现出的品德行为却不怎样，甚至完全是两码事。其中一个重要的原因是我们的德育忽视了学生道德品质的自我内化与认知水平的自我提高。尽管我们的德育内容会随着形势的变化而不断地变化，但学校永远不可能在课堂中把所有在今后现实中可能遇到的各种道德问题都讲尽讲透，关键是要教给学生在面对错综复杂的社会矛盾时遵守社会所倡导的道德规范与行为规范，并自觉抵制各种错误的道德观。古人讲的"授以鱼，不如授以渔"，就是这个意思。当然，要实施起来并非易事。首先，编制出引导性的教材，教师根据实际情况设计一些道德两难情境，尽可能让学生们生发真实的情感并各抒己见。其次，对德育教师提出更高的要求，教师必须对将讨论的问题有着较深刻的认识并能把握方向，同时引导学生深入思考，在讨论结束后，还应及时进行概括性总结。这比单纯在课堂上进行知识的传授要困难得多。再次，要把学生的道德实践引入教学，即必须改变知行分离的现状。只要学生同意，就可以把学生在实践中遇到的一些道德冲突与矛盾引入讨论课，鼓励学生将课堂上的所"知"，在现实中加以贯彻与实行。

（4）在操作上，注重情景的设定和团体讨论。英国学校德育家彼得·麦克菲尔（Peter Mcphail）建立了一种以体谅关心他人为道德宗旨的德育模式，根据研究，他提出学校德育的根本目的是促进成熟的社会判断力和行为的发展。他编写了德育课程"生命线"和教师指导书《学会关心》。"生命线"的教学过程分为三部分，第一部分是设身处地为别人着想，事先设定一个情景，让学生进入情景中设定的角色，使其产生情感共鸣，进而理解他人行为。第二部分是验证规则，结合社会背景，向学生提出一些今后可能要面对的社会问题，为他们今后走向社会做准备。第三部分是付诸行动，把历史上许多震撼人心的事件作为道德思考的出发点，让学生以当时事件中的人物为角色对道德问题进行探索，给学生以强烈的情感冲击。人本主义者劳伦斯·斯腾豪斯指导美国学校课程设置委员会和纳费尔德基金会编制的"价值教育"课程，十分注重学生的人性塑造和道德推理能力的培养，将有争议的价值观问题，如战争、教育、家庭、两性关系、职业、财产、法律、种族等，在课堂上呈现给学生，然后让学生分组讨论，以探讨和争论取代讲解和背记，教师扮演"中立者"的角色而非道德"仲裁者"的角色。西方这种重视在特定情景下进行道德学习与探讨的做法，是值得我国高校借鉴的。

结　语
人的自由与尊严是教育文化的最高价值

任何一种教育文化的形成，都是历史与时代的产物。制度是教育的先决条件，不同的社会制度会塑造出不同的教育文化，从当今的社会制度来看，可以将教育文化分为三类。

第一类是民主国家的教育文化。以欧美国家为代表。民主国家的教育文化是建立在尊重个人价值之上的教育文化，它把培育现代公民作为目标，以教育为手段促进国家与社会的进步。教育文化的形成是内生的、动态的、可持续的。教育文化与民主的社会制度相辅相成，民众参与较多，能以民主的方式表达意见，容易达成共识，而且因为教育家大多数是在民主制度下培养出来的人，他们所持的观点和形成的教育思想，也大多具有自由与宽容的特征。尽管民主作为一种政治制度在当下世界中遇到了一些阻滞和困难，但作为一种教育理念，仍具有塑造性的价值。

第二类是社会主义国家的教育文化。以苏联、东欧国家和20世纪五六十年代的中国为代表。这种教育文化以职业教育及集体主义为重，在具体教育模式上强调生产劳动与教育教学相结合，把学校建在工厂中。教育的出发点是集体主义，讲求集体意识，讲究个人服从集体与政党的利益。这种教育文化，强调培养专才，虽然也主张多艺教育，但对人文教育不积极，以生产为主，在于培养有多方面技术的人，以备社会之需。另外，政治色彩浓厚，教育与政治是结合在一起的，教育政策由党的领导层决定，故而这种教育文化大多呈现出一元化的特征。这种教育文化已随着苏联和东欧国家剧变消失。

第三类是发展中国家的教育文化。其主要特征是在传统与现代之间摇摆不定，以中美洲、南美洲为代表，呈现出激进主义的特征。整体上而言，这种教育文化一方面受制于政治因素，意识形态仍旧在教育领域发挥作用，甚至具有带动和引领方向的作用；另一方面受制于经济发展模式，经济的发展程度直接影响着教育的发达程度。国家希望教育培养出来的人才，可以尽快投入到经济发展中去，为社会增加财富。但由于发展中国家处于政治与经济转型期，教育改革步伐较为缓慢。

中国教育文化的现代化进程，也就是从中国传统教育文化和1949年以后所形成的社会主义教育文化向中国特色的教育文化转变，实现教育观念和教育制度全面现代化的过程。中国传统教育文化经过辛亥革命以来的现代化洗礼，以及改革开放以来全球化浪潮的冲击，外在的一些要件早已被剥落，但内在的一些要素却以另一种形式顽强地存在下来，其中一些价值观念经过改造后可以适应中国现代化的需要，而另一些则与现代社会相背离，譬如对专制的恐惧、对做官的热衷与膜拜、崇古拒变的社会心理等。实际上，中国近百年来的现代化过程，也主要是中国文化的基本价值观念和西方文化的基本价值观念互相冲突、相互融合的过程，其中教育文化的演变也经历了一个痛苦挣扎的过程。1949年以后，由于学习苏联而形成的社会主义教育文化中，一些理念和做法随着时代的发展尤其是改革开放逐渐被淘汰，也有一部分被传承下来，譬如集体主义的教育方针、以培养专才为主的教育目标、对人才的政治要求和党对教育系统的领导、在思想政治教育中偏重灌输、强调对集体的忠诚与服从等。徐真华认为，教育发展到今天，就"不应该是政府的一种恩赐，一个行为规定，一项政绩工程。社会发展到今天，教育，包括高等教育已经成为人生的必需，是个体生命长河的一个不可或缺的段落，是人活着而且活得有意义的一种可或缺的知识准备、能力培训和文化熏陶"。① 我们当下的教育，面临如何从由政府主导走向教育自主，由培养专才向培养公民转变的挑战。

现代化的一个重要特征就是建立合乎人类理性、合乎科学、民主与法治，并能适应工业社会的道德标准和社会制度。中国教育要真正实现现代化，就意味着中国要适应世界潮流，走向民主和法治，这个方向是不变的。社会主义核心价值观的提出，实际上也顺应了这么一种趋势。关键是在这个过程中，我们应当建设什么样的教育文化来顺应这一趋势。重启传统中国教育文化固然不可能，但当下盛行的教育文化也不足以培育出未来社会的公民。那么，我们的教育文化应立足于怎样一个出发点呢？它的核心价值观应该有哪些呢？教育文化的主要内容包括哪些呢？这些问题，在前面论述的基础上，既是对全文的总结，同时也引发了进一步的思考。

传统社会的教育文化观是为培养臣民或单一的专才服务的，它与传统社会的政治制度、经济基础密切相关，其核心价值基于"控制"，即对人的身心和智慧的限制。而未来中国的教育文化，其宗旨是培养理智的现代公民，它孕育于民主社会并且为民主社会服务，它教育的出发点是每个公民的尊严与自由，它的核心价值是"自由"，即在法律框架内个人自我抉择、自我成长、自我负责的自由。在这种教育文化中，每个人成为一个"被启蒙的人"，他能够独立运用理性来掌握自己的命运，每一个人都是自己的"主权者"，他有能力拒绝任何通过强制手段强加给自己的价值观，除非他通过理智的判断自愿接受。未来的教育必须围绕这一出发点展开。事实上，只有个体的权利与自由得到尊重保障，才有团体力量的内在生成。

以"控制"为核心价值观的传统社会与以"自由"为核心价值观的现代社会教育文化的区别，见图1、图2和表1。

---

① 徐真华：《平民时代的高等教育与人才培养——来自美国的启示》，《高教探索》2008年第5期，第55～59页。

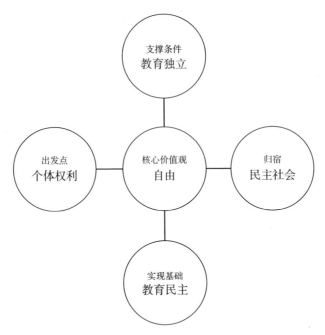

图 1　以"自由"为核心价值观的教育文化

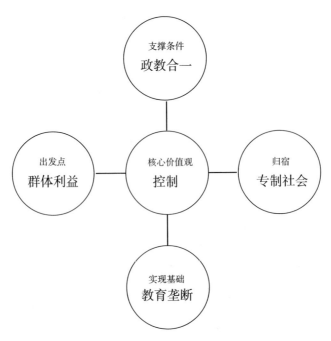

图 2　以"控制"为核心价值观的教育文化

表 1　传统社会与现代社会教育文化的差异

社会类型 教育文化	传统社会	现代社会
核心价值	控制	自由
教育目标	培养服从的臣民或专才	培养有责任的公民
教育理念	崇高化、乌托邦化	理性、实证
教育内容	圣贤（领袖）语录或专门知识讲授	通识教育和职业教育并重
教育方式	记诵、灌输、囤积	讨论、思辨、对话
教育手段	考试、标准化答案	思考、开放性问题
教育思想	一元化、钦定化	多元化、百花齐放
教育制度	官办或以官办为主	公立和私立并存，或私学发达
教育行为	科层化、行政干预	教育独立、学术自由
教育风尚	读书做官、读书发财	读书为促进个人内在成长和自由发展
社会心理	教育是个人身份的标志、地位晋升的阶梯；重视出身与文凭	教育是社会公益事业，是公民的权利与义务；重视个人对社会的贡献和自身修养

　　未来中国的教育文化，其核心价值观包括自由、民主、理性、创造。自由是灵魂所在，自由、民主、理性是因，创造是果。它与当下中国的社会主义核心价值观[①]相呼应。（1）自由。席勒在《审美教育书简》中指出："自由是精神上的解放，而只有达到完美人格，才可以达到自由。"[②] 自由意味着教育本质上是一种生动活泼、激发公民进行自我选择的行为，它是反控制、反灌输、反奴役的，但自由也意味着责任，这种责任来源于公民个人内心的自我约束和约定俗成的社会公德。（2）民主。民主化的教育意味着师生平等，意味着教育的氛围是宽松的；教育方式是多样化的，它是反权威主

[①]　2013 年 12 月 23 日中央办公厅印发《关于培育和践行社会主义核心价值观的意见》，提出培育和践行社会主义的核心价值观包括：富强、民主、文明、和谐、自由、平等、公正、法治、爱国、敬业、诚信、友善。

[②]　转引自石中英《教育学的文化性格》，山西教育出版社，2007，第 202 页。

义、反歧视的，但民主并不意味着过分的放任。教育自始至终都是一种价值传输行为，教师作为教育者，影响和引导学生朝着一个目标努力，但这种目标自始至终都应当是培养和提升公民的自我学习和自我发展能力，而非使公民成为单纯的知识接收器。（3）理性。理性意味着客观、思考、渐进、改良，我们的教育文化，应当是一种讲逻辑、讲实际、渐进式的教育文化；它是反乌托邦的、反激进主义的。无论是教育制度的建构还是教育方式的改革，都应当基于当下的现实，逐步建立、逐步巩固。（4）创造。教育文化的创造性，意味着在这种文化下，公民因拥有自由而丰富的内心、宽松而有规则的社会环境，其创造力得到释放，社会整体的创造力和活力被激发。相反，缺乏富有创造力的教育文化的社会，往往墨守成规，民智未开。

19世纪，欧洲中心论者黑格尔认为，中国是由皇帝或专制君主宰制的国家，是"只知道一个人自由"的"东方国家"的典型。确实，在中国的文化中，很少见到自由的影子。即使如佛老思想，也只是教人以"出世"和退避，以保全性命于乱世。即使如此，官方的教育仍视其为不端之学，唯有积极"入世"的儒学受到鼓吹。随着网络时代的到来，各种文化思想思潮的出现，自由逐渐得到人们重视，但由于人们的思维惯性，以及官方意识形态对"自由"一词的误读与曲解，自由始终没能在中华大地上生根发芽，人们甚至视其为洪水猛兽而避之不及。然而，随着经济的发展，尤其是中产阶级的形成，人们思想观念开始转变，个人的权益逐步得到重视，人们对民主政治和法治社会的追求也日益迫切，自由作为反奴役、反控制的利器，最终将成为每一个中国人所追求的目标。正如梁任公在《十种德性相反相成义》中的《自由与制裁》一文中所言，"自由者，权利之表征也。凡人之所以为人者有二大要件：一曰生命，二曰权利。二者缺一，时乃非人。故自由者亦精神界之生命也。……思想自由，为凡百自由之母，……故今日欲救精神界之中国，舍自由美德外，其道无由"。事实上，自由是不可让渡的权利。只有在自由的社会里，个人才能拥有自由的意志，个人才有选择的自由，进而才能拥有诚实之美德，才能立信于天下，才能拥有真正的人格力量和气节。相反，一个思想被控制的社会，必然产生恶人、乡愿与伪善，最终会成为一个"劣胜优汰"的社会。然而，自由及其自由社会并不会从天而降，尤其是在有着长期专制统治传统的中国社会，首先靠争取。所谓争取，就是要争取个人的正当权利，正如胡适先生在60多年前所说的那样，"现在有人对你们说'牺牲你们的自由，去求国家的自由！'，我对你们说'争取你们的自由，便是为国家争自由！争取你们的人格，便是为国家争人格！自由平等的国家不是一群奴才建造起来的！'"① 自由的争得，有时候还得有所放弃，因为自由虽然会带来长远的利益，却很可能会使人们丧失一些东西，尤其是眼前的利益。正如托克维尔所说："如果谁想要在自由中求取自由本身之外的其他东西，谁就只配接受被奴役的命运。"② 时至今日，我们必须坦然面对一个事实，即自由之保持，要求我们每个人必须准备牺牲相当的物质利益。如果要保持自由，我们必须汲取自由国家赖以建立的信念。这一信念，富兰克林说得很明白："凡出卖基本自由以冀获得暂时经济安全的人，既不配享有自由，又不配享有安全。"③

　　其次，自由作为未来中国教育文化的灵魂，必须有可以根植的土壤，这种土壤就是教育的主体性地位。随着经济的发展，政治改革进一步深入，公民意识进一步增强，个体的地位与权利将逐步得到重视，基于个人自由与尊严的教育文化将得以产生，教育也将逐步从对政治的依附中走出来，成为影响政治的重要因素。教育主体地位的确立，同样离不开一个可以自由竞争的社会。在一个国家或权贵垄断个人经济生活的社会中，是不可能产生自由的土壤的。某种程度上说，教育独立与学术自由是政治自由和经济自由的衍生品。自由的公民，除了能自由地运用自己的理智和不受外在的压制之外，还能保持个人经济上的自由，即他不必以全部精力换取生活必需品，特别是不依赖于国家的恩施或权力部门的施舍，而能够有剩余精力去探究人生最有价值的事物和精神世界，以保证个人生命的完整性。当然，真正的合乎价值的教育——以个人自由与尊严为出发点的教育，也可以进一步促进政治的开放

① 胡适：《胡适文存》第四集，第四卷，第612页。
② 托克维尔：《旧制度与大革命》，宋易译，江苏文艺出版社，2013，第230页。
③ 转引自海耶克《到奴役之路》，殷海光译，台北：桂冠图书股份有限公司，1990，第158页。

与经济的发展。新的教育文化要求教育者和学习者的自我解放，教育只有秉持自由的原则，才能达到自我解放的目标。

再次，自由作为未来中国教育文化的灵魂，还必须培植人道主义价值观。人道主义价值观由个人尊严发展而成，即人道主义的前提是自我选择、自我负责，个人的独立是第一位的，集团或其他人尤其是掌握权力的人不能要求他人做出牺牲或做出不道德的行为，除非他自己愿意。集体主义要求个人放弃自我思考，无条件服从集体，其结果正如尼布尔（Reinhold Niebuhr）在《道德的人和不道德的社会》中所说："在现代人之间，有一趋势与日俱增。现代人总以为他们自己是合乎道德的。因为，他们一天一天地把他们自己的恶往大的和更大的集团头上推。"① 这就是所谓"庸众的恶"。个人可以假集体之名行恶，而不用负任何责任。而在这样的集体之中，也极易产生强权人物，他可以利用人的恐惧与软弱，恣意地行使权力。人道主义尊重个人的自由意志，鼓励自我思考，自决行动，甚至不反对经过理性思考对权力采取不合作的态度。这样的结果，固然不利于社会整体效率的提高，但也不致产生集体的癫狂行为或集体之大恶，更可以防止集体监视和干预个人生活。企求暂时的安定或物质利益而放弃对自由的追求，使权力的核心层更加犬儒化，权力的外围层则变得更加卑微，社会的整体道德水准不断下降，人们将生活在一个逐利追权的社会。在教育中宣扬人道主义，有利于形成相对一致的道德规范，这种道德规范有助于凝聚人们追求自由的勇气。在人道主义的鼓舞下，人们把追求社会正义和自由的行动视为自己的责任或义务，而不是袖手旁观或搭便车以坐享其成。人道主义实质上仍然是一种自由哲学。这种自由哲学有助于社会民主化的形成，即一种有序的人性解放。当一个人做选择、决定时，都要想到他所应负的责任。当一个人参与做决定的过程时，同样也要负责，因此决定与责任是不可分的。每一个人都知道在做出或参与做决定时所应连带负的责任。

最后，把自由作为未来社会教育文化的灵魂，有利于民主社会的形成和民众的长远福祉。自由与控制是一对相对立的概念，基于自由理念建立的社

---

① 尼布尔：《道德的人与不道德的社会》，阮伟译，贵州人民出版社，2009。

会是民主社会，基于控制建立的社会是专制社会。对于专制社会，托克维尔痛斥道："在此种类型的社会中，人们相互之间再没有种姓、阶级、行会、家族的任何联系，他们一心关注的只是自己的个人利益，他们只考虑自己，蜷缩于狭隘的个人主义之中，公益品德完全被窒息。专制制度非但不与这种倾向作斗争，反而使之畅行无阻；因为专制制度夺走了公民身上一切共同的感情，一切相互的需求，一切和睦相处的必要，一切共同行动的机会；专制制度用一堵墙把人们禁闭在私人生活中。人们原先就倾向于自顾自怜：专制制度现在使他们彼此孤立；人们原先就彼此凛若秋霜；专制制度现在将他们冻结成冰。在此种社会中，没有什么东西是原封不动、稳如泰山的，每个人都心如悬旌，生怕地位下降，并拼命地向上爬。这时，金钱成为区分贵贱尊卑的重要标志……因此，几乎没有人不曾拼命地攒钱或赚钱。不惜付出一切代价发财致富的欲望、对商业的喜爱、对物质利益和享受的追求，一时之间成为最普遍的感情。这种感情轻而易举地在所有阶级之中传播，甚至深入于历来与之没有任何瓜葛的阶级中，如果对其不加阻止的话，很快就会让整个民族萎靡不振、自甘堕落。然而，就本质而言，专制制度却支持和助长这种感情。这些让人意志颓丧的感情对专制制度有着莫大的好处。""与之相反，只有自由才能够在这类社会中，同其固有的各种弊端进行斗争，使社会不至于从这道斜坡往下滑。实际上，只有自由才能够让公民摆脱那种孤立无助的境地，推动他们彼此之间相互接近，因为公民地位的独立性，导致了他们生活在一种孤立的状态之中。只有自由才能够让他们感到温暖，并一天比一天紧密地联系在一起，因为在公共事务中，需要的是相互之间的理解，让对方清楚自己的想法，友善地对待他人。只有自由才能够让他们摆脱对金钱的膜拜，摆脱庸常生活中个人琐事的烦扰，让他们在任何时候都可以意识到、感觉到，祖国的利益超过一切，祖国就是眼前。只有自由才能够无论其在何时何地，都以更加强烈、更崇高的感情取代对一己幸福的沉溺，让人们拥有比发财致富更伟大的雄心壮志，并且创造知识，让人们可以轻易地识别和判断人类的善恶。""一个没有自由的民主社会有可能会变得富裕、文雅、华丽，以至于辉煌，并因为其普通百姓举足轻重的地位而显得强大。……但是，我可以非常肯定地说，你绝对不可能在此类社会中见到伟大的公民，特别是伟大的人民，我还可以非常肯定地说，只要平等同专制穿上连裆裤，心灵与精神的普遍水准就永远都会不可遏制地下降。""当自由备受欢迎之时，我表达了我对自由的赞美；当自由受到抛弃之时，我依然坚持自己的赞美。"①每当社会激荡，权威人物出现之时，普通民众甚至是精英阶层都容易将自由交出，以换取安定和暂时的利益。这也是弗洛姆所说的"逃避自由"现象，是我们要随时警惕的。

重构主义者布拉梅尔德（Theodore Brameld）认为：应把教育当成一种力量，进行社会文化重建；教育工作最重要的是在于塑造一种新文化；教育是社会的自我实现（social self-realization），通过教育，个人不仅能发挥其本性中的社会性，而且能学习如何参与社会运动，以促进社会的理想化。② 未来中国的教育文化，其目的是为社会培养具有自由品质的公民。这种自由的品质包括身心健全、精神自主，以及富有自尊、勇气和对人类普遍的同情心。新的教育文化往往孕育于社会转型时期，人们怀着对原有的教育思想和制度的失望，企求树立新的教育观念，在这种情况下，新的教育文化便应运而生。当下中国正处于社会转型时期，各种教育观念与教育思潮此起彼伏，相互冲撞，面对传统与现代的博弈，中国的教育也应开拓出一条新道路，必须超越中国教育文化传统，从读书做官论、上学发财论中走出来，从教育为政治背书中走出来，从教育为经济服务中走出来，确立一种有尊严、有态度、崇尚自由、反对奴役的教育文化观。尼赫鲁（J. Nehru）曾说过："在一长远的过程中，因追求经济的繁荣而否定人的自由和尊严，是不会使一个国邦长久存立的。"③ 同样地，从长远来看，否定人的自由精神和人格尊严的教育，是不可能取得成功的！教育的文化功能就是让人的心灵自由地发展，不为物奴，不为权役，只有人性得到充分的发展，才有和谐的灵魂，才有善良的人，也才能拥有一个完善、有序的社会。

---

① 托克维尔：《旧制度与大革命》，宋易译，江苏文艺出版社，2013，第1~13页。
② 詹栋樑：《现代教育思潮》，台北："国立"编译馆，2002，第90~102页。
③ 转引自殷海光《中国文化的展望》，上海三联书店，2009，第382页。

　　总而言之，新的教育文化是一种以自由为核心价值观的教育文化。其优点在于它能为教育制度的不断改进提供良好的机会。与此同时，它又为自身设置了权利的边界，那就是任何改进须以不侵害个人的基本自由为限。它是一种合乎人性，合乎民主、自由和公平，可持续发展的崭新的教育文化。其最终归宿就是让每一个人都能得到充分发展，使社会成为一个众望所归的自由、平等、幸福的社会。这样的社会是"自由人的结合"或"自由人的社群"，是从奴役中解放出来的"自由、自决的社会"，这是自由人"意识自发性"所带来的美好结果，也是由每一个人统一、自觉的意志创造的。这是因为，真正的教育其价值在于促进人身体、精神、心灵的全面发展，增强人的自我力量，带给人以崭新的希望！

参考文献

（按字母的顺序排序）

一　著作类

1. 埃里希·弗罗姆：《逃避自由》，陈学明译，工人出版社，1987。

2. 艾萨克·康德尔：《教育的新时代——比较研究》，人民教育出版社，2007。

3. 白话史记编辑委员会：《白话史记》第1卷，台北：联经出版事业公司，1985。

4. 柏拉图：《理想国》，郭斌和、张竹明译，商务印书馆，1986。

5. 柏拉图：《柏拉图〈对话〉七篇》，戴子钦译，辽宁教育出版社，1998。

6. 陈青之：《中国教育史》（上、下），岳麓书社，2012。

7. 陈学恂：《中国近代教育史教学参考资料》中册，人民教育出版社，1987。

8. 《蔡元培教育论集》，湖南教育出版社，1987。

9. 蔡元培：《蔡元培全集》第2卷，中华书局，1984。

10. 杜成宪、邓明言：《教育史学》，人民教育出版社，2004。

11. 狄百瑞：《儒家的困境》，黄水婴译，北京大学出版社，2009。

12. 丁钢：《文化的传递与嬗变》，上海教育出版社，1990。

13. 丁念金：《人性的力量——中西教育文化变迁》，福建教育出版社，

2011。

14. 刁培萼：《教育文化学》，江苏教育出版社，1992。

15. 杜威：《人的问题》，傅统先、邱椿译，上海人民出版社，2006。

16. 马克·范梅南：《教学机智——教育智慧的意蕴》，李树英译，教育科学出版社，2001。

17. 范忠信：《情理法与中国人》，郑定、詹学农译，中国人民大学出版社，1992。

18. 冯友兰：《中国哲学史》，华东师范大学出版社，2011。

19. 费孝通：《乡土中国》，上海人民出版社，2006。

20. 弗朗西斯·福山：《历史的终结及最后的人》，黄胜强等译，中国社会科学出版社，2003。

21. 福禄培尔：《人的教育》，孙祖复译，人民教育出版社，1991。

22. 傅伟勋：《生死智慧与宗教解脱——批判的继续与创造的发展》，台北：东海大学图书馆，1986。

23. 弗·鲍尔生：《德国教育史》，滕大春、滕大生译，人民教育出版社，1986。

24. 冯增俊：《当代西方学校道德教育》，广东教育出版社，1993。

25. 顾明远：《中国教育的文化基础》，山西教育出版社，2008。

26. 高尚仁、杨中芳主编《中国人·中国心——传统篇》，台北：远流出版事业股份有限公司，1991。

27. 高尚仁、杨中芳主编《中国人·中国心——人格与社会篇》，台北：远流出版事业股份有限公司，1991。

28. 高平叔：《蔡元培教育论集》，湖南出版社，1987。

29. 高时良：《中国近代教育史资料汇编·洋务运动时期教育》，上海教育出版社，1992。

30. 高广孚：《西洋教育思想》，台北：五南图书出版股份有限公司，1992。

31. 贡斯当：《古代人的自由与现代人的自由》，阎克文、刘满贵译，上海人民出版社，2003。

32. 何博传：《山坳上的中国：问题·困境·痛苦的选择》，贵州人民出版社，1989。

33. 赫伯特·马尔库塞：《单向度的人：发达工业社会意识形态研究》，刘继译，上海译文出版社，2008。

34. 海耶克：《到奴役之路》，殷海光译，台北：桂冠图书股份有限公司，1990。

35. 霍布豪斯：《自由主义》，朱曾汶译，商务印书馆，1996。

36. 华东师范大学教育系、杭州大学教育系编译《现代西方资产阶级教育思想流派论著选》，人民教育出版社，1981。

37. 黄仁宇：《万历十五年》，生活·读书·新知三联书店，1997。

38. 海德格尔：《人，诗意地安居》，郜元宝译，上海远东出版社，1995。

39. 黑格尔：《法哲学原理》，范扬等译，商务印书馆，1996。

40. 赫钦思：《民主社会中教育上的冲突》，陆有铨译，台北：桂冠图书出版有限公司，1974。

41. 翦伯赞：《人类的尊严与教育自由》，《翦伯赞全集》第7卷，河北教育出版社，2008。

42. 杰罗姆·布鲁纳：《布鲁纳教育文化观》，宋文里、黄小鹏译，首都师范大学出版社，2011。

43. 夸美纽斯：《大教学论》，傅任敢译，人民教育出版社，1984。

44. 康德：《道德形而上学原理》，苗力田译，上海人民出版社，1986。

45. 凯兴斯泰纳：《凯兴斯泰纳教育论著选》，郑惠卿译，人民教育出版社，1993。

46. 卡西尔：《语言与神话》，于晓等译，三联书店，1988。

47. 刘道玉：《中国教育反思录》，香港：中和出版有限公司，2012。

48. 露丝·本尼迪克特：《文化模式》，王炜等译，社会科学文献出版社，2009。

49. 李楠明：《价值主体性：主体性研究的新视域》，社会科学文献出版社，2005。

50. 林语堂：《中国人》，郝志东、沈益洪译，学林出版社，1994。

51. 林语堂：《吾国与吾民》，中国戏剧出版社，1990。

52. 林剑鸣：《法与中国社会》，吉林文史出版社，1988。

53. 梁启超：《论中国学术思想变迁之大势》，上海古籍出版社，2001。

54. 梁启超：《清代学术概论》，江苏文艺出版社，2007。

55. 梁启超：《新民说——少年中国的国民性改造方案》，中州古籍出版社，1998。

56. 梁漱溟：《中国文化的命运》，中信出版社，2010。

57. 梁晓声：《中国各阶层分析》，经济日报出版社，1997。

58. 拉施德：《史集》（第 1 卷第 1 分册第 4 编），余大钧、周建奇译，商务印书馆，1983。

59. 李弘祺：《中国传统教育的特色与反思》，"北京论坛：文明的和谐与共同繁荣——传统与现代、变革与转型""教育传承与创新"教育分论坛论文及摘要，2011。

60. 《老解放区教育资料》第 1 册，教育科学出版社，1981。

61. 雷通群：《西洋教育通史》，东方出版社，2007。

62. 联合国教科文组织国际教育发展委员会：《学会生存：教育世界的今天和明天》，华东师范大学比较教育研究所译，教育科学出版社，1996。

63. 卢建荣、江政宽编《世界文化史》，台北：五南图书出版股份有限公司，2009。

64. 卢梭：《论人类不平等的起源和基础》，李常山译，商务印书馆，1962。

65. 黎鸣：《老不死的传统——中国文化在世界中的真实位置》，华龄出版社，2009。

66. 孟德斯鸠：《法意》上册，严复译，商务印书馆，1981。

67. 《马克思恩格斯选集》，人民出版社，1972。

68. 梅内克：《德国的浩劫》，何兆武译，生活·读书·新知三联书店，2002。

69. 钱穆：《从中国历史看中国民族性及中国文化》，九州出版社，2011。

70. 钱穆：《文化与教育》，广西师范大学出版社，2004。

71. 倪胜利：《教育文化论纲》，重庆大学出版社，2011。

72. 瞿保奎：《教育基本理论之研究（1978～1995）》，福建教育出版社，1998。

73. 瞿葆奎主编《教育学文集——联邦德国教育改革》，人民教育出版社，1991。

74. 璩鑫圭、童富勇编《中国近代教育史资料汇编·教育思想》，上海教育出版社，1997。

75. 秦晖：《传统十论——本土社会的制度、文化与其变革》，复旦大学出版社，2004。

76. 塞缪尔·亨廷顿、劳伦斯·哈里森主编《文化的重要作用：价值观如何影响人类进步》，新华出版社，2010。

77. 孙培青：《中国教育史》，华东师范大学出版社，2000。

78. 商衍鎏：《清代科举考试述录》，生活·读书·新知三联书店，1958。

79. 生兆欣：《二十世纪中国：比较教育学史》，高等教育出版社，2011。

80. 舒新城：《中国近代教育史资料》下册，人民教育出版社，1961。

81. 苏霍姆林斯基：《帕夫雷什中学》，赵玮等译，教育科学出版社，1983。

82. 唐爱民：《当代西方教育思潮》，山东人民出版社，2010。

83. 托克维尔：《旧制度与大革命》，宋易译，江苏文艺出版社，2013。

84. 陶行知：《陶行知教育文选》，教育科学出版社，1981。

85. 滕大春主编《外国教育通史》第5卷，山东教育出版社，1993。

86. 滕大春主编《外国教育通史》第3卷，山东教育出版社，1989。

87. 吴荣镇：《教育价值取向论：台湾教育往何处去？》，台北：香远出版社，2011。

88. 吴思：《血酬定律：中国历史中的生存游戏》，中国工人出版社，2003。

89. 郭为藩主编《人格心理学理论大纲》，台北：正中书局，1984。

90. 王家声主编《文人的骨气和底气》，世界知识出版社，2011。

91. 威廉·詹姆斯：《实用主义》，陈羽纶等译，商务印书馆，1979。

92. 肖川：《教育文化学》，湖南教育出版社，1990。

93. 熊培云：《自由在高处》，新星出版社，2011。

94. 许倬云：《万古江河：中国历史文化的转折与开展》，香港：中华书局，2006。

95. 许倬云：《我者与他者：中国历史上的内外分际》，生活·读书·新知三联书店，2010。

96. 萧建生：《中国文明的反思》，香港：新世纪出版社，2009。

97. 熊明安：《中华民国教育史》，重庆出版社，1990。

98. 修昔底德：《伯罗奔尼撒战争史》，谢德风译，商务印书馆，1960。

99. 斯宾塞：《斯宾塞教育论著选》，胡毅、王承绪译，人民教育出版社，2005。

100. 徐辉：《基督教在西方教育发展中的历史作用——兼论宗教与教育的关系》，《纪念〈教育史研究〉创刊二十周年论文集（17）——外国教育政策与制度改革史研究》，《教育史研究》创刊二十周年暨中国教育史研究六十年学术研讨会，北京，2009。

101. 谢幼伟：《怀海德的哲学》，台北：先知出版社，1974。

102. 殷海光：《中国文化的展望》，上海三联书店，2009。

103. 杨东平：《教育：我们有话要说》，中国社会科学出版社，1999。

104. 冉云飞：《沉疴：中国教育的危机与批判》，南方出版社，1999。

105. 余英时：《中国文化重建》，中信出版社，2011。

106. 约翰·洛克：《人类理解论》，关文运译，商务印书馆，1959。

107. 袁长青：《对中华人民共和国高校改革四十余年历史回顾与反思》，《科学发展观和中国高等教育——2005年高等教育国际论坛论文汇编》，高等教育国际论坛，上海，2005。

108. 袁伟时：《晚清大变局中的思潮与人物》，海天出版社，1992。

109. 袁方、姜汝祥：《北大为证：关于现实与自我的心灵对话》，中华工商联合出版社，1998。

110. 严复：《论世变之亟》，璩鑫圭、童富勇编《中国近代教育史资料汇编·教育思想》，上海教育出版社，1997。

111. 亚里士多德：《政治学》，吴寿彭译，商务印书馆，1996。

112. 周非：《中国知识分子沦亡史》，台北：远流出版事业股份有限公司，2012。

113. 杨建朝：《自由成"人"：人性视角的教育精神》，中央编译出版社，2013。

114. 雅斯贝尔斯：《什么是教育》，邹进译，三联书店，1991。

115. 杨韶刚：《道德教育心理学》，上海教育出版社，2007。

116. 亚历山德拉·莱涅尔－拉瓦斯汀：《欧洲精神——围绕切斯拉夫·米沃什、雅恩·帕托什卡、伊斯特万·毕波展开》，范炜炜等译，吉林出版集团有限责任公司，2009。

117. 张焕庭主编《西方资产阶级教育论著选》，人民教育出版社，1979。

118. 朱有瓛主编《中国近代学制史料》（第三辑上册），华东师范大学出版社，1990。

119. 中山大学教育现代化研究中心编《危机与挑战：教育的视野与使命——"教育与中国未来"30 人论坛年会演讲集·2010》，广州，2010。

120. 中山大学教育现代化研究中心编《教育"中国模式"与文明的去向：教育与中国未来 30 人论坛年会演讲集·2011》，广州，2011。

121. 赵祥林主编《外国教育家评传·洪堡》第 2 卷，上海教育出版社，1992。

122. 张孝宜、李辉、李萍：《德育一体化研究》，广东高等教育出版社，1997。

123. Cail P. Kelly, "Debates and Trends in Comparative Education," in R. Arnove, P. Altbach and B. Kelly, *Emergent Issues in Education* (Albany: Suny Press, 1991).

124. W. D. Halls, "Culture and Education: The Cultural Approach to Comparative Studies," in Reginald Edwards, Brian Holmes& John Van de Graaff, eds., Relevant Methods in Comparative Education (Unessco

Institute for Education，1983）.

125. Brenda Waston, Elizabeth Ashton, *Education*，*Assumptions and Values* （London：David Fulton Publisher，1995）.

126. Jons Rich, *Education and Hunan Values* （Massachusettw：Adison-Wesly Publishing Company，1968）.

127. Ferdinand Tonnies, *Community and Civil Society*，tans by Margaret Hollis （Cambridge University Press，2001）.

128. Ray huang, *1587 – A Year of No Significance* （New Haven：Yale University Press，1981）.

129. James S. Kaminsky, *A New History of Educational Philosophy* （Greenwood Press, l993）.

130. R. J. Lifton, *Thought Reform and the Psychology of Totalism* （Harmondsworth, England：Penguin，1967）.

131. Theodore de Bary, *The Liberal Traiton in China* （Hong Kong University Press，1983）.

二 论文类

1. 毕世响：《道德与教育的祭坛意义》，《中国德育》2009 年第 12 期。

2. 陈露茜：《20 世纪 80 年代以来美国三大教育思潮概述》，《上海教育科研》2009 年第 9 期。

3. 陈明莉：《论欧洲中世纪教育的复兴》，《贵州大学学报》（社会科学版）2004 年第 4 期。

4. 陈卫：《论教育文化》，《上海教育科研》1994 年第 8 期。

5. 陈旸：《论德国纳粹统治时期的教育》，《漳州师范学院学报》（哲学社会科学版）2006 年第 3 期。

6. 陈占彪：《上世纪 90 年代以来传统文化热之考察》，《湖北社会科学》2007 年第 4 期。

7. 程纲：《从〈教育过程〉到〈教育文化〉——布鲁纳教育文化观述评》，

《中国大学教学》2005 年第 5 期。

8. 程晋宽：《20 世纪中国文化变迁和教育变革的历史分析》，《河北师范大学学报》2001 年第 1 期。

9. 蔡美丽：《胡塞尔之"生命世界"问题初探》，《国立编译馆馆刊》第 16 卷第 2 期，1987。

10. 杜时忠：《我国教育文化学研究的回顾与前瞻》，《江苏教育学院学报》（社会科学版）1998 年第 3 期。

11. 丁念金：《中国教育文化中的最高价值》，《上海师范大学学报》（哲学社会科学版）2012 年第 2 期。

12. 方展画：《国外比较教育学科建设及其研究方法论的演变》，《比较教育研究》1998 年第 4 期。

13. 樊浩：《现代教育的文化矛盾》，《北京师范大学学报》（社会科学版）2005 年第 4 期。

14. 郭家齐：《论中国传统教育的基本特征及其现代价值》，《北京师范大学学报》（社会科学版）1995 年第 5 期。

15. 胡梦鲸：《从教育合理性的诠释与批判：论教育的合理转化》，博士学位论文，台湾师范大学教育研究所，1991。

16. 胡玉萍：《教育文化与学校教育——多元文化背景下的少数民族教育发展不平衡研究》，博士学位论文，中央民族大学，2005。

17. 韩艳：《试论德国大学传统在纳粹统治时期的断裂》，《广西师范大学学报》2010 年第 6 期。

18. 金家新、兰英：《论比较教育文化研究的理论自觉与学科基点》，《全球教育展望》2009 年第 8 期。

19. 柯佑祥：《理性主义、功利主义对现代高等教育发展的影响》，《高等教育研究》2008 年第 3 期。

20. 鲁洁：《文化变迁与教育》，《教育研究》1990 年第 8 期。

21. 鲁洁：《论教育之适应与超越教育》，《教育研究》1996 年第 2 期。

22. 鲁林岳：《变革教育文化——教育改革的必由路径》，《中国高等教育》

2010 年第 11 期。

23. 刘铁芳、樊杰：《古典传统的回归与教养性教育的重建》，《高等教育研究》2010 年第 35 期。

24. 刘旭东、何波：《教育文化略论》，《青海师范大学学报》（社会科学版）1994 年第 4 期。

25. 刘玉皎：《论中世纪大学的历史地位和作用》，《辽宁师专学报》（社会科学版）2000 年第 1 期。

26. 刘宗棠：《简论清代书院制度的特点及其兴衰》，《中国石油大学学报》（社会科学版）2009 年第 1 期。

27. 黎晓玲：《纳粹统治时期德国高等教育研究（1933～1945)》，硕士学位论文，湖南师范大学，2012

28. 孟永、刘群：《法在礼俗社会和法理社会中的差异》，《成都教育学院学报》2005 年第 3 期。

29. 孟小红：《"教育文化"视阈中的高等教育变革》，《教育评论》2011 年第 6 期。

30. 庞朴：《文化传统与传统文化》，《科学中国人》2004 年第 4 期。

31. 顾明远：《文化研究与比较教育》，《比较教育研究》2000 年第 4 期。

32. 孙运时：《略论教育的文化学视角》，《上海教育学院学报》1993 年第 2 期。

33. 宋志臣：《教育文化论》，《教育研究》2012 年第 10 期。

34. 宋宁娜：《西欧理性主义教育思想》，《南通师范学院学报》（哲学社会科学版）2002 年第 9 期。

35. 孙美堂：《沉重的"教改"话题》，《方法》1998 年第 9 期。

36. 王彬：《析顾明远与康德尔的比较教育文化研究范式》，《淄博师专学报》2011 年第 1 期。

37. 王恩发：《学会关心：迎接 21 世纪的挑战》，《外国中小学教育》1995 年第 1 期。

38. 王卫东、石中英：《关于建国后教育价值取向问题的思考》，《江西教育科研》1996 年第 4 期。

39. 王子今：《王咸举幡：舆论史、教育史和士人心态史的考察》，《读书》2009 年第 6 期。

40. 吴黛舒：《文化学和教育学中的"文化"研究》，《华东师范大学学报》（教育科学版）2005 年第 3 期。

41. 吴遵民：《关于现代国际终身教育理论发展现状的研究》，《华东师范大学学报》（教育科学版）2002 年第 9 期。

42. 吴全华：《"适切性"抑或"出位之思"——对后现代主义教育思想的中国语境的检视》，《华南师范大学学报》（社会科学版）2005 年第 6 期。

43. 闻万春，张宁宁：《大学与政府之间教育权力的平衡—基于民国教育的考察》，《现代教育科学》2013 年第 2 期。

44. 谢晖：《法理社会与法治国家》，《法律与政治》1997 年第 4 期。

45. 徐真华：《培养全球化高素质公民的探索和实践》，《中国高等教育》2009 年第 11 期。

46. 徐真华：《平民时代的高等教育与人才培养——来自美国的启示》，《高教探索》2008 年第 5 期。

47. 袁长青：《大学"去行政化"散议》，《教育研究与评论》2010 年第 7 期。

48. 袁长青：《"适应"抑或"超越"：中国教育文化的价值批判与建构》，《当代教育科学》2014 年第 18 期。

49. 应坚志：《继承和发扬革命根据地教育传统析》，《上海高教研究》1991 年第 2 期。

50. 于伟：《创新素质培养与教育文化氛围》，《现代中小学教育》2001 年第 5 期。

51. 周勇：《论教育文化研究—兼谈当代中国教育研究的困境与出路》，《教育发展研究》2000 年第 7 期。

52. 周志超：《试论教育文化功能的形成、释放与完善》，《江西教育科研》1991 年第 6 期。

53. 郑金洲：《多元文化与教育》，博士学位论文，华东师范大学，1996。

54. 郑畅：《教育文化视野下儒道教育思想的对立与互补》，《教育理论与实践》2012 年第 27 期。

55. 张灏：《超越意识与幽闭意识》，（台北）《历史月刊》1989 年第 13 期。

56. 张俊洪：《中华人民共和国成立后教育实行"以俄为师"的历史教训》，《教育评论》1989 年第 1 期。

57. 张爽：《西方启蒙知识分子与启蒙的权力》，《贵州大学学报》（社会科学版）2011 年第 11 期。

58. 张应强：《中国教育研究的范式和范式转换》，《教育研究》2010 年第 10 期。

59. 张建鲲、郄海霞：《中国大学精神的本土传统与当代传承——教育文化学的尝试》，《江苏高教》2011 年第 4 期。

60. Diane M. Hoffman，"Culture and Comparative Education：Toward Decentering and Recentering the Discourse，" *Comparative Education Review*，Vol. 43，1999.

61. M. E. Sadler，"How Far Can We Learn Anything of Practical Value from the Study of Foreign Systems of Education?" Address at the Guildford Educational Conference，October 20，1900.

三　其他（报纸、网络资料及古籍文献）

1. 班固：《后汉书》，中华书局，2000。

2. 《池田大作与汤因比关于中国文化的谈话》，http：//www. foyuan. net/article－315497－1. html。

3. 戴震：《孟子字义疏证》，中华书局，1982。

4. 董仲舒：《春秋繁露》，中华书局，2011。

5. 方朝晖：《重建"王道"——中国改革的根本出路》，http：//www. rmlt. com. cn/2014/0729/298610. shtml。

6. 顾炎武：《顾亭林诗文集》，中华书局，2008。

7. 顾炎武：《日知录》，上海古籍出版社，2012。

8. 郭嵩焘：《郭嵩焘诗文集》，岳麓书社，1984。

9. 龚自珍：《龚自珍全集》，上海人民出版社，1975。

10. 金耀基：《殷海光遗著〈中国文化的展望〉我评》，（台北）《时报杂志》第 250 期，1984 年 9 月 12 日。

11. 康有为：《大同书》，中州古籍出版社，1998。

12. 刘道玉：《中国教育需要一场真正的变革》，《中国青年报》2008 年 10 月 19 日，"教育科学版"。

13. 刘义庆：《世说新语》，山西古籍出版社，2004。

14. 林喆：《受教育权：人类进步的源泉》，http://www.china.com.cn/chinese/zhuanti/xxsb/636557.htm。

15. 龙文彬：《明会要》，中华书局，1998。

16. 《论语》。

17. 《孟子》。

18. 司马迁：《史记》，中华书局，2013。

19. 谭庭明：《现代化的忧思：访杜维明》，《南方周末》1998 年 1 月 9 日。

20. 王安石：《临川先生文集》，北京图书馆出版社，2004。

21. 王夫之：《读通鉴论》，中华书局，2004。

22. 王曾瑜：《三学生、京学生与宋朝政治》，四史同堂—中国社会科学研究所辽宋金元史学科 http://www.lsjyshi.cn/SSYJ/2011/111/111112332473JCI46CGA17ECFIJE73D.html。

23. "自由主义"，维基百科，http://zh.wikipedia.org/wiki，2014/4/22。

24. 夏冬红、黎勤：《略述西南联大的学术自由和兼容并包》，http://overseasdb.jnu.edu.cn/blog/2012-03-15/1152.html。

25. 《荀子》。

26. 杨佳青：《2010 年教育文化碎笔》，《中国教育报》2011 年 1 月 14 日，第 3 版。

27. 张岱年等 76 名中华文化研究者：《中华文化复兴宣言——为促进新世纪中华民族伟大复兴和世界和平与发展而奋斗》，http://www.hhfg.org/fjywh/f608.html。

28. 中共中央、国务院关于印发《国家中长期教育改革和发展规划纲要（2010～2020年)》的通知（中发〔2010〕12号)，2010年7月8日。

29. 曾国藩：《曾国藩全集》，岳麓书社，1993。

30. 黎靖德：《朱子语类》，中华书局，1986。

31. "社会控制"，MBA智库百科，http：//wiki. mbalib. com/wiki，2008/12/16。

32. "价值取向"，MBA智库百科，http：//wiki. mbalib. com/wiki，2010/1/29。

图书在版编目(CIP)数据

中西教育文化比较研究／袁长青著. －－北京：社
会科学文献出版社，2018.10
ISBN 978 - 7 - 5201 - 3438 - 5

Ⅰ.①中… Ⅱ.①袁… Ⅲ.①教育学 - 文化学 - 对比
研究 - 中国、西方国家 Ⅳ.①G40 - 055

中国版本图书馆 CIP 数据核字（2018）第 209911 号

中西教育文化比较研究

著　　者／袁长青

出 版 人／谢寿光
项目统筹／周　丽
责任编辑／王玉山　肖世伟

出　　版／社会科学文献出版社·经济与管理分社 （010）59367226
　　　　　地址：北京市北三环中路甲 29 号院华龙大厦　邮编：100029
　　　　　网址：www. ssap. com. cn
发　　行／市场营销中心 （010）59367081　59367018
印　　装／天津千鹤文化传播有限公司

规　　格／开 本：787mm × 1092mm　1/16
　　　　　印 张：19.75　字 数：292 千字
版　　次／2018 年 10 月第 1 版　2018 年 10 月第 1 次印刷
书　　号／ISBN 978 - 7 - 5201 - 3438 - 5
定　　价／79.00 元

本书如有印装质量问题，请与读者服务中心 （010 - 59367028）联系